STATISTICAL YEARBOOK OF CHINA COMMODITY EXCHANGE MARKET

中国商品交易市场统计年鉴

2015

国家统计局贸易外经统计司
中国商业联合会信息部　编

Compiled by
Department of Trade and External Economic Relations Statistics,
National Bureau of Statistics of China
China General Chamber of Commerce Information Department

中国统计出版社
China Statistics Press

图书在版编目（CIP）数据

中国商品交易市场统计年鉴 . 2015 / 国家统计局贸易外经统计司 , 中国商业联合会信息部编 . -- 北京 : 中国统计出版社 , 2015.10
ISBN 978-7-5037- 7674-8

Ⅰ . ①中… Ⅱ . ①国… ②中… Ⅲ . ①国内市场 - 统计资料 - 中国 - 2015 - 年鉴 Ⅳ . ① F723-66

中国版本图书馆 CIP 数据核字 (2015) 第 243514 号

中国商品交易市场统计年鉴—2015

作　　者 / 国家统计局贸易外经统计司　中国商业联合会信息部
责任编辑 / 马 平
装帧设计 / 李雪燕
出版发行 / 中国统计出版社
通信地址 / 北京市丰台区西三环南路甲 6 号　邮政编码 /100073
网　　址 / http://csp.stats.gov.cn/
电　　话 / 邮购（010）63376907　书店 (010)68783172
印　　刷 / 北京画中画印刷有限公司
经　　销 / 新华书店
开　　本 / 880 × 1230mm 1/16
字　　数 / 854 千字
印　　张 / 27.5
版　　别 / 2015 年 11 月第 1 版
版　　次 / 2015 年 11 月第 1 次印刷
定　　价 / 360.00 元

《中国商品交易市场统计年鉴—2015》
编辑委员会

编辑说明

一、《中国商品交易市场统计年鉴—2015》是反映我国大型商品交易市场全貌的资料性工具书。至今已连续出版了十六年，旨在通过大量、丰富、详实、具体和权威的统计数据，全面系统和多角度地反映中国大型商品交易市场发展情况。本年鉴是各级经济和市场管理部门、科研机构与大专院校分析研究市场、进行宏观调控和科学决策、理论研究和教学的重要资料；也是生产经营单位了解市场、获取商业信息的必备参考用书。

二、年鉴分为三部分：第一部分综合篇，第二部分地区篇，第三部分市场篇。并附有主要统计指标解释。

三、年鉴中的亿元商品交易市场统计范围为 2014 年成交额亿元及以上的商品交易市场。全国性数据未包括台湾省、香港特别行政区和澳门特别行政区。

四、年鉴中的时期数据为 2014 年度，时点数据为 2014 年末，数据来自于 2014 年亿元以上商品交易市场统计年报。

五、年鉴数据表格中的空白，表示该项统计指标数据为 0 或无该项数据。

目 录

第一部分 综合篇

简要说明：

本篇资料主要内容为亿元以上商品交易市场的基本情况，包括市场个数、摊位个数、营业面积、成交额，以及按照市场类别、摊位类别、经营方式、营业状态和经营环境的分组数据等。

1-1　历年商品交易市场情况

年　份	市场数（个）	年末出租摊位数（个）	营业面积（平方米）	成交额（万元）
2000	3087	2115115	82615615	156723889
2001	3273	2200662	93973140	177190514
2002	3258	2190814	103131711	198400373
2003	3265	2148866	109840363	215144785
2004	3365	2229818	124774690	261027342
2005	3323	2248803	131408239	300209160
2006	3876	2527987	180723148	371374661
2007	4121	2681630	198146314	440850978
2008	4567	2839070	212252204	524579577
2009	4687	2994781	232303299	579637907
2010	4940	3193365	248323113	727035303
2011	5075	3334787	262345039	820172688
2012	5194	3494122	278993712	930237663
2013	5089	3488170	288683344	983651254
2014	5023	3534757	295679201	1003099019

1-2　历年商品交易市场变动

（比上年增长 %）

年　份	市场数	年末出租摊位数	营业面积	成交额
2001	6.03	4.04	13.75	13.06
2002	-0.46	-0.45	9.75	11.97
2003	0.21	-1.91	6.50	8.44
2004	3.06	3.77	13.60	21.33
2005	-1.25	0.85	5.32	15.01
2006	16.64	12.41	37.53	23.71
2007	6.32	6.08	9.64	18.71
2008	10.82	5.87	7.12	18.99
2009	2.63	5.48	9.45	10.50
2010	5.40	6.63	6.90	25.43
2011	5.40	6.63	6.90	25.43
2012	2.34	4.78	6.35	13.42
2013	-2.02	-0.17	3.47	5.74
2014	-1.30	1.34	2.42	1.98

1-3 商品交易市场总体情况

项 目	市场数量（个）	总摊位数（个）	年末出租摊位数（个）	营业面积（平方米）	成交额（万元）
总 计	**5023**	**3956270**	**3534757**	**295679201**	**1003099019**
一、按市场类别分组					
1.综合市场	**1376**	**1413462**	**1279354**	**74552148**	**223487017**
生产资料综合市场	51	68152	63984	7833390	13955352
工业消费品综合市场	305	541874	487781	26690863	78630449
农产品综合市场	683	470294	423859	22953276	93320042
其他综合市场	337	333142	303730	17074619	37581174
2.专业市场	**3647**	**2542808**	**2255403**	**221127053**	**779612002**
生产资料市场	693	345140	293442	68611999	303864390
农业生产用具市场	20	6857	5744	1487442	2115061
农用生产资料市场	30	6707	6303	1090445	1759164
煤炭市场	12	2170	1905	5505880	5095466
木材市场	53	20509	19442	5530502	7520237
建材市场	211	131436	102101	23134249	19584605
化工材料及制品市场	36	23981	21896	2269817	30969037
金属材料市场	250	107492	93639	24775967	211556567
机械设备市场	46	28083	26289	2440909	7380053
其他生产资料市场	35	17905	16123	2376788	17884200
农产品市场	999	645127	565365	42753631	155078289
粮油市场	105	37819	33430	3698692	17537303
肉禽蛋市场	126	50107	44873	2957651	13282633
水产品市场	145	107165	98509	4826168	31571881
蔬菜市场	304	249711	212648	15517178	37715572
干鲜果品市场	136	76977	68118	5776615	24845498
棉麻土畜、烟叶市场	21	21026	14725	3988724	6654345
其他农产品市场	162	102322	93062	5988603	23471057
食品、饮料及烟酒市场	130	89305	72041	3861698	13138723
食品饮料市场	43	32015	28388	1145525	3988745
茶叶市场	25	21514	11474	873184	2470912
烟酒市场	14	6212	4844	339317	763313
其他食品饮料及烟酒市场	48	29564	27335	1503672	5915753
纺织、服装、鞋帽市场	570	759735	706812	32160542	140994615
布料及纺织品市场	73	124167	110983	9598497	61156379
服装市场	362	446564	416727	17009732	54926601
鞋帽市场	38	29160	25200	1269139	4381755
其他纺织服装鞋帽市场	97	159844	153902	4283174	20529880
日用品及文化用品市场	94	75238	67747	2965341	11441667
小商品市场	39	44802	40587	1142942	4190082
箱包市场	5	6410	5557	562400	2182180
玩具市场	3	1138	1063	119410	229926
文具市场	4	1645	1427	108881	214029
图书、报刊杂志市场	10	1635	1566	97513	365185
音像制品及电子出版物市场	2	481	473	17500	74403
体育用品市场					
其他日用品及文化用品市场	31	19127	17074	916695	4185862

1-3 续表

项目	市场数量(个)	总摊位数(个)	年末出租摊位数(个)	营业面积(平方米)	成交额(万元)
黄金、珠宝、玉器等首饰市场	26	18734	16933	1896966	4731067
电器、通讯器材、电子设备市场	154	69025	60317	3482702	9720526
家电市场	38	14532	11354	1559014	3164356
通讯器材市场	26	12550	11278	357099	1066560
照相、摄像器材市场	2	562	490	20866	71768
计算机及辅助设备市场	78	36479	32743	1386943	4840267
其他电器、通讯器材、电子设备市场	10	4902	4452	158780	577575
医药、医疗用品及器材市场	25	75082	47178	2578979	15071149
中药材市场	25	75082	47178	2578979	15071149
其他医药、医疗用品及器材市场					
家具、五金及装饰材料市场	576	302362	280793	41410231	50101625
家具市场	162	72055	67975	14038418	14632727
装饰材料市场	247	119720	112641	16137842	18336847
灯具市场	18	9119	8476	1327759	2143539
厨具、盥洗设备市场	4	3071	1997	322268	186573
五金材料市场	80	53563	47163	4868484	8953205
其他装修市场	65	44834	42541	4715460	5848734
汽车、摩托车及零配件市场	273	90055	79728	14713285	63180252
汽车市场	186	45941	38628	11188260	51193604
摩托车市场	9	3669	3606	256366	757255
机动车零配件市场	78	40445	37494	3268659	11229393
花、鸟、鱼、虫市场	30	20880	19820	3367400	4362671
花卉市场	25	19302	18279	3296745	4173195
鸟市场					
观赏鱼市场					
其他花鸟鱼虫市场	5	1578	1541	70655	189476
旧货市场	20	9833	9106	366840	831015
古玩、古董、字画市场	3	955	848	31882	30213
邮票、硬币市场					
其他旧货市场	17	8878	8258	334958	800802
其他专业市场	57	42292	36121	2957439	7096013
二、按营业状态分组					
1.常年营业	4943	3907011	3501626	291397344	997441029
2.季节性营业	68	43852	29513	3984151	5276449
3.其他	12	5407	3618	297706	381541
三、按经营方式分组					
1.以批发为主	2920	2773884	2446984	232455833	863236688
2.以零售为主	2103	1182386	1087773	63223368	139862331
四、按经营环境分组					
1.露天式	823	544770	481089	61336710	146974620
2.封闭式	3574	2952816	2640075	187356622	697195244
3.其他	626	458684	413593	46985869	158929155

1-4 商品交易市场情况(按营业状态分)

(常年营业)

项　　目	市场数量(个)	总摊位数(个)	年末出租摊位数(个)	营业面积(平方米)	成交额(万元)
总　计	**4943**	**3907011**	**3501626**	**291397344**	**997441029**
1.综合市场	**1369**	**1409110**	**1275504**	**74468896**	**223307847**
生产资料综合市场	51	68152	63984	7833390	13955352
工业消费品综合市场	305	541874	487781	26690863	78630449
农产品综合市场	680	467942	421697	22910511	93233733
其他综合市场	333	331142	302042	17034132	37488313
2.专业市场	**3574**	**2497901**	**2226122**	**216928448**	**774133182**
生产资料市场	688	344438	292997	68386793	303595744
农业生产用具市场	19	6657	5556	1457442	2089361
农用生产资料市场	29	6667	6263	1010445	1732164
煤炭市场	11	2110	1875	5503330	5081227
木材市场	52	20418	19351	5494436	7418530
建材市场	211	131436	102101	23134249	19584605
化工材料及制品市场	36	23981	21896	2269817	30969037
金属材料市场	249	107181	93543	24699377	211456567
机械设备市场	46	28083	26289	2440909	7380053
其他生产资料市场	35	17905	16123	2376788	17884200
农产品市场	943	616728	541032	39244791	150809113
粮油市场	104	37789	33400	3691492	17488781
肉禽蛋市场	126	50107	44873	2957651	13282633
水产品市场	142	106708	98164	4776828	31358531
蔬菜市场	274	233685	198485	13432690	34930155
干鲜果品市场	121	66874	60023	4743443	24086671
棉麻土畜、烟叶市场	16	20264	14015	3827944	6426345
其他农产品市场	160	101301	92072	5814743	23235997
食品、饮料及烟酒市场	127	78823	71255	3776198	12596848
食品饮料市场	42	31655	28028	1135025	3960672
茶叶市场	23	11392	11048	798184	1957110
烟酒市场	14	6212	4844	339317	763313
其他食品饮料及烟酒市场	48	29564	27335	1503672	5915753
纺织、服装、鞋帽市场	566	757595	705036	31936756	140741242
布料及纺织品市场	72	123480	110640	9593497	61147279
服装市场	360	445422	415605	16796146	54692363
鞋帽市场	38	29160	25200	1269139	4381755
其他纺织服装鞋帽市场	96	159533	153591	4277974	20519845
日用品及文化用品市场	94	75238	67747	2965341	11441667
小商品市场	39	44802	40587	1142942	4190082
箱包市场	5	6410	5557	562400	2182180

1-4　续表 1

(常年营业)

项　　目	市场数量(个)	总摊位数(个)	年末出租摊位数(个)	营业面积(平方米)	成交额(万元)
玩具市场	3	1138	1063	119410	229926
文具市场	4	1645	1427	108881	214029
图书、报刊杂志市场	10	1635	1566	97513	365185
音像制品及电子出版物市场	2	481	473	17500	74403
体育用品市场					
其他日用品及文化用品市场	31	19127	17074	916695	4185862
黄金、珠宝、玉器等首饰市场	26	18734	16933	1896966	4731067
电器、通讯器材、电子设备市场	153	68125	60031	3412279	9698526
家电市场	37	13632	11068	1488591	3142356
通讯器材市场	26	12550	11278	357099	1066560
照相、摄像器材市场	2	562	490	20866	71768
计算机及辅助设备市场	78	36479	32743	1386943	4840267
其他电器、通讯器材、电子设备市场	10	4902	4452	158780	577575
医药、医疗用品及器材市场	24	75053	47149	2577479	15048149
中药材市场	24	75053	47149	2577479	15048149
其他医药、医疗用品及器材市场					
家具、五金及装饰材料市场	575	301712	280273	41400231	50062975
家具市场	162	72055	67975	14038418	14632727
装饰材料市场	247	119720	112641	16137842	18336847
灯具市场	18	9119	8476	1327759	2143539
厨具、盥洗设备市场	4	3071	1997	322268	186573
五金材料市场	79	52913	46643	4858484	8914555
其他装修市场	65	44834	42541	4715460	5848734
汽车、摩托车及零配件市场	273	90055	79728	14713285	63180252
汽车市场	186	45941	38628	11188260	51193604
摩托车市场	9	3669	3606	256366	757255
机动车零配件市场	78	40445	37494	3268659	11229393
花、鸟、鱼、虫市场	29	20275	19714	3327400	4338871
花卉市场	24	18697	18173	3256745	4149395
鸟市场					
观赏鱼市场					
其他花鸟鱼虫市场	5	1578	1541	70655	189476
旧货市场	20	9833	9106	366840	831015
古玩、古董、字画市场	3	955	848	31882	30213
邮票、硬币市场					
其他旧货市场	17	8878	8258	334958	800802
其他专业市场	56	41292	35121	2924089	7057713

1-4 续表 2

(季节性营业)

项　目	市场数量(个)	总摊位数(个)	年末出租摊位数(个)	营业面积(平方米)	成交额(万元)
总　计	**68**	**43852**	**29513**	**3984151**	**5276449**
1.综合市场	**3**	**2225**	**2039**	**35965**	**90856**
生产资料综合市场					
工业消费品综合市场					
农产品综合市场	2	1950	1775	20965	74332
其他综合市场	1	275	264	15000	16524
2.专业市场	**65**	**41627**	**27474**	**3948186**	**5185593**
生产资料市场	3	300	258	112550	66939
农业生产用具市场	1	200	188	30000	25700
农用生产资料市场	1	40	40	80000	27000
煤炭市场	1	60	30	2550	14239
木材市场					
建材市场					
化工材料及制品市场					
金属材料市场					
机械设备市场					
其他生产资料市场					
农产品市场	54	27779	24013	3462200	4246864
粮油市场	1	30	30	7200	48522
肉禽蛋市场					
水产品市场	3	457	345	49340	213350
蔬菜市场	30	16026	14163	2084488	2785417
干鲜果品市场	14	9683	7975	1006532	748575
棉麻土畜、烟叶市场	4	562	510	140780	215940
其他农产品市场	2	1021	990	173860	235060
食品、饮料及烟酒市场	2	10122	426	75000	513802
食品饮料市场					
茶叶市场	2	10122	426	75000	513802
烟酒市场					
其他食品饮料及烟酒市场					
纺织、服装、鞋帽市场	2	1142	1122	213586	234238
布料及纺织品市场					
服装市场	2	1142	1122	213586	234238
鞋帽市场					
其他纺织服装鞋帽市场					
日用品及文化用品市场					
小商品市场					
箱包市场					

1-4 续表 3

(季节性营业)

项 目	市场数量(个)	总摊位数(个)	年末出租摊位数(个)	营业面积(平方米)	成交额(万元)
玩具市场					
文具市场					
图书、报刊杂志市场					
音像制品及电子出版物市场					
体育用品市场					
其他日用品及文化用品市场					
黄金、珠宝、玉器等首饰市场					
电器、通讯器材、电子设备市场					
家电市场					
通讯器材市场					
照相、摄像器材市场					
计算机及辅助设备市场					
其他电器、通讯器材、电子设备市场					
医药、医疗用品及器材市场	1	29	29	1500	23000
中药材市场	1	29	29	1500	23000
其他医药、医疗用品及器材市场					
家具、五金及装饰材料市场	1	650	520	10000	38650
家具市场					
装饰材料市场					
灯具市场					
厨具、盥洗设备市场					
五金材料市场	1	650	520	10000	38650
其他装修市场					
汽车、摩托车及零配件市场					
汽车市场					
摩托车市场					
机动车零配件市场					
花、鸟、鱼、虫市场	1	605	106	40000	23800
花卉市场	1	605	106	40000	23800
鸟市场					
观赏鱼市场					
其他花鸟鱼虫市场					
旧货市场					
古玩、古董、字画市场					
邮票、硬币市场					
其他旧货市场					
其他专业市场	1	1000	1000	33350	38300

1-4 续表 4

(其他)

项 目	市场数量(个)	总摊位数(个)	年末出租摊位数(个)	营业面积(平方米)	成交额(万元)
总 计	**12**	**5407**	**3618**	**297706**	**381541**
1.综合市场	**4**	**2127**	**1811**	**47287**	**88314**
生产资料综合市场					
工业消费品综合市场					
农产品综合市场	1	402	387	21800	11977
其他综合市场	3	1725	1424	25487	76337
2.专业市场	**8**	**3280**	**1807**	**250419**	**293227**
生产资料市场	2	402	187	112656	201707
农业生产用具市场					
农用生产资料市场					
煤炭市场					
木材市场	1	91	91	36066	101707
建材市场					
化工材料及制品市场					
金属材料市场	1	311	96	76590	100000
机械设备市场					
其他生产资料市场					
农产品市场	2	620	320	46640	22312
粮油市场					
肉禽蛋市场					
水产品市场					
蔬菜市场					
干鲜果品市场	1	420	120	26640	10252
棉麻土畜、烟叶市场	1	200	200	20000	12060
其他农产品市场					
食品、饮料及烟酒市场	1	360	360	10500	28073
食品饮料市场	1	360	360	10500	28073
茶叶市场					
烟酒市场					
其他食品饮料及烟酒市场					
纺织、服装、鞋帽市场	2	998	654	10200	19135
布料及纺织品市场	1	687	343	5000	9100
服装市场					
鞋帽市场					
其他纺织服装鞋帽市场	1	311	311	5200	10035
日用品及文化用品市场					
小商品市场					
箱包市场					

1-4　续表 5

(其他)

项　　目	市场数量(个)	总摊位数(个)	年末出租摊位数(个)	营业面积(平方米)	成交额(万元)
玩具市场					
文具市场					
图书、报刊杂志市场					
音像制品及电子出版物市场					
体育用品市场					
其他日用品及文化用品市场					
黄金、珠宝、玉器等首饰市场					
电器、通讯器材、电子设备市场	1	900	286	70423	22000
家电市场	1	900	286	70423	22000
通讯器材市场					
照相、摄像器材市场					
计算机及辅助设备市场					
其他电器、通讯器材、电子设备市场					
医药、医疗用品及器材市场					
中药材市场					
其他医药、医疗用品及器材市场					
家具、五金及装饰材料市场					
家具市场					
装饰材料市场					
灯具市场					
厨具、盥洗设备市场					
五金材料市场					
其他装修市场					
汽车、摩托车及零配件市场					
汽车市场					
摩托车市场					
机动车零配件市场					
花、鸟、鱼、虫市场					
花卉市场					
鸟市场					
观赏鱼市场					
其他花鸟鱼虫市场					
旧货市场					
古玩、古董、字画市场					
邮票、硬币市场					
其他旧货市场					
其他专业市场					

1-5 商品交易市场情况(按经营方式分)

(批发为主)

项 目	市场数量(个)	总摊位数(个)	年末出租摊位数(个)	营业面积(平方米)	成交额(万元)
总 计	**2920**	**2773884**	**2446984**	**232455833**	**863236688**
1.综合市场	**527**	**864640**	**781479**	**57968586**	**181456002**
生产资料综合市场	49	64720	60552	7723390	13860655
工业消费品综合市场	141	372335	329769	20244605	64320157
农产品综合市场	214	250665	227604	18246740	74020939
其他综合市场	123	176920	163554	11753851	29254251
2.专业市场	**2393**	**1909244**	**1665505**	**174487247**	**681780686**
生产资料市场	674	339856	288439	67973235	302436257
农业生产用具市场	20	6857	5744	1487442	2115061
农用生产资料市场	30	6707	6303	1090445	1759164
煤炭市场	12	2170	1905	5505880	5095466
木材市场	53	20509	19442	5530502	7520237
建材市场	192	126152	97098	22495485	18156472
化工材料及制品市场	36	23981	21896	2269817	30969037
金属材料市场	250	107492	93639	24775967	211556567
机械设备市场	46	28083	26289	2440909	7380053
其他生产资料市场	35	17905	16123	2376788	17884200
农产品市场	766	538877	468969	39894792	146534740
粮油市场	94	28753	24387	3487120	16900571
肉禽蛋市场	72	24550	23305	2454224	11512271
水产品市场	112	93237	85662	4481896	30251541
蔬菜市场	267	236180	199802	14939297	36563513
干鲜果品市场	133	75761	66916	5756455	24790439
棉麻土畜、烟叶市场	20	20826	14525	3968724	6642285
其他农产品市场	68	59570	54372	4807076	19874120
食品、饮料及烟酒市场	86	63772	48822	3162705	11060270
食品饮料市场	24	18963	17363	826725	2712754
茶叶市场	20	18894	8902	749542	2219694
烟酒市场	11	4001	2643	271887	585608
其他食品饮料及烟酒市场	31	21914	19914	1314551	5542214
纺织、服装、鞋帽市场	320	544359	500861	25799159	127591714
布料及纺织品市场	68	122010	109281	9560361	61033449
服装市场	183	299283	276298	12072385	45195265
鞋帽市场	36	26260	23100	1262639	4324811
其他纺织服装鞋帽市场	33	96806	92182	2903774	17038189
日用品及文化用品市场	73	63134	55929	2555592	10532960
小商品市场	32	37235	33088	879380	3924360
箱包市场	5	6410	5557	562400	2182180

1-5　续表 1

(批发为主)

项　　目	市场数量(个)	总摊位数(个)	年末出租摊位数(个)	营业面积(平方米)	成交额(万元)
玩具市场	3	1138	1063	119410	229926
文具市场	4	1645	1427	108881	214029
图书、报刊杂志市场	7	1065	1003	71413	234663
音像制品及电子出版物市场					
体育用品市场					
其他日用品及文化用品市场	22	15641	13791	814108	3747802
黄金、珠宝、玉器等首饰市场	12	8674	7017	566159	4082844
电器、通讯器材、电子设备市场	52	28677	23793	1885801	4366591
家电市场	27	11952	9090	1425954	2622222
通讯器材市场	8	5477	4400	129078	527392
照相、摄像器材市场	1	315	315	13066	37656
计算机及辅助设备市场	11	7563	6936	193703	731202
其他电器、通讯器材、电子设备市场	5	3370	3052	124000	448119
医药、医疗用品及器材市场	23	74598	46694	2551297	14838812
中药材市场	23	74598	46694	2551297	14838812
其他医药、医疗用品及器材市场					
家具、五金及装饰材料市场	229	152805	141809	19648832	29839104
家具市场	27	24238	23445	5207375	7099123
装饰材料市场	93	53486	51367	7321326	9928058
灯具市场	12	7591	7397	984022	1740983
厨具、盥洗设备市场	3	2677	1603	239268	158019
五金材料市场	68	45513	39685	4078596	8053699
其他装修市场	26	19300	18312	1818245	2859222
汽车、摩托车及零配件市场	89	46520	42420	4782712	20655150
汽车市场	25	12161	10563	1993386	9987691
摩托车市场	6	2272	2224	138340	646269
机动车零配件市场	58	32087	29633	2650986	10021190
花、鸟、鱼、虫市场	21	17084	16029	3165823	4049289
花卉市场	19	16336	15313	3122843	3994759
鸟市场					
观赏鱼市场					
其他花鸟鱼虫市场	2	748	716	42980	54530
旧货市场	6	1331	1275	114661	466059
古玩、古董、字画市场					
邮票、硬币市场					
其他旧货市场	6	1331	1275	114661	466059
其他专业市场	42	29557	23448	2386479	5326896

1-5 续表 2

(零售为主)

项 目	市场数量(个)	总摊位数(个)	年末出租摊位数(个)	营业面积(平方米)	成交额(万元)
总 计	**2103**	**1182386**	**1087773**	**63223368**	**139862331**
1.综合市场	**849**	**548822**	**497875**	**16583562**	**42031015**
生产资料综合市场	2	3432	3432	110000	94697
工业消费品综合市场	164	169539	158012	6446258	14310292
农产品综合市场	469	219629	196255	4706536	19299103
其他综合市场	214	156222	140176	5320768	8326923
2.专业市场	**1254**	**633564**	**589898**	**46639806**	**97831316**
生产资料市场	19	5284	5003	638764	1428133
农业生产用具市场					
农用生产资料市场					
煤炭市场					
木材市场					
建材市场	19	5284	5003	638764	1428133
化工材料及制品市场					
金属材料市场					
机械设备市场					
其他生产资料市场					
农产品市场	233	106250	96396	2858839	8543549
粮油市场	11	9066	9043	211572	636732
肉禽蛋市场	54	25557	21568	503427	1770362
水产品市场	33	13928	12847	344272	1320340
蔬菜市场	37	13531	12846	577881	1152059
干鲜果品市场	3	1216	1202	20160	55059
棉麻土畜、烟叶市场	1	200	200	20000	12060
其他农产品市场	94	42752	38690	1181527	3596937
食品、饮料及烟酒市场	44	25533	23219	698993	2078453
食品饮料市场	19	13052	11025	318800	1275991
茶叶市场	5	2620	2572	123642	251218
烟酒市场	3	2211	2201	67430	177705
其他食品饮料及烟酒市场	17	7650	7421	189121	373539
纺织、服装、鞋帽市场	250	215376	205951	6361383	13402901
布料及纺织品市场	5	2157	1702	38136	122930
服装市场	179	147281	140429	4937347	9731336
鞋帽市场	2	2900	2100	6500	56944
其他纺织服装鞋帽市场	64	63038	61720	1379400	3491691
日用品及文化用品市场	21	12104	11818	409749	908707
小商品市场	7	7567	7499	263562	265722
箱包市场					

1-5 续表 3

(零售为主)

项 目	市场数量(个)	总摊位数(个)	年末出租摊位数(个)	营业面积(平方米)	成交额(万元)
玩具市场					
文具市场					
图书、报刊杂志市场	3	570	563	26100	130522
音像制品及电子出版物市场	2	481	473	17500	74403
体育用品市场					
其他日用品及文化用品市场	9	3486	3283	102587	438060
黄金、珠宝、玉器等首饰市场	14	10060	9916	1330807	648223
电器、通讯器材、电子设备市场	102	40348	36524	1596901	5353935
家电市场	11	2580	2264	133060	542134
通讯器材市场	18	7073	6878	228021	539168
照相、摄像器材市场	1	247	175	7800	34112
计算机及辅助设备市场	67	28916	25807	1193240	4109065
其他电器、通讯器材、电子设备市场	5	1532	1400	34780	129456
医药、医疗用品及器材市场	2	484	484	27682	232337
中药材市场	2	484	484	27682	232337
其他医药、医疗用品及器材市场					
家具、五金及装饰材料市场	347	149557	138984	21761399	20262521
家具市场	135	47817	44530	8831043	7533604
装饰材料市场	154	66234	61274	8816516	8408789
灯具市场	6	1528	1079	343737	402556
厨具、盥洗设备市场	1	394	394	83000	28554
五金材料市场	12	8050	7478	789888	899506
其他装修市场	39	25534	24229	2897215	2989512
汽车、摩托车及零配件市场	184	43535	37308	9930573	42525102
汽车市场	161	33780	28065	9194874	41205913
摩托车市场	3	1397	1382	118026	110986
机动车零配件市场	20	8358	7861	617673	1208203
花、鸟、鱼、虫市场	9	3796	3791	201577	313382
花卉市场	6	2966	2966	173902	178436
鸟市场					
观赏鱼市场					
其他花鸟鱼虫市场	3	830	825	27675	134946
旧货市场	14	8502	7831	252179	364956
古玩、古董、字画市场	3	955	848	31882	30213
邮票、硬币市场					
其他旧货市场	11	7547	6983	220297	334743
其他专业市场	15	12735	12673	570960	1769117

1-6　商品交易市场情况(按经营环境分)

(露天式)

项　目	市场数量(个)	总摊位数(个)	年末出租摊位数(个)	营业面积(平方米)	成交额(万元)
总　计	**823**	**544770**	**481089**	**61336710**	**146974620**
1.综合市场	**131**	**119144**	**107446**	**8815749**	**23125594**
生产资料综合市场	5	4483	4475	185540	225318
工业消费品综合市场	18	11545	11150	372347	792851
农产品综合市场	70	70364	65239	6156025	20420341
其他综合市场	38	32752	26582	2101837	1687084
2.专业市场	**692**	**425626**	**373643**	**52520961**	**123849026**
生产资料市场	216	86320	75890	27318893	62463724
农业生产用具市场	8	2942	2817	634341	1301362
农用生产资料市场	4	2192	2192	352956	200297
煤炭市场	7	281	250	4146300	2230917
木材市场	28	6893	6058	3867706	3918256
建材市场	33	17697	16878	3582972	4456173
化工材料及制品市场	5	3001	2882	337226	1168196
金属材料市场	123	47474	40666	14104622	48321140
机械设备市场	4	3385	2607	163000	349291
其他生产资料市场	4	2455	1540	129770	518092
农产品市场	278	232279	201541	14999723	31566350
粮油市场	24	9851	9750	1174236	2944668
肉禽蛋市场	21	6557	6064	1009926	1047567
水产品市场	27	27392	26720	945054	5257911
蔬菜市场	124	127038	102969	7125034	11433058
干鲜果品市场	49	38357	33959	2382109	6380490
棉麻土畜、烟叶市场	8	5945	5703	560240	244252
其他农产品市场	25	17139	16376	1803124	4258404
食品、饮料及烟酒市场	16	13451	12057	602867	1286572
食品饮料市场	3	1098	1098	20206	82268
茶叶市场	4	4179	4062	290060	627276
烟酒市场	4	3015	1823	109151	94288
其他食品饮料及烟酒市场	5	5159	5074	183450	482740
纺织、服装、鞋帽市场	28	24750	23239	1130238	5496427
布料及纺织品市场	4	4156	4082	322026	3407050
服装市场	14	16029	14789	372680	458917
鞋帽市场	6	2206	2059	160772	1392586
其他纺织服装鞋帽市场	4	2359	2309	274760	237874
日用品及文化用品市场	3	1495	1492	74850	240858
小商品市场	1	390	390	13000	31193
箱包市场					

1-6 续表 1

(露天式)

项目	市场数量(个)	总摊位数(个)	年末出租摊位数(个)	营业面积(平方米)	成交额(万元)
玩具市场					
文具市场					
图书、报刊杂志市场					
音像制品及电子出版物市场					
体育用品市场					
其他日用品及文化用品市场	2	1105	1102	61850	209665
黄金、珠宝、玉器等首饰市场	1	724	724	57420	34917
电器、通讯器材、电子设备市场					
家电市场					
通讯器材市场					
照相、摄像器材市场					
计算机及辅助设备市场					
其他电器、通讯器材、电子设备市场					
医药、医疗用品及器材市场	2	1946	1898	27250	73962
中药材市场	2	1946	1898	27250	73962
其他医药、医疗用品及器材市场					
家具、五金及装饰材料市场	33	12275	12063	1613978	2718456
家具市场	1	420	420	20000	130410
装饰材料市场	17	5545	5371	623733	1335724
灯具市场	2	530	530	16930	35434
厨具、盥洗设备市场					
五金材料市场	10	4960	4922	791697	939271
其他装修市场	3	820	820	161618	277617
汽车、摩托车及零配件市场	77	20060	18647	3956695	14723064
汽车市场	63	14384	13339	3536422	12634310
摩托车市场					
机动车零配件市场	14	5676	5308	420273	2088754
花、鸟、鱼、虫市场	4	2856	2357	577900	1636834
花卉市场	3	2696	2197	565900	1605600
鸟市场					
观赏鱼市场					
其他花鸟鱼虫市场	1	160	160	12000	31234
旧货市场	4	642	406	85248	181790
古玩、古董、字画市场					
邮票、硬币市场					
其他旧货市场	4	642	406	85248	181790
其他专业市场	30	28828	23329	2075899	3426072

1-6 续表 2

(封闭式)

项　目	市场数量(个)	总摊位数(个)	年末出租摊位数(个)	营业面积(平方米)	成交额(万元)
总　计	**3574**	**2952816**	**2640075**	**187356622**	**697195244**
1.综合市场	**1048**	**1105222**	**998784**	**53429707**	**163594638**
生产资料综合市场	38	44710	42637	4543180	5913200
工业消费品综合市场	260	488892	437852	23697204	72482558
农产品综合市场	519	325821	291141	12363801	55316422
其他综合市场	231	245799	227154	12825522	29882458
2.专业市场	**2526**	**1847594**	**1641291**	**133926915**	**533600606**
生产资料市场	385	200365	163231	28715159	175524346
农业生产用具市场	11	3567	2579	834850	760749
农用生产资料市场	23	4016	3658	701567	1483107
煤炭市场	3	1878	1647	1356800	2737108
木材市场	16	5299	5106	1001970	1756433
建材市场	150	96352	70323	10981611	12582406
化工材料及制品市场	23	11894	10486	1458898	14981002
金属材料市场	95	41255	35190	8196987	118020105
机械设备市场	38	23210	22214	2159909	6459532
其他生产资料市场	26	12894	12028	2022567	16743904
农产品市场	548	302419	267427	17368856	90721568
粮油市场	68	22777	20279	2058329	10963401
肉禽蛋市场	82	34646	30369	1235240	9026723
水产品市场	87	56540	51856	2975940	19594928
蔬菜市场	129	78677	70354	5375265	19790596
干鲜果品市场	61	26371	24069	1920443	10788550
棉麻土畜、烟叶市场	10	14400	8343	935984	4348077
其他农产品市场	111	69008	62157	2867655	16209293
食品、饮料及烟酒市场	100	69821	55730	2947739	11071079
食品饮料市场	34	27916	25471	981298	3788557
茶叶市场	20	17215	7357	578924	1806112
烟酒市场	10	3197	3021	230166	669025
其他食品饮料及烟酒市场	36	21493	19881	1157351	4807385
纺织、服装、鞋帽市场	517	706928	657389	29637650	130931386
布料及纺织品市场	63	110436	97917	8660171	54843321
服装市场	337	418828	390950	16015127	53539008
鞋帽市场	28	23149	19895	1005198	2577827
其他纺织服装鞋帽市场	89	154515	148627	3957154	19971230
日用品及文化用品市场	86	66183	60734	2707491	10308515
小商品市场	35	37363	35171	974942	3356089
箱包市场	5	6410	5557	562400	2182180

1-6　续表 3

(封闭式)

项　　目	市场数量 (个)	总摊位数 (个)	年末出租摊位数 (个)	营业面积 (平方米)	成交额 (万元)
玩具市场	3	1138	1063	119410	229926
文具市场	4	1645	1427	108881	214029
图书、报刊杂志市场	9	1574	1508	89513	355129
音像制品及电子出版物市场	2	481	473	17500	74403
体育用品市场					
其他日用品及文化用品市场	28	17572	15535	834845	3896759
黄金、珠宝、玉器等首饰市场	19	11444	9840	564002	4335851
电器、通讯器材、电子设备市场	149	60280	53516	2370604	7988528
家电市场	36	9730	8218	527761	1653421
通讯器材市场	25	12290	11018	339099	1041097
照相、摄像器材市场	2	562	490	20866	71768
计算机及辅助设备市场	76	32796	29338	1324098	4644667
其他电器、通讯器材、电子设备市场	10	4902	4452	158780	577575
医药、医疗用品及器材市场	21	72002	44485	2513047	14544850
中药材市场	21	72002	44485	2513047	14544850
其他医药、医疗用品及器材市场					
家具、五金及装饰材料市场	492	265989	246569	36932875	44339978
家具市场	155	69463	65417	13776738	14285998
装饰材料市场	207	103195	96865	14243477	15498730
灯具市场	13	7069	6821	1120650	1550905
厨具、盥洗设备市场	4	3071	1997	322268	186573
五金材料市场	61	44207	38034	3646049	7554618
其他装修市场	52	38984	37435	3823693	5263154
汽车、摩托车及零配件市场	159	63833	55150	8844513	38687263
汽车市场	93	28720	22643	5962639	29789209
摩托车市场	8	2855	2792	206366	710403
机动车零配件市场	58	32258	29715	2675508	8187651
花、鸟、鱼、虫市场	18	13563	13114	549877	1588677
花卉市场	14	12145	11733	491222	1430435
鸟市场					
观赏鱼市场					
其他花鸟鱼虫市场	4	1418	1381	58655	158242
旧货市场	10	3486	3051	158492	242748
古玩、古董、字画市场	3	955	848	31882	30213
邮票、硬币市场					
其他旧货市场	7	2531	2203	126610	212535
其他专业市场	22	11281	11055	616610	3315817

1-6 续表 4

(其他)

项 目	市场数量(个)	总摊位数(个)	年末出租摊位数(个)	营业面积(平方米)	成交额(万元)
总 计	**626**	**458684**	**413593**	**46985869**	**158929155**
1.综合市场	**197**	**189096**	**173124**	**12306692**	**36766785**
生产资料综合市场	8	18959	16872	3104670	7816834
工业消费品综合市场	27	41437	38779	2621312	5355040
农产品综合市场	94	74109	67479	4433450	17583279
其他综合市场	68	54591	49994	2147260	6011632
2.专业市场	**429**	**269588**	**240469**	**34679177**	**122162370**
生产资料市场	92	58455	54321	12577947	65876320
农业生产用具市场	1	348	348	18251	52950
农用生产资料市场	3	499	453	35922	75760
煤炭市场	2	11	8	2780	127441
木材市场	9	8317	8278	660826	1845548
建材市场	28	17387	14900	8569666	2546026
化工材料及制品市场	8	9086	8528	473693	14819839
金属材料市场	32	18763	17783	2474358	45215322
机械设备市场	4	1488	1468	118000	571230
其他生产资料市场	5	2556	2555	224451	622204
农产品市场	173	110429	96397	10385052	32790371
粮油市场	13	5191	3401	466127	3629234
肉禽蛋市场	23	8904	8440	712485	3208343
水产品市场	31	23233	19933	905174	6719042
蔬菜市场	51	43996	39325	3016879	6491918
干鲜果品市场	26	12249	10090	1474063	7676458
棉麻土畜、烟叶市场	3	681	679	2492500	2062016
其他农产品市场	26	16175	14529	1317824	3003360
食品、饮料及烟酒市场	14	6033	4254	311092	781072
食品饮料市场	6	3001	1819	144021	117920
茶叶市场	1	120	55	4200	37524
烟酒市场					
其他食品饮料及烟酒市场	7	2912	2380	162871	625628
纺织、服装、鞋帽市场	25	28057	26184	1392654	4566802
布料及纺织品市场	6	9575	8984	616300	2906008
服装市场	11	11707	10988	621925	928676
鞋帽市场	4	3805	3246	103169	411342
其他纺织服装鞋帽市场	4	2970	2966	51260	320776
日用品及文化用品市场	5	7560	5521	183000	892294
小商品市场	3	7049	5026	155000	802800
箱包市场					

1-6　续表 5

(其他)

项　　目	市场数量（个）	总摊位数（个）	年末出租摊位数（个）	营业面积（平方米）	成交额（万元）
玩具市场					
文具市场					
图书、报刊杂志市场	1	61	58	8000	10056
音像制品及电子出版物市场					
体育用品市场					
其他日用品及文化用品市场	1	450	437	20000	79438
黄金、珠宝、玉器等首饰市场	6	6566	6369	1275544	360299
电器、通讯器材、电子设备市场	5	8745	6801	1112098	1731998
家电市场	2	4802	3136	1031253	1510935
通讯器材市场	1	260	260	18000	25463
照相、摄像器材市场					
计算机及辅助设备市场	2	3683	3405	62845	195600
其他电器、通讯器材、电子设备市场					
医药、医疗用品及器材市场	2	1134	795	38682	452337
中药材市场	2	1134	795	38682	452337
其他医药、医疗用品及器材市场					
家具、五金及装饰材料市场	51	24098	22161	2863378	3043191
家具市场	6	2172	2138	241680	216319
装饰材料市场	23	10980	10405	1270632	1502393
灯具市场	3	1520	1125	190179	557200
厨具、盥洗设备市场					
五金材料市场	9	4396	4207	430738	459316
其他装修市场	10	5030	4286	730149	307963
汽车、摩托车及零配件市场	37	6162	5931	1912077	9769925
汽车市场	30	2837	2646	1689199	8770085
摩托车市场	1	814	814	50000	46852
机动车零配件市场	6	2511	2471	172878	952988
花、鸟、鱼、虫市场	8	4461	4349	2239623	1137160
花卉市场	8	4461	4349	2239623	1137160
鸟市场					
观赏鱼市场					
其他花鸟鱼虫市场					
旧货市场	6	5705	5649	123100	406477
古玩、古董、字画市场					
邮票、硬币市场					
其他旧货市场	6	5705	5649	123100	406477
其他专业市场	5	2183	1737	264930	354124

1-7 商品交易市场成交情况(按摊位分)

摊　　位	摊位数(个)	成交额(万元)
总　　计	**3534757**	**1003099019**
1.粮油、食品类	1013537	247999747
其中：粮油类	98925	32841262
肉禽蛋类	138431	32476617
水产品类	159611	51680891
蔬菜类	405731	66599121
干鲜果品类	172377	57064459
2.饮料类	48620	10253173
3.烟酒类	44881	10038560
4.服装、鞋帽、针纺织品类	977742	166315228
(1)服装类	595427	72918153
(2)鞋帽类	144147	16424524
(3)针纺织品类	238168	76972551
5.化妆品类	29845	3281358
6.金银珠宝类	22224	5826747
7.日用品类	186194	32099049
其中：儿童玩具类	30946	3816183
8.五金、电料类	115595	22411945
9.体育、娱乐用品类	13894	1973252
其中：照相器材类	634	64288
10.书报杂志类	4792	670305
11.电子出版物及音像制品类	8873	1973089
12.家用电器和音像器材类	35444	7127944
13.中西药品类	29492	13391941
其中：西药类	1106	370417
中草药及中成药类	27616	12925905
14.文化办公用品类	67271	9928368
其中：计算机及其配套产品	28920	3954306
15.家具类	99983	20777558
16.通讯器材类	23311	3041673
17.煤炭及制品类	2163	5782485
18.木材及制品类	31968	10228924
19.石油及制品类	1867	15390879
20.化工材料及制品类	46893	35635498
其中：化肥类	3765	1023715
21.金属材料类	99146	212475263
22.建筑及装潢材料类	277368	49521663
23.机电产品及设备类	55333	14224665
其中：农机类	5607	2103103
24.汽车类	78000	64810493
25.种子饲料类	8661	1393843
26.棉麻类	4736	4563906
27.其他类	206924	31961463

1-8 商品交易市场成交情况(按摊位与营业状态分)

(常年营业)

摊 位	年末出租摊位数(个)	成交额(万元)
总 计	**3501626**	**997441029**
1.粮油、食品类	987821	244028428
其中：粮油类	98715	32784459
肉禽蛋类	137941	32435540
水产品类	159179	51459198
蔬菜类	390439	63842268
干鲜果品类	163594	56250148
2.饮料类	48147	9733023
3.烟酒类	44778	10035595
4.服装、鞋帽、针纺织品类	975619	166055311
(1)服装类	593921	72674725
(2)鞋帽类	143984	16419560
(3)针纺织品类	237714	76961026
5.化妆品类	29836	3280667
6.金银珠宝类	22224	5826747
7.日用品类	186115	32096525
其中：儿童玩具类	30937	3816002
8.五金、电料类	114998	22368195
9.体育、娱乐用品类	13891	1973222
其中：照相器材类	632	64268
10.书报杂志类	4786	670276
11.电子出版物及音像制品类	8827	1970567
12.家用电器和音像器材类	35143	7105744
13.中西药品类	29444	13368215
其中：西药类	1090	369937
中草药及中成药类	27584	12902659
14.文化办公用品类	67237	9927248
其中：计算机及其配套产品	28918	3954284
15.家具类	99954	20774310
16.通讯器材类	23294	3041482
17.煤炭及制品类	2109	5767689
18.木材及制品类	31834	10123417
19.石油及制品类	1860	15390258
20.化工材料及制品类	46830	35606457
其中：化肥类	3702	994674
21.金属材料类	99025	212373378
22.建筑及装潢材料类	277345	49519448
23.机电产品及设备类	55115	14197141
其中：农机类	5416	2077303
24.汽车类	78000	64810493
25.种子饲料类	8606	1389507
26.棉麻类	4250	4425378
27.其他类	204538	31582308

1-8 续表 1

(季节性营业)

摊　位	年末出租摊位数（个）	成交额（万元）
总　计	**29513**	**5276449**
1.粮油、食品类	24146	3869891
其中：粮油类	75	53810
肉禽蛋类	26	121
水产品类	351	213370
蔬菜类	14892	2746919
干鲜果品类	8527	795671
2.饮料类	428	513803
3.烟酒类	42	796
4.服装、鞋帽、针纺织品类	1320	236207
(1)服装类	1227	235464
(2)鞋帽类	43	437
(3)针纺织品类	50	306
5.化妆品类	2	36
6.金银珠宝类		
7.日用品类	25	381
其中：儿童玩具类	6	165
8.五金、电料类	527	38736
9.体育、娱乐用品类		
其中：照相器材类		
10.书报杂志类	1	9
11.电子出版物及音像制品类	11	2356
12.家用电器和音像器材类		
13.中西药品类	34	23056
其中：西药类	5	56
中草药及中成药类	29	23000
14.文化办公用品类	2	47
其中：计算机及其配套产品		
15.家具类	21	3138
16.通讯器材类	5	61
17.煤炭及制品类	33	14338
18.木材及制品类	19	2136
19.石油及制品类		
20.化工材料及制品类	40	27000
其中：化肥类	40	27000
21.金属材料类	15	1637
22.建筑及装潢材料类	11	2013
23.机电产品及设备类	197	27374
其中：农机类	188	25700
24.汽车类		
25.种子饲料类	20	304
26.棉麻类	476	137940
27.其他类	2138	375190

1-8 续表 2

(其他)

摊 位	年末出租摊位数(个)	成交额(万元)
总 计	**3618**	**381541**
1.粮油、食品类	1570	101428
其中：粮油类	135	2993
肉禽蛋类	464	40956
水产品类	81	8323
蔬菜类	400	9934
干鲜果品类	256	18640
2.饮料类	45	6347
3.烟酒类	61	2169
4.服装、鞋帽、针纺织品类	803	23710
(1)服装类	279	7964
(2)鞋帽类	120	4527
(3)针纺织品类	404	11219
5.化妆品类	7	655
6.金银珠宝类		
7.日用品类	54	2143
其中：儿童玩具类	3	16
8.五金、电料类	70	5014
9.体育、娱乐用品类	3	30
其中：照相器材类	2	20
10.书报杂志类	5	20
11.电子出版物及音像制品类	35	166
12.家用电器和音像器材类	301	22200
13.中西药品类	14	670
其中：西药类	11	424
中草药及中成药类	3	246
14.文化办公用品类	32	1073
其中：计算机及其配套产品	2	22
15.家具类	8	110
16.通讯器材类	12	130
17.煤炭及制品类	21	458
18.木材及制品类	115	103371
19.石油及制品类	7	621
20.化工材料及制品类	23	2041
其中：化肥类	23	2041
21.金属材料类	106	100248
22.建筑及装潢材料类	12	202
23.机电产品及设备类	21	150
其中：农机类	3	100
24.汽车类		
25.种子饲料类	35	4032
26.棉麻类	10	588
27.其他类	248	3965

1-9 商品交易市场成交情况(按摊位与经营方式分)

(批发为主)

摊　位	年末出租摊位数(个)	成交额(万元)
总　计	**2446984**	**863236688**
1.粮油、食品类	685928	217303740
其中：粮油类	59667	29359100
肉禽蛋类	64441	23640973
水产品类	103882	44185667
蔬菜类	293664	60087462
干鲜果品类	140720	54196504
2.饮料类	33986	8993436
3.烟酒类	28637	8576336
4.服装、鞋帽、针纺织品类	650927	146823059
(1)服装类	371928	58813515
(2)鞋帽类	86110	13396155
(3)针纺织品类	192889	74613389
5.化妆品类	19576	2605751
6.金银珠宝类	10818	4771015
7.日用品类	133541	27396979
其中：儿童玩具类	22315	3068011
8.五金、电料类	92768	19705392
9.体育、娱乐用品类	9941	1661149
其中：照相器材类	157	17615
10.书报杂志类	3058	496818
11.电子出版物及音像制品类	5616	1707680
12.家用电器和音像器材类	24356	5516521
13.中西药品类	27556	13013000
其中：西药类	576	292747
中草药及中成药类	26462	12652752
14.文化办公用品类	33574	5239807
其中：计算机及其配套产品	7456	861466
15.家具类	41888	10868926
16.通讯器材类	11716	1823659
17.煤炭及制品类	1898	5759417
18.木材及制品类	28679	9954366
19.石油及制品类	1802	15377445
20.化工材料及制品类	45295	35541592
其中：化肥类	2648	979882
21.金属材料类	96860	212160099
22.建筑及装潢材料类	199684	38570085
23.机电产品及设备类	51974	13791948
其中：农机类	5203	2001795
24.汽车类	43008	22450275
25.种子饲料类	7552	1343459
26.棉麻类	3583	4446218
27.其他类	152763	27338516

1-9 续表

(零售为主)

摊 位	年末出租摊位数(个)	成交额(万元)
总 计	**1087773**	**139862331**
1.粮油、食品类	327609	30696007
其中:粮油类	39258	3482162
肉禽蛋类	73990	8835644
水产品类	55729	7495224
蔬菜类	112067	6511659
干鲜果品类	31657	2867955
2.饮料类	14634	1259737
3.烟酒类	16244	1462224
4.服装、鞋帽、针纺织品类	326815	19492169
(1)服装类	223499	14104638
(2)鞋帽类	58037	3028369
(3)针纺织品类	45279	2359162
5.化妆品类	10269	675607
6.金银珠宝类	11406	1055732
7.日用品类	52653	4702070
其中:儿童玩具类	8631	748172
8.五金、电料类	22827	2706553
9.体育、娱乐用品类	3953	312103
其中:照相器材类	477	46673
10.书报杂志类	1734	173487
11.电子出版物及音像制品类	3257	265409
12.家用电器和音像器材类	11088	1611423
13.中西药品类	1936	378941
其中:西药类	530	77670
中草药及中成药类	1154	273153
14.文化办公用品类	33697	4688561
其中:计算机及其配套产品	21464	3092840
15.家具类	58095	9908632
16.通讯器材类	11595	1218014
17.煤炭及制品类	265	23068
18.木材及制品类	3289	274558
19.石油及制品类	65	13434
20.化工材料及制品类	1598	93906
其中:化肥类	1117	43833
21.金属材料类	2286	315164
22.建筑及装潢材料类	77684	10951578
23.机电产品及设备类	3359	432717
其中:农机类	404	101308
24.汽车类	34992	42360218
25.种子饲料类	1109	50384
26.棉麻类	1153	117688
27.其他类	54161	4622947

1-10 商品交易市场成交情况(按摊位与经营环境分)

(露天式)

摊　　位	年末出租摊位数 (个)	成交额 (万元)
总　　计	**481089**	**146974620**
1.粮油、食品类	255844	50899708
其中：粮油类	18208	5643335
肉禽蛋类	18377	4178156
水产品类	34348	7608914
蔬菜类	131880	18924772
干鲜果品类	49695	14128557
2.饮料类	8556	994790
3.烟酒类	7244	712017
4.服装、鞋帽、针纺织品类	36511	5943719
(1)服装类	19919	786235
(2)鞋帽类	7257	1567081
(3)针纺织品类	9335	3590403
5.化妆品类	1581	92836
6.金银珠宝类	263	33596
7.日用品类	8352	627867
其中：儿童玩具类	1451	58369
8.五金、电料类	8127	1191705
9.体育、娱乐用品类	879	28537
其中：照相器材类	58	1846
10.书报杂志类	462	10606
11.电子出版物及音像制品类	707	25743
12.家用电器和音像器材类	1155	191731
13.中西药品类	1394	90402
其中：西药类	147	8660
中草药及中成药类	1064	68476
14.文化办公用品类	1074	85636
其中：计算机及其配套产品	35	2187
15.家具类	1848	344845
16.通讯器材类	504	82816
17.煤炭及制品类	454	2246849
18.木材及制品类	7681	4355617
19.石油及制品类	39	223546
20.化工材料及制品类	4252	1607446
其中：化肥类	1281	213830
21.金属材料类	39042	46727636
22.建筑及装潢材料类	24314	6507594
23.机电产品及设备类	4519	1400710
其中：农机类	2032	954278
24.汽车类	19840	15206674
25.种子饲料类	3059	120564
26.棉麻类	603	107278
27.其他类	42785	7114152

1-10 续表 1

(封闭式)

摊 位	年末出租摊位数 (个)	成交额 (万元)
总 计	**2640075**	**697195244**
1.粮油、食品类	589840	147647962
其中：粮油类	65277	20935834
肉禽蛋类	98721	20885583
水产品类	95942	34357749
蔬菜类	204669	35554459
干鲜果品类	96632	30530280
2.饮料类	34594	8389291
3.烟酒类	31671	8398917
4.服装、鞋帽、针纺织品类	885579	152781964
(1)服装类	546842	69577144
(2)鞋帽类	126173	13794371
(3)针纺织品类	212564	69410449
5.化妆品类	23722	2931656
6.金银珠宝类	13799	4907720
7.日用品类	161767	28267372
其中：儿童玩具类	27600	3669373
8.五金、电料类	90551	18441211
9.体育、娱乐用品类	11835	1882821
其中：照相器材类	513	58707
10.书报杂志类	3909	633358
11.电子出版物及音像制品类	7670	1923496
12.家用电器和音像器材类	29144	5108904
13.中西药品类	26659	12699234
其中：西药类	602	229833
中草药及中成药类	25545	12397823
14.文化办公用品类	62315	9430380
其中：计算机及其配套产品	26929	3859284
15.家具类	90425	18252038
16.通讯器材类	21479	2873744
17.煤炭及制品类	1500	2776497
18.木材及制品类	15963	3876519
19.石油及制品类	1515	15147283
20.化工材料及制品类	33239	18507229
其中：化肥类	2033	741392
21.金属材料类	42910	120123874
22.建筑及装潢材料类	222670	37935555
23.机电产品及设备类	43555	10877241
其中：农机类	2847	967158
24.汽车类	52425	39407641
25.种子饲料类	4573	1168185
26.棉麻类	3147	2355947
27.其他类	133619	20449205

1-10 续表 2

(其他)

摊　　位	年末出租摊位数 (个)	成交额 (万元)
总　　计	**413593**	**158929155**
1.粮油、食品类	167853	49452077
其中：粮油类	15440	6262093
肉禽蛋类	21333	7412878
水产品类	29321	9714228
蔬菜类	69182	12119890
干鲜果品类	26050	12405622
2.饮料类	5470	869092
3.烟酒类	5966	927626
4.服装、鞋帽、针纺织品类	55652	7589545
(1)服装类	28666	2554774
(2)鞋帽类	10717	1063072
(3)针纺织品类	16269	3971699
5.化妆品类	4542	256866
6.金银珠宝类	8162	885431
7.日用品类	16075	3203810
其中：儿童玩具类	1895	88441
8.五金、电料类	16917	2779029
9.体育、娱乐用品类	1180	61894
其中：照相器材类	63	3735
10.书报杂志类	421	26341
11.电子出版物及音像制品类	496	23850
12.家用电器和音像器材类	5145	1827309
13.中西药品类	1439	602305
其中：西药类	357	131924
中草药及中成药类	1007	459606
14.文化办公用品类	3882	412352
其中：计算机及其配套产品	1956	92835
15.家具类	7710	2180675
16.通讯器材类	1328	85113
17.煤炭及制品类	209	759139
18.木材及制品类	8324	1996788
19.石油及制品类	313	20050
20.化工材料及制品类	9402	15520823
其中：化肥类	451	68493
21.金属材料类	17194	45623753
22.建筑及装潢材料类	30384	5078514
23.机电产品及设备类	7259	1946714
其中：农机类	728	181667
24.汽车类	5735	10196178
25.种子饲料类	1029	105094
26.棉麻类	986	2100681
27.其他类	30520	4398106

第二部分　地区篇

简要说明：

本篇资料的主要内容为亿元以上商品交易市场分地区的情况，包括按照省（区、市）、东中西部及东北地区、36城市、三大地带等，以及按照市场类别、摊位类别、经营方式、营业状态和经营环境的分组数据。

（一）省、自治区、直辖市

2-1 商品交易市场总体情况

地区	市场数量（个）	总摊位数（个）	年末出租摊位数（个）	营业面积（平方米）	成交额（万元）
全国	**5023**	**3956270**	**3534757**	**295679201**	**1003099019**
北京	131	122894	108167	6927201	33902706
天津	65	46402	41839	4585667	17909279
河北	244	355813	305169	26997973	51930114
山西	39	31616	29948	2792525	6111235
内蒙古	72	41657	38410	7684757	5798202
辽宁	215	191295	176581	9128734	39473084
吉林	60	55599	50745	2953006	7083393
黑龙江	84	61187	55264	3190186	11040149
上海	158	73532	69274	7826105	89167969
江苏	536	393990	353900	32666137	170849489
浙江	766	515910	466119	30152892	155249661
安徽	130	127388	115681	11399428	26972390
福建	155	61960	56154	3811385	17336629
江西	94	76512	71021	4129663	17629400
山东	579	422248	395794	39725016	96632736
河南	164	156601	144148	12680936	31384326
湖北	153	82595	77351	5543419	20954880
湖南	326	197269	185316	10555795	31900324
广东	344	253988	207681	19802445	56570218
广西	92	75977	69126	4492857	11495544
海南	8	4993	4993	769138	508050
重庆	149	109363	101736	8060986	34063093
四川	125	190869	144245	11878458	27040900
贵州	62	46383	36736	3022294	6915943
云南	48	68147	59187	3726094	7258919
西藏					
陕西	52	36721	34117	2468845	4475601
甘肃	40	35802	30528	1789505	4629150
青海	8	4731	4721	278368	273118
宁夏	35	27678	24024	3981527	3143649
新疆	89	87150	76782	12657859	15398868

2-2 按市场类别分各地区商品交易市场情况

(综合市场)

地　区	市场数量(个)	总摊位数(个)	年末出租摊位数(个)	营业面积(平方米)	成交额(万元)
全　国	**1376**	**1413462**	**1279354**	**74552148**	**223487017**
北　京	37	51352	47794	3035798	16633534
天　津	20	22168	19847	1377319	4775003
河　北	62	133096	122036	7000469	19745101
山　西	11	17864	16659	1684926	4617049
内蒙古	11	10953	9353	936894	1226466
辽　宁	60	60072	55574	1885734	6111439
吉　林	15	17414	16835	624224	676784
黑龙江	23	19256	18111	778175	3495918
上　海	40	24925	23635	1611791	5480627
江　苏	136	117296	104375	7164911	26878414
浙　江	245	182600	165245	9139650	33406487
安　徽	48	67140	61897	5633835	11323424
福　建	58	29367	25104	1041947	3078760
江　西	37	40413	36902	1291573	9064936
山　东	91	89628	83572	5302392	9899918
河　南	32	64135	60415	3297001	6756119
湖　北	40	28177	25746	1699937	4821374
湖　南	126	92047	88071	3650999	14551316
广　东	84	87465	65236	3159202	10925297
广　西	24	28047	25795	760078	2419387
海　南	3	2348	2348	13000	141722
重　庆	46	58878	55434	2991855	12129604
四　川	45	67697	63481	2840380	8103236
贵　州	13	19093	13022	928184	1273583
云　南	9	8553	7883	156722	356568
西　藏					
陕　西	6	5915	5550	225500	143734
甘　肃	11	14631	11037	430747	825298
青　海					
宁　夏	8	4559	4011	312763	392414
新　疆	35	48373	44386	5576142	4233505

2-2　续表 1

(生产资料综合市场)

地　区	市场数量（个）	总摊位数（个）	年末出租摊位数（个）	营业面积（平方米）	成交额（万元）
全　国	**51**	**68152**	**63984**	**7833390**	**13955352**
北　京					
天　津					
河　北	5	3385	3105	605540	877991
山　西	1	120	120	23000	19000
内蒙古	1	36	36	20000	32624
辽　宁	2	1810	1448	21990	136750
吉　林	1	3176	3176	100000	81497
黑龙江					
上　海	2	6959	6959	608000	1211741
江　苏	4	10702	10526	1307130	787061
浙　江	12	8467	8034	866010	5082778
安　徽	2	10304	10142	1727145	2705508
福　建					
江　西	1	2258	2208	94218	13461
山　东	6	1639	1581	241120	334030
河　南					
湖　北	3	6621	6075	770230	1168391
湖　南	1	156	156	6200	20060
广　东	1	1328	1328	31860	47147
广　西					
海　南					
重　庆	2	2200	2200	278261	684080
四　川	2	1927	1886	138664	267000
贵　州	1	2635	628	367982	148151
云　南	1	173	167	10920	11902
西　藏					
陕　西					
甘　肃					
青　海					
宁　夏					
新　疆	3	4256	4209	615120	326180

2-2 续表 2

(工业消费品综合市场)

地　区	市场数量(个)	总摊位数(个)	年末出租摊位数(个)	营业面积(平方米)	成交额(万元)
全　国	**305**	**541874**	**487781**	**26690863**	**78630449**
北　京	12	13232	12475	207442	883831
天　津	4	8026	7519	145071	538588
河　北	15	70861	63023	4034401	13871034
山　西	2	1960	1350	111220	28559
内蒙古	2	3402	3373	171000	86075
辽　宁	23	27994	26041	608429	1147425
吉　林	5	6737	6736	236689	335361
黑龙江	9	7286	6750	129515	478188
上　海	2	1846	1774	42478	68294
江　苏	19	31358	29776	2036800	7676403
浙　江	32	86791	80705	5581112	13780131
安　徽	10	26735	25281	1920084	2650633
福　建	6	6535	4640	349849	850649
江　西	7	14811	13598	298480	3543670
山　东	34	44349	40890	2611413	6777731
河　南	15	22874	21225	809488	3698099
湖　北	8	6629	6462	430888	879241
湖　南	29	32100	31461	1278620	7098796
广　东	24	48565	29358	1417402	3731466
广　西	2	6646	5985	213000	181637
海　南					
重　庆	12	31413	30815	1646902	7049202
四　川	9	18956	17208	838744	1571913
贵　州					
云　南					
西　藏					
陕　西	2	2780	2575	123000	54943
甘　肃	8	7681	7116	367207	711696
青　海					
宁　夏	2	815	745	76800	66292
新　疆	12	11492	10900	1004829	870592

2-2 续表 3

(农产品综合市场)

地 区	市场数量 (个)	总摊位数 (个)	年末出租摊位数 (个)	营业面积 (平方米)	成交额 (万元)
全 国	**683**	**470294**	**423859**	**22953276**	**93320042**
北 京	21	30243	28059	2556818	13952209
天 津	6	4733	4102	377739	2577100
河 北	26	43619	41284	1640680	3232366
山 西	4	3450	3140	327747	485059
内蒙古	5	2948	1876	441759	556826
辽 宁	17	9577	8936	390140	992824
吉 林	3	1578	1000	71795	62989
黑龙江	10	8430	7894	575200	2934955
上 海	29	13379	12161	847610	3814217
江 苏	87	49857	43043	2405208	14739368
浙 江	177	75092	65152	1722457	10172044
安 徽	22	16085	13589	483728	3948950
福 建	41	17529	15282	311881	1277931
江 西	11	7746	7491	248613	2721719
山 东	24	22065	20603	1135423	1967870
河 南	8	8650	7328	1498389	2527317
湖 北	15	6854	5544	209161	1277318
湖 南	41	26746	25571	1363521	5297268
广 东	46	31793	29157	1468518	6792934
广 西	14	11284	10301	361403	1821534
海 南	1	686	686	1200	16921
重 庆	20	16475	13982	470006	3508687
四 川	26	41055	38994	1567681	5906703
贵 州	7	3165	2831	68064	951067
云 南	4	4137	3784	39880	161131
西 藏					
陕 西	2	2183	2036	53300	26915
甘 肃	2	2400	2387	63000	66973
青 海					
宁 夏	4	2242	1913	174813	189877
新 疆	10	6293	5733	2077542	1338970

2-2 续表 4

(其他综合市场)

地区	市场数量(个)	总摊位数(个)	年末出租摊位数(个)	营业面积(平方米)	成交额(万元)
全国	**337**	**333142**	**303730**	**17074619**	**37581174**
北京	4	7877	7260	271538	1797494
天津	10	9409	8226	854509	1659315
河北	16	15231	14624	719848	1763710
山西	4	12334	12049	1222959	4084431
内蒙古	3	4567	4068	304135	550941
辽宁	18	20691	19149	865175	3834440
吉林	6	5923	5923	215740	196937
黑龙江	4	3540	3467	73460	82775
上海	7	2741	2741	113703	386375
江苏	26	25379	21030	1415773	3675582
浙江	24	12250	11354	970071	4371534
安徽	14	14016	12885	1502878	2018333
福建	11	5303	5182	380217	950180
江西	18	15598	13605	650262	2786086
山东	27	21575	20498	1314436	820287
河南	9	32611	31862	989124	530703
湖北	14	8073	7665	289658	1496424
湖南	55	33045	30883	1002658	2135192
广东	13	5779	5393	241422	353750
广西	8	10117	9509	185675	416216
海南	2	1662	1662	11800	124801
重庆	12	8790	8437	596686	887635
四川	8	5759	5393	295291	357620
贵州	5	13293	9563	492138	174365
云南	4	4243	3932	105922	183535
西藏					
陕西	2	952	939	49200	61876
甘肃	1	4550	1534	540	46629
青海					
宁夏	2	1502	1353	61150	136245
新疆	10	26332	23544	1878651	1697763

2-2 续表 5

(专业市场)

地区	市场数量(个)	总摊位数(个)	年末出租摊位数(个)	营业面积(平方米)	成交额(万元)
全国	**3647**	**2542808**	**2255403**	**221127053**	**779612002**
北京	94	71542	60373	3891403	17269172
天津	45	24234	21992	3208348	13134276
河北	182	222717	183133	19997504	32185013
山西	28	13752	13289	1107599	1494186
内蒙古	61	30704	29057	6747863	4571736
辽宁	155	131223	121007	7243000	33361645
吉林	45	38185	33910	2328782	6406609
黑龙江	61	41931	37153	2412011	7544231
上海	118	48607	45639	6214314	83687342
江苏	400	276694	249525	25501226	143971075
浙江	521	333310	300874	21013242	121843174
安徽	82	60248	53784	5765593	15648966
福建	97	32593	31050	2769438	14257869
江西	57	36099	34119	2838090	8564464
山东	488	332620	312222	34422624	86732818
河南	132	92466	83733	9383935	24628207
湖北	113	54418	51605	3843482	16133506
湖南	200	105222	97245	6904796	17349008
广东	260	166523	142445	16643243	45644921
广西	68	47930	43331	3732779	9076157
海南	5	2645	2645	756138	366328
重庆	103	50485	46302	5069131	21933489
四川	80	123172	80764	9038078	18937664
贵州	49	27290	23714	2094110	5642360
云南	39	59594	51304	3569372	6902351
西藏					
陕西	46	30806	28567	2243345	4331867
甘肃	29	21171	19491	1358758	3803852
青海	8	4731	4721	278368	273118
宁夏	27	23119	20013	3668764	2751235
新疆	54	38777	32396	7081717	11165363

2-2 续表 6

(生产资料市场)

地　区	市场数量(个)	总摊位数(个)	年末出租摊位数(个)	营业面积(平方米)	成交额(万元)
全　国	**693**	**345140**	**293442**	**68611999**	**303864390**
北　京	12	4286	4063	358269	690258
天　津	15	5204	4391	769032	7117791
河　北	34	26336	23680	6250196	5398827
山　西	4	542	464	99181	160649
内蒙古	12	2837	2717	3752807	1957780
辽　宁	25	10341	9532	2022206	10685510
吉　林	11	5435	5419	739200	477021
黑龙江	9	5378	5272	967000	1868370
上　海	30	7175	6743	3545405	70585100
江　苏	94	61637	50947	7056448	65517374
浙　江	100	39156	36337	4871249	38452343
安　徽	13	5892	5424	1279234	5456542
福　建	14	3611	3472	837322	4028151
江　西	7	4475	4322	284435	819360
山　东	90	33800	31078	10931923	32511121
河　南	17	5742	4830	2945929	7581986
湖　北	18	5684	5534	544777	3075388
湖　南	43	19272	17304	2158046	4703087
广　东	26	12468	10512	2874812	11736505
广　西	18	6871	6205	1086633	4702525
海　南	1	780	780	680000	295000
重　庆	30	13025	12134	1883503	9597295
四　川	24	37895	19407	4744701	6693225
贵　州	9	2361	2251	282664	474561
云　南	6	1381	1242	226968	112458
西　藏					
陕　西	8	3591	3381	678500	768544
甘　肃	4	1691	1690	229066	1349248
青　海	1	22	22	1000	30271
宁　夏	6	3659	3084	1835341	959340
新　疆	12	14593	11205	4676152	6058760

2-2 续表 7

(农业生产用具市场)

地 区	市场数量(个)	总摊位数(个)	年末出租摊位数(个)	营业面积(平方米)	成交额(万元)
全 国	**20**	**6857**	**5744**	**1487442**	**2115061**
北 京					
天 津					
河 北	4	2967	2762	687520	1126366
山 西					
内蒙古	2	61	61	180006	72330
辽 宁					
吉 林					
黑龙江					
上 海					
江 苏	1	348	348	18251	52950
浙 江					
安 徽	1	556	556	80000	275000
福 建					
江 西	1	457	332	8000	125874
山 东	5	627	609	169000	203491
河 南	1	360	260	56000	73000
湖 北					
湖 南	2	570	103	108000	74235
广 东	1	180	180	115015	44810
广 西					
海 南					
重 庆					
四 川					
贵 州					
云 南					
西 藏					
陕 西					
甘 肃					
青 海					
宁 夏	1	183	183	16144	48383
新 疆	1	548	350	49506	18622

2-2 续表 8

(农用生产资料市场)

地　区	市场数量(个)	总摊位数(个)	年末出租摊位数(个)	营业面积(平方米)	成交额(万元)
全　国	**30**	**6707**	**6303**	**1090445**	**1759164**
北　京					
天　津					
河　北	2	2032	2027	301800	105020
山　西					
内蒙古	2	175	175	226674	67600
辽　宁					
吉　林	1	60	60	8500	20101
黑龙江	1	39	39	1000	15220
上　海					
江　苏	3	436	390	125250	238039
浙　江	1	185	145	6880	34942
安　徽	1	116	116	2340	13065
福　建	2	348	249	23750	316625
江　西					
山　东	5	755	722	70900	283757
河　南	1	560	560	66000	58000
湖　北					
湖　南	2	62	50	37000	81648
广　东	1	1	1	43956	12715
广　西	4	1004	996	77942	257145
海　南					
重　庆	1	380	300	35017	180000
四　川					
贵　州					
云　南	1	316	316	7268	11500
西　藏					
陕　西					
甘　肃					
青　海					
宁　夏					
新　疆	2	238	157	56168	63787

2-2　续表 9

(煤炭市场)

地　区	市场数量(个)	总摊位数(个)	年末出租摊位数(个)	营业面积(平方米)	成交额(万元)
全　国	**12**	**2170**	**1905**	**5505880**	**5095466**
北　京					
天　津	3	1036	808	201400	2552950
河　北	2	118	118	1534650	126500
山　西	2	10	6	4180	55117
内蒙古	1	30	30	2000100	382000
辽　宁					
吉　林					
黑龙江					
上　海					
江　苏					
浙　江	1	55	55	405000	1666802
安　徽					
福　建					
江　西					
山　东					
河　南					
湖　北	1	3	3	2600	101500
湖　南					
广　东					
广　西					
海　南					
重　庆					
四　川					
贵　州					
云　南					
西　藏					
陕　西					
甘　肃					
青　海					
宁　夏	1	858	855	1355400	196358
新　疆	1	60	30	2550	14239

2-2 续表 10

(木材市场)

地 区	市场数量 (个)	总摊位数 (个)	年末出租摊位数 (个)	营业面积 (平方米)	成交额 (万元)
全 国	**53**	**20509**	**19442**	**5530502**	**7520237**
北 京	1	300	300	20000	10341
天 津					
河 北					
山 西					
内蒙古	1	134	134	666700	253787
辽 宁	1	200	200	2800	37840
吉 林	1	168	152	225000	12005
黑龙江					
上 海	5	331	331	117396	211119
江 苏	8	4673	4197	475960	819363
浙 江	11	6351	6327	888966	1568265
安 徽					
福 建	1	424	424	199980	120601
江 西					
山 东	15	4367	3902	2197940	3168524
河 南					
湖 北	1	400	371	34000	45687
湖 南	1	550	516	65000	19337
广 东	3	1823	1823	253500	994600
广 西	2	268	268	163000	74400
海 南					
重 庆	2	520	497	220260	184368
四 川					
贵 州					
云 南					
西 藏					
陕 西					
甘 肃					
青 海					
宁 夏					
新 疆					

2-2 续表 11

(建材市场)

地 区	市场数量(个)	总摊位数(个)	年末出租摊位数(个)	营业面积(平方米)	成交额(万元)
全 国	**211**	**131436**	**102101**	**23134249**	**19584605**
北 京	8	3070	2962	260600	415976
天 津	3	2367	2059	253000	175288
河 北	6	4207	3636	903520	207411
山 西	1	372	372	15000	27532
内蒙古	3	870	812	149000	215483
辽 宁	6	1805	1624	605171	680548
吉 林	3	936	936	108200	99948
黑龙江	3	4006	4006	506000	333050
上 海	8	1580	1552	2779460	837602
江 苏	33	25484	19642	2573814	2821547
浙 江	16	4703	4411	735945	1600852
安 徽	6	3099	2742	811156	517492
福 建	6	2001	1974	420476	1155172
江 西	5	3339	3311	230414	654483
山 东	21	10912	10573	1503119	2347220
河 南	5	1524	1085	1085886	1116850
湖 北	7	2187	2130	219000	546523
湖 南	23	10140	9936	463939	982325
广 东	2	1021	869	207286	269485
广 西	6	2690	2366	265200	246862
海 南	1	780	780	680000	295000
重 庆	8	2735	2417	453031	946178
四 川	14	30227	12698	3342773	2056943
贵 州	5	842	732	91164	159852
云 南	3	540	526	90193	35588
西 藏					
陕 西	6	2581	2512	493300	157544
甘 肃	1	32	32	11066	30116
青 海					
宁 夏					
新 疆	2	7386	5406	3876536	651735

2-2 续表 12

(化工材料及制品市场)

地　区	市场数量（个）	总摊位数（个）	年末出租摊位数（个）	营业面积（平方米）	成交额（万元）
全　国	**36**	**23981**	**21896**	**2269817**	**30969037**
北　京					
天　津	1	311	306	9638	327230
河　北	3	804	759	84534	426221
山　西					
内蒙古					
辽　宁	1	116	116	4300	14210
吉　林					
黑龙江					
上　海	1	495	495	13000	530900
江　苏	8	8410	8013	470539	13557777
浙　江	7	4112	3636	504800	8156089
安　徽	1	550	514	3800	30665
福　建	1	85	85	12500	35252
江　西					
山　东	5	3404	3258	371626	3258842
河　南					
湖　北					
湖　南	3	1356	921	72600	151375
广　东	4	3972	3427	657020	4220476
广　西					
海　南					
重　庆					
四　川	1	366	366	65460	260000
贵　州					
云　南					
西　藏					
陕　西					
甘　肃					
青　海					
宁　夏					
新　疆					

2-2 续表 13

（金属材料市场）

地 区	市场数量（个）	总摊位数（个）	年末出租摊位数（个）	营业面积（平方米）	成交额（万元）
全 国	**250**	**107492**	**93639**	**24775967**	**211556567**
北 京	1	269	269	23600	31984
天 津	8	1490	1218	304994	4062323
河 北	15	15325	13495	2546097	3280537
山 西	1	160	86	80001	78000
内蒙古	2	341	279	390000	429700
辽 宁	14	7357	6767	1376392	3778754
吉 林	2	2429	2429	141000	199263
黑龙江	4	1183	1105	340000	1434100
上 海	13	4342	3967	627141	62483253
江 苏	35	17976	14218	3197674	46129322
浙 江	45	17326	16132	2102929	21606839
安 徽	4	1571	1496	381938	4620320
福 建	3	323	310	148936	2298878
江 西	1	679	679	46021	39003
山 东	32	9148	7457	5424510	21673208
河 南	10	3298	2925	1738043	6334136
湖 北	8	2754	2698	283177	2350551
湖 南	4	1649	1615	1188280	2705635
广 东	12	3504	2245	925335	5379343
广 西	4	1559	1548	440491	3837500
海 南					
重 庆	11	5068	4637	793425	7460845
四 川	5	2693	1921	1022468	3531282
贵 州	4	1519	1519	191500	314709
云 南	1	60	10	66000	50370
西 藏					
陕 西	1	210	79	5200	450000
甘 肃	3	1659	1658	218000	1319132
青 海	1	22	22	1000	30271
宁 夏	3	2322	1750	429071	686256
新 疆	3	1256	1105	342744	4961053

2-2 续表 14

(机械设备市场)

地 区	市场数量(个)	总摊位数(个)	年末出租摊位数(个)	营业面积(平方米)	成交额(万元)
全 国	**46**	**28083**	**26289**	**2440909**	**7380053**
北 京	1	377	262	33000	135000
天 津					
河 北	2	883	883	192075	126772
山 西					
内蒙古					
辽 宁					
吉 林					
黑龙江					
上 海	1	187	158	5000	84226
江 苏	5	3610	3439	176960	1818486
浙 江	10	3614	3253	93260	1034140
安 徽					
福 建					
江 西					
山 东	4	3197	3179	341571	1286565
河 南					
湖 北	1	340	332	6000	31127
湖 南	6	4269	3488	189110	650789
广 东	2	1017	1017	492700	448326
广 西	1	500	500	30000	100100
海 南					
重 庆	5	2719	2680	240000	575179
四 川	4	4609	4422	314000	845000
贵 州					
云 南	1	465	390	63507	15000
西 藏					
陕 西	1	800	790	180000	161000
甘 肃					
青 海					
宁 夏	1	296	296	34726	28343
新 疆	1	1200	1200	49000	40000

2-2　续表 15

(其他生产资料市场)

地　区	市场数量（个）	总摊位数（个）	年末出租摊位数（个）	营业面积（平方米）	成交额（万元）
全　国	**35**	**17905**	**16123**	**2376788**	**17884200**
北　京	1	270	270	21069	96957
天　津					
河　北					
山　西					
内蒙古	1	1226	1226	140327	536880
辽　宁	3	863	825	33543	6174158
吉　林	4	1842	1842	256500	145704
黑龙江	1	150	122	120000	86000
上　海	2	240	240	3408	6438000
江　苏	1	700	700	18000	79890
浙　江	9	2810	2378	133469	2784414
安　徽					
福　建	1	430	430	31680	101623
江　西					
山　东	3	1390	1378	853257	289514
河　南					
湖　北					
湖　南	2	676	675	34117	37743
广　东	1	950	950	180000	366750
广　西	1	850	527	110000	186518
海　南					
重　庆	3	1603	1603	141770	250725
四　川					
贵　州					
云　南					
西　藏					
陕　西					
甘　肃					
青　海					
宁　夏					
新　疆	2	3905	2957	299648	309324

2-2 续表 16

(农产品市场)

地 区	市场数量(个)	总摊位数(个)	年末出租摊位数(个)	营业面积(平方米)	成交额(万元)
全 国	**999**	**645127**	**565365**	**42753631**	**155078289**
北 京	18	20657	11161	932739	4335688
天 津	11	8234	7662	926928	2976959
河 北	76	103471	80809	4127758	8635740
山 西	7	3487	3212	284616	748946
内蒙古	22	9993	8954	1663070	1039097
辽 宁	39	13831	11905	1438740	3197546
吉 林	10	5504	5328	378538	1261152
黑龙江	17	4502	4007	471980	2642037
上 海	30	11907	10896	982039	5064805
江 苏	104	49521	43558	3508145	14501707
浙 江	128	73245	66076	2733343	21094881
安 徽	25	12576	10619	869129	2265162
福 建	36	9648	9251	591876	4489947
江 西	18	10257	9811	459651	3463561
山 东	156	146249	137401	11933954	28884983
河 南	36	26055	23814	2335645	10441613
湖 北	23	12540	12018	782077	4781294
湖 南	46	17323	15533	754971	3445027
广 东	69	27759	24536	2073717	11507957
广 西	16	12293	11991	710761	1852375
海 南	1	856	856	5000	26784
重 庆	19	10788	9014	620439	4071821
四 川	17	10417	9354	427028	2202321
贵 州	14	5287	4900	273448	2362689
云 南	9	4516	4413	386953	2021888
西 藏					
陕 西	12	6469	5745	385312	1597035
甘 肃	12	10313	8783	388449	1531833
青 海	2	566	560	133203	50394
宁 夏	11	10183	7759	978495	1435379
新 疆	15	6680	5439	1195627	3147668

2-2 续表 17

(粮油市场)

地 区	市场数量 (个)	总摊位数 (个)	年末出租摊位数 (个)	营业面积 (平方米)	成交额 (万元)
全 国	**105**	**37819**	**33430**	**3698692**	**17537303**
北 京	3	2188	2056	200000	1781730
天 津	3	1640	1640	174410	607135
河 北	6	716	653	413293	343303
山 西	1	145	145	17000	80000
内 蒙 古	4	291	291	146280	128092
辽 宁	3	696	696	200000	290392
吉 林					
黑 龙 江	2	259	259	27358	508626
上 海	6	859	859	30540	252980
江 苏	10	5182	4310	643850	1925177
浙 江	17	4987	3701	449139	2788426
安 徽	1	122	122	20000	23130
福 建	3	405	388	72100	227368
江 西	2	91	91	4900	474166
山 东	17	10670	10601	716808	3050588
河 南	4	2886	1711	122895	1410256
湖 北	1	210	210	24000	11800
湖 南	4	1276	1044	58221	386440
广 东	6	1988	1519	189127	790663
广 西					
海 南					
重 庆	1	1000	1000	8000	86335
四 川	2	637	610	32000	167685
贵 州	3	579	579	42480	1443813
云 南	1	22	22	4931	227263
西 藏					
陕 西	1	232	232	5496	274987
甘 肃	2	465	460	63000	207521
青 海					
宁 夏	1	65	58	7864	13827
新 疆	1	208	173	25000	35600

2-2 续表 18

(肉禽蛋市场)

地　　区	市场数量（个）	总摊位数（个）	年末出租摊位数（个）	营业面积（平方米）	成交额（万元）
全　　国	**126**	**50107**	**44873**	**2957651**	**13282633**
北　　京	2	169	169	11500	36501
天　　津					
河　　北	5	1698	1663	247812	804715
山　　西					
内 蒙 古	3	684	679	30000	61630
辽　　宁	4	2404	810	48200	134713
吉　　林					
黑 龙 江	2	537	537	12155	219855
上　　海	5	855	703	22950	814555
江　　苏	29	9457	7953	371498	3027510
浙　　江	12	2945	2900	106610	1438145
安　　徽	4	1438	1105	80132	335425
福　　建	3	817	710	11469	172404
江　　西	5	2064	2064	67960	764887
山　　东	7	3627	3243	97840	185925
河　　南	1	643	643	35200	41765
湖　　北	1	260	258	1800	13834
湖　　南	6	1815	1736	61060	147666
广　　东	14	6095	5801	603192	2139750
广　　西	7	7207	7080	104624	466297
海　　南					
重　　庆	3	1501	1325	98770	1858078
四　　川	2	1734	1712	57080	53504
贵　　州	1	508	508	3400	15883
云　　南	2	1215	1212	22870	66785
西　　藏					
陕　　西	1	1200	1006	31526	17032
甘　　肃					
青　　海					
宁　　夏	3	726	558	107774	123269
新　　疆	4	508	498	722229	342505

2-2 续表 19

(水产品市场)

地区	市场数量（个）	总摊位数（个）	年末出租摊位数（个）	营业面积（平方米）	成交额（万元）
全国	**145**	**107165**	**98509**	**4826168**	**31571881**
北京	3	2303	2010	75830	1043013
天津	1	220	142	8000	471000
河北	4	2601	2560	68000	118135
山西					
内蒙古					
辽宁	7	1944	1944	258200	1174551
吉林	1	1205	1205	120601	634000
黑龙江	1	40	40	7779	21000
上海	5	2659	2582	225640	1886044
江苏	24	9101	7850	773185	2767046
浙江	30	31349	29519	606905	5369352
安徽	1	352	352	51000	117916
福建	10	3041	2938	142379	2743295
江西	1	820	820	43000	401220
山东	23	39166	34967	1488512	6775525
河南	4	1625	1619	136581	1227301
湖北	4	3574	3525	319055	2473787
湖南	5	1017	1002	92570	1176728
广东	16	4220	3668	294559	2451596
广西	1	406	401	2106	17483
海南					
重庆	2	714	557	88066	671000
四川					
贵州					
云南					
西藏					
陕西	1	720	720	23000	21319
甘肃	1	88	88	1200	10570
青海					
宁夏					
新疆					

2-2 续表 20

(蔬菜市场)

地 区	市场数量(个)	总摊位数(个)	年末出租摊位数(个)	营业面积(平方米)	成交额(万元)
全 国	**304**	**249711**	**212648**	**15517178**	**37715572**
北 京	4	9096	1768	172400	157731
天 津	5	4680	4386	448292	590786
河 北	45	72873	56446	2598029	4093939
山 西	4	3007	2732	224800	624446
内蒙古	4	6061	5061	284590	194643
辽 宁	13	4952	4942	414640	848726
吉 林	3	812	812	56800	352032
黑龙江	5	1522	1147	150200	1053861
上 海	4	1124	1102	336082	770728
江 苏	17	9197	8408	458976	2204753
浙 江	22	10946	9132	523689	3031016
安 徽	11	4926	4677	386139	750548
福 建	6	1175	1139	197944	555591
江 西	3	1016	1016	86500	201428
山 东	65	60131	57804	5381442	10839430
河 南	18	13750	12754	879153	2800759
湖 北	7	1965	1757	120227	171272
湖 南	10	5221	5140	290632	1213840
广 东	9	3826	3522	379300	966885
广 西	3	1579	1576	336620	580745
海 南					
重 庆	7	4545	3129	285076	639092
四 川	7	4270	3889	175870	947270
贵 州	5	2048	1747	63468	207998
云 南	3	1379	1279	186072	589716
西 藏					
陕 西	8	3987	3662	286990	1245797
甘 肃	7	8705	7180	248249	616274
青 海	1	210	210	17000	19371
宁 夏	3	3568	3568	292000	359643
新 疆	5	3140	2663	235998	1087252

2-2 续表 21

(干鲜果品市场)

地　区	市场数量(个)	总摊位数(个)	年末出租摊位数(个)	营业面积(平方米)	成交额(万元)
全　国	**136**	**76977**	**68118**	**5776615**	**24845498**
北　京	3	2819	1191	270774	158332
天　津					
河　北	8	9398	9249	263154	2231416
山　西	2	335	335	42816	44500
内蒙古	1	20	20	180000	31890
辽　宁	5	1150	1070	281000	596914
吉　林	2	178	144	47700	81005
黑龙江	4	1093	989	209988	691761
上　海	3	205	205	145927	185596
江　苏	9	6279	5376	337717	1604079
浙　江	18	8124	7581	534356	3783419
安　徽	1	390	390	33350	75200
福　建	5	455	454	80400	313103
江　西	3	1173	1173	83851	938982
山　东	26	20836	19762	1163681	3924004
河　南	5	2181	2121	209016	117769
湖　北	5	4902	4698	226775	1255329
湖　南	8	1683	1353	131833	201155
广　东	8	3416	2856	492245	4322261
广　西	2	609	442	23035	131225
海　南					
重　庆	2	1168	1168	60787	474410
四　川	4	1788	1158	60010	83936
贵　州	4	966	966	59100	386417
云　南	1	600	600	100000	800000
西　藏					
陕　西	1	330	125	38300	37900
甘　肃	1	415	415	34800	134858
青　海					
宁　夏	2	4052	2584	521000	660580
新　疆	3	2412	1693	145000	1579457

2-2 续表 22

(棉麻土畜、烟叶市场)

地 区	市场数量 (个)	总摊位数 (个)	年末出租摊位数 (个)	营业面积 (平方米)	成交额 (万元)
全 国	**21**	**21026**	**14725**	**3988724**	**6654345**
北 京					
天 津					
河 北	3	14000	8090	293410	829860
山 西					
内蒙古	3	734	734	460000	196000
辽 宁	1	800	800	120000	13520
吉 林					
黑龙江					
上 海					
江 苏	2	2440	2413	430484	2325494
浙 江	3	787	547	86700	843879
安 徽	1	376	376	16850	44975
福 建					
江 西					
山 东	7	1809	1689	2548280	2342597
河 南	1	80	76	33000	58020
湖 北					
湖 南					
广 东					
广 西					
海 南					
重 庆					
四 川					
贵 州					
云 南					
西 藏					
陕 西					
甘 肃					
青 海					
宁 夏					
新 疆					

2-2 续表 23

(其他农产品市场)

地　区	市场数量(个)	总摊位数(个)	年末出租摊位数(个)	营业面积(平方米)	成交额(万元)
全　国	**162**	**102322**	**93062**	**5988603**	**23471057**
北　京	3	4082	3967	202235	1158381
天　津	2	1694	1494	296226	1308038
河　北	5	2185	2148	244060	214372
山　西					
内蒙古	7	2203	2169	562200	426842
辽　宁	6	1885	1643	116700	138730
吉　林	4	3309	3167	153437	194115
黑龙江	3	1051	1035	64500	146934
上　海	7	6205	5445	220900	1154902
江　苏	13	7865	7248	492435	647648
浙　江	26	14107	12696	425944	3840644
安　徽	6	4972	3597	281658	917968
福　建	9	3755	3622	87584	478186
江　西	4	5093	4647	173440	682878
山　东	11	10010	9335	537391	1766914
河　南	3	4890	4890	919800	4785743
湖　北	5	1629	1570	90220	855272
湖　南	13	6311	5258	120655	319198
广　东	16	8214	7170	115294	836802
广　西	3	2492	2492	244376	656625
海　南	1	856	856	5000	26784
重　庆	4	1860	1835	79740	342906
四　川	2	1988	1985	102068	949926
贵　州	1	1186	1100	105000	308578
云　南	2	1300	1300	73080	338124
西　藏					
陕　西					
甘　肃	1	640	640	41200	562610
青　海	1	356	350	116203	31023
宁　夏	2	1772	991	49857	278060
新　疆	2	412	412	67400	102854

2-2 续表 24

(食品、饮料及烟酒市场)

地　区	市场数量(个)	总摊位数(个)	年末出租摊位数(个)	营业面积(平方米)	成交额(万元)
全　国	**130**	**89305**	**72041**	**3861698**	**13138723**
北　京	1	150	150	7000	23585
天　津	3	2387	2376	273300	551618
河　北	3	1555	1555	17200	224869
山　西	1	120	80	3500	10210
内蒙古					
辽　宁	3	3842	3226	76948	603296
吉　林	1	101	101	1300	15449
黑龙江	3	2697	2657	29400	1194239
上　海	2	652	648	38000	57699
江　苏	13	3908	3082	347327	1090399
浙　江	15	19663	9658	583749	2770773
安　徽	4	2881	2674	197935	506592
福　建	7	3515	2894	212539	473779
江　西	2	1034	1034	21600	169614
山　东	27	21008	19784	1058050	2437633
河　南	3	577	577	41123	193889
湖　北	6	2966	2794	77520	475627
湖　南	7	4509	2656	87222	384250
广　东	8	3714	3484	160373	182885
广　西	8	4693	3766	83903	284893
海　南	1	394	394	57800	12151
重　庆	3	1572	1572	27066	151819
四　川	2	2825	2456	248750	340505
贵　州	2	1060	995	25456	555170
云　南	2	716	716	61624	75914
西　藏					
陕　西	1	1616	1616	51000	73090
甘　肃	1	950	950	65000	250700
青　海					
宁　夏					
新　疆	1	200	146	7013	28075

2-2 续表 25

(食品饮料市场)

地 区	市场数量(个)	总摊位数(个)	年末出租摊位数(个)	营业面积(平方米)	成交额(万元)
全 国	**43**	**32015**	**28388**	**1145525**	**3988745**
北 京					
天 津	1	212	212	500	25867
河 北	2	1477	1477	12400	160369
山 西					
内蒙古					
辽 宁	2	3462	2864	69078	592224
吉 林					
黑龙江	1	550	510	7000	13295
上 海					
江 苏	3	780	498	95652	196425
浙 江	3	1602	1598	67693	607814
安 徽					
福 建	1	681	490	15000	39509
江 西	1	734	734	7600	152814
山 东	8	8981	8896	301590	1071472
河 南	2	490	490	35307	180560
湖 北	3	815	755	43500	136116
湖 南	3	2226	1422	42383	127200
广 东	5	2808	2578	122973	70886
广 西	2	2600	1690	42020	93795
海 南					
重 庆	3	1572	1572	27066	151819
四 川	2	2825	2456	248750	340505
贵 州					
云 南					
西 藏					
陕 西					
甘 肃					
青 海					
宁 夏					
新 疆	1	200	146	7013	28075

2-2 续表 26

(茶叶市场)

地　区	市场数量(个)	总摊位数(个)	年末出租摊位数(个)	营业面积(平方米)	成交额(万元)
全　国	**25**	**21514**	**11474**	**873184**	**2470912**
北　京	1	150	150	7000	23585
天　津					
河　北					
山　西					
内蒙古					
辽　宁					
吉　林					
黑龙江					
上　海	2	652	648	38000	57699
江　苏					
浙　江	6	12451	2636	236560	1029851
安　徽	1	812	812	135000	169130
福　建	2	1808	1764	61000	306478
江　西					
山　东	3	1160	1160	220000	342188
河　南					
湖　北	2	1335	1223	16300	151410
湖　南					
广　东	2	454	454	30000	92066
广　西	2	240	240	12500	111977
海　南					
重　庆					
四　川					
贵　州	1	120	55	4200	37524
云　南	2	716	716	61624	75914
西　藏					
陕　西	1	1616	1616	51000	73090
甘　肃					
青　海					
宁　夏					
新　疆					

2-2 续表 27

(烟酒市场)

地 区	市场数量 (个)	总摊位数 (个)	年末出租摊位数 (个)	营业面积 (平方米)	成交额 (万元)
全 国	**14**	**6212**	**4844**	**339317**	**763313**
北 京					
天 津					
河 北	1	78	78	4800	64500
山 西					
内蒙古					
辽 宁					
吉 林					
黑龙江					
上 海					
江 苏	1	200	190	3200	28266
浙 江	1	400	389	120000	80461
安 徽					
福 建					
江 西	1	300	300	14000	16800
山 东	8	3912	3488	178050	525918
河 南	1	87	87	5816	13329
湖 北					
湖 南	1	1235	312	13451	34039
广 东					
广 西					
海 南					
重 庆					
四 川					
贵 州					
云 南					
西 藏					
陕 西					
甘 肃					
青 海					
宁 夏					
新 疆					

2-2 续表 28

(其他食品饮料及烟酒市场)

地 区	市场数量(个)	总摊位数(个)	年末出租摊位数(个)	营业面积(平方米)	成交额(万元)
全 国	**48**	**29564**	**27335**	**1503672**	**5915753**
北 京					
天 津	2	2175	2164	272800	525751
河 北					
山 西	1	120	80	3500	10210
内蒙古					
辽 宁	1	380	362	7870	11072
吉 林	1	101	101	1300	15449
黑龙江	2	2147	2147	22400	1180944
上 海					
江 苏	9	2928	2394	248475	865708
浙 江	5	5210	5035	159496	1052647
安 徽	3	2069	1862	62935	337462
福 建	4	1026	640	136539	127792
江 西					
山 东	8	6955	6240	358410	498055
河 南					
湖 北	1	816	816	17720	188101
湖 南	3	1048	922	31388	223011
广 东	1	452	452	7400	19933
广 西	4	1853	1836	29383	79121
海 南	1	394	394	57800	12151
重 庆					
四 川					
贵 州	1	940	940	21256	517646
云 南					
西 藏					
陕 西					
甘 肃	1	950	950	65000	250700
青 海					
宁 夏					
新 疆					

2-2 续表 29

(纺织、服装、鞋帽市场)

地 区	市场数量 (个)	总摊位数 (个)	年末出租摊位数 (个)	营业面积 (平方米)	成交额 (万元)
全 国	**570**	**759735**	**706812**	**32160542**	**140994615**
北 京	13	15968	15747	456073	460022
天 津	3	3144	3144	115300	256331
河 北	24	43583	37087	2421682	8056900
山 西	9	6875	6875	354800	405725
内蒙古	12	9383	8948	301252	336594
辽 宁	32	67859	64604	1456179	12291195
吉 林	10	14574	14302	262000	563557
黑龙江	20	23388	19342	462197	1166430
上 海	10	9971	9505	160384	805213
江 苏	36	83275	78680	4424272	42245727
浙 江	75	112041	109422	5632615	35629626
安 徽	9	10777	10002	561526	888356
福 建	12	9286	9039	412289	2098011
江 西	7	3793	3293	157066	683892
山 东	67	60316	57861	2348637	7485829
河 南	27	27811	26157	1217673	1554834
湖 北	22	17668	17044	620076	2032983
湖 南	43	37971	37495	1026854	2049546
广 东	67	75996	62066	4569853	11976706
广 西	12	15632	14485	540475	651897
海 南	1	335	335	2838	8560
重 庆	6	3748	3476	241177	1494723
四 川	14	18324	15675	774011	1584264
贵 州	6	11460	11241	456511	1123819
云 南	3	39366	35975	1603897	2770573
西 藏					
陕 西	9	11041	10484	528942	740033
甘 肃	2	5159	5019	425000	411000
青 海	3	3481	3481	124000	119891
宁 夏	3	5292	5292	108000	188767
新 疆	13	12218	10736	394963	913611

2-2 续表 30

(布料及纺织品市场)

地区	市场数量(个)	总摊位数(个)	年末出租摊位数(个)	营业面积(平方米)	成交额(万元)
全国	**73**	**124167**	**110983**	**9598497**	**61156379**
北京					
天津					
河北	4	5687	5637	426000	1539640
山西					
内蒙古					
辽宁					
吉林					
黑龙江	4	4043	3628	102137	104675
上海					
江苏	9	21967	21443	2254620	25241131
浙江	20	48238	47221	3151081	24661353
安徽	2	2810	2758	65000	96360
福建	2	578	513	28980	376260
江西	1	270	270	27000	240000
山东	9	4029	3800	340006	1257955
河南	3	2031	1681	81300	74684
湖北	2	265	265	6174	24896
湖南	2	632	629	17400	64712
广东	13	32050	22158	3038799	7403713
广西					
海南					
重庆					
四川	1	567	280	40000	35000
贵州					
云南					
西藏					
陕西	1	1000	700	20000	36000
甘肃					
青海					
宁夏					
新疆					

2-2　续表 31

(服装市场)

地　区	市场数量 (个)	总摊位数 (个)	年末出租摊位数 (个)	营业面积 (平方米)	成交额 (万元)
全　国	**362**	**446564**	**416727**	**17009732**	**54926601**
北　京	12	15268	15047	436073	422292
天　津	2	2802	2802	76300	215131
河　北	15	34783	28938	1920201	5816639
山　西	8	6315	6315	324800	392605
内蒙古	6	5143	4835	133600	147309
辽　宁	19	23671	23252	884817	2865496
吉　林	8	13085	13085	218000	538578
黑龙江	11	10945	8714	248480	551325
上　海	8	7510	7044	143224	673842
江　苏	12	35619	32495	1363114	13494031
浙　江	43	53040	52005	2097176	9172285
安　徽	5	5267	5232	232398	754193
福　建	9	7908	7726	283309	1681751
江　西	4	2655	2169	94066	108051
山　东	43	44515	42659	1464461	4413538
河　南	17	20350	19292	653673	1043051
湖　北	14	14550	13959	518782	1847626
湖　南	33	25590	25378	708515	1180442
广　东	47	37952	34601	1303270	3712499
广　西	7	11325	10513	422209	522000
海　南	1	335	335	2838	8560
重　庆	2	1178	1078	101391	156736
四　川	11	16676	14319	688061	1521350
贵　州	4	9832	9635	409511	915473
云　南	2	16366	13294	1175000	1072000
西　藏					
陕　西	6	7525	7268	342500	465510
甘　肃	2	5159	5019	425000	411000
青　海	1	374	374	19000	12550
宁　夏	1	433	433	8000	10960
新　疆	9	10393	8911	311963	799778

2-2 续表 32

(鞋帽市场)

地　区	市场数量（个）	总摊位数（个）	年末出租摊位数（个）	营业面积（平方米）	成交额（万元）
全　国	**38**	**29160**	**25200**	**1269139**	**4381755**
北　京					
天　津	1	342	342	39000	41200
河　北	2	750	645	20852	373000
山　西	1	560	560	30000	13120
内蒙古					
辽　宁	2	2750	1900	16500	54422
吉　林					
黑龙江	2	3300	1900	24000	53705
上　海					
江　苏	3	3054	2854	162200	406952
浙　江	3	2337	1903	131584	444100
安　徽					
福　建	1	800	800	100000	40000
江　西	1	500	486	22500	21033
山　东	6	3164	3114	129237	618998
河　南	2	1020	870	23200	263000
湖　北	2	720	700	50000	54115
湖　南	3	1224	1174	62000	70496
广　东	7	5994	5307	227784	860494
广　西					
海　南					
重　庆	1	536	536	80100	838620
四　川					
贵　州					
云　南					
西　藏					
陕　西	1	2109	2109	150182	228500
甘　肃					
青　海					
宁　夏					
新　疆					

2-2 续表 33

(其他纺织服装鞋帽市场)

地 区	市场数量(个)	总摊位数(个)	年末出租摊位数(个)	营业面积(平方米)	成交额(万元)
全 国	**97**	**159844**	**153902**	**4283174**	**20529880**
北 京	1	700	700	20000	37730
天 津					
河 北	3	2363	1867	54629	327621
山 西					
内蒙古	6	4240	4113	167652	189285
辽 宁	11	41438	39452	554862	9371277
吉 林	2	1489	1217	44000	24979
黑龙江	3	5100	5100	87580	456725
上 海	2	2461	2461	17160	131371
江 苏	12	22635	21888	644338	3103613
浙 江	9	8426	8293	252774	1351888
安 徽	2	2700	2012	264128	37803
福 建					
江 西	1	368	368	13500	314808
山 东	9	8608	8288	414933	1195338
河 南	5	4410	4314	459500	174099
湖 北	4	2133	2120	45120	106346
湖 南	5	10525	10314	238939	733896
广 东					
广 西	5	4307	3972	118266	129897
海 南					
重 庆	3	2034	1862	59686	499367
四 川	2	1081	1076	45950	27914
贵 州	2	1628	1606	47000	208346
云 南	1	23000	22681	428897	1698573
西 藏					
陕 西	1	407	407	16260	10023
甘 肃					
青 海	2	3107	3107	105000	107341
宁 夏	2	4859	4859	100000	177807
新 疆	4	1825	1825	83000	113833

2-2 续表 34

(日用品及文化用品市场)

地　区	市场数量(个)	总摊位数(个)	年末出租摊位数(个)	营业面积(平方米)	成交额(万元)
全　国	**94**	**75238**	**67747**	**2965341**	**11441667**
北　京	5	7852	7656	151643	483044
天　津					
河　北	1	7200	6750	40000	335090
山　西					
内蒙古					
辽　宁	4	4164	3669	124000	643204
吉　林					
黑龙江					
上　海	1	48	48	5000	2050000
江　苏	12	6980	6672	262148	1103172
浙　江	13	9313	7901	318053	900826
安　徽					
福　建	2	675	675	199360	159406
江　西					
山　东	16	13651	13211	613716	2183614
河　南	5	5360	3318	130000	181879
湖　北	6	1986	1772	167776	822552
湖　南	5	846	833	52450	197444
广　东	20	15696	14019	867334	2161507
广　西					
海　南					
重　庆	3	1107	958	27861	208879
四　川					
贵　州					
云　南					
西　藏					
陕　西					
甘　肃					
青　海					
宁　夏					
新　疆	1	360	265	6000	11050

2-2　续表 35

(小商品市场)

地　区	市场数量（个）	总摊位数（个）	年末出租摊位数（个）	营业面积（平方米）	成交额（万元）
全　国	**39**	**44802**	**40587**	**1142942**	**4190082**
北　京	3	6707	6639	96562	300647
天　津					
河　北	1	7200	6750	40000	335090
山　西					
内蒙古					
辽　宁	1	1300	805	70000	10533
吉　林					
黑龙江					
上　海					
江　苏	6	5471	5240	181648	992937
浙　江	1	632	632	21600	159348
安　徽					
福　建	1	55	55	5000	42406
江　西					
山　东	8	10048	9731	363332	1654057
河　南	2	4915	2892	103000	33578
湖　北	1	326	326	4000	194000
湖　南	1	110	110	18000	19700
广　东	13	7678	7142	233800	436736
广　西					
海　南					
重　庆					
四　川					
贵　州					
云　南					
西　藏					
陕　西					
甘　肃					
青　海					
宁　夏					
新　疆	1	360	265	6000	11050

2-2 续表 36

(箱包市场)

地 区	市场数量 (个)	总摊位数 (个)	年末出租摊位数 (个)	营业面积 (平方米)	成交额 (万元)
全 国	**5**	**6410**	**5557**	**562400**	**2182180**
北 京					
天 津					
河 北					
山 西					
内蒙古					
辽 宁	1	1330	1330	2000	602380
吉 林					
黑龙江					
上 海					
江 苏					
浙 江					
安 徽					
福 建					
江 西					
山 东	1	150	120	8400	14000
河 南	1	170	156	5000	15800
湖 北	1	530	318	47000	180000
湖 南					
广 东	1	4230	3633	500000	1370000
广 西					
海 南					
重 庆					
四 川					
贵 州					
云 南					
西 藏					
陕 西					
甘 肃					
青 海					
宁 夏					
新 疆					

2-2　续表 37

(玩具市场)

地　区	市场数量 (个)	总摊位数 (个)	年末出租摊位数 (个)	营业面积 (平方米)	成交额 (万元)
全　国	**3**	**1138**	**1063**	**119410**	**229926**
北　京					
天　津					
河　北					
山　西					
内蒙古					
辽　宁					
吉　林					
黑龙江					
上　海					
江　苏					
浙　江					
安　徽					
福　建					
江　西					
山　东	2	1023	948	106660	148314
河　南					
湖　北					
湖　南					
广　东	1	115	115	12750	81612
广　西					
海　南					
重　庆					
四　川					
贵　州					
云　南					
西　藏					
陕　西					
甘　肃					
青　海					
宁　夏					
新　疆					

2-2 续表 38

(文具市场)

地 区	市场数量 (个)	总摊位数 (个)	年末出租摊位数 (个)	营业面积 (平方米)	成交额 (万元)
全 国	**4**	**1645**	**1427**	**108881**	**214029**
北 京	1	944	843	43081	158460
天 津					
河 北					
山 西					
内 蒙 古					
辽 宁					
吉 林					
黑 龙 江					
上 海					
江 苏	1	300	230	40000	11069
浙 江					
安 徽					
福 建					
江 西					
山 东					
河 南					
湖 北					
湖 南	1	65	65	13000	26500
广 东	1	336	289	12800	18000
广 西					
海 南					
重 庆					
四 川					
贵 州					
云 南					
西 藏					
陕 西					
甘 肃					
青 海					
宁 夏					
新 疆					

2-2 续表 39

(图书、报刊杂志市场)

地 区	市场数量(个)	总摊位数(个)	年末出租摊位数(个)	营业面积(平方米)	成交额(万元)
全 国	**10**	**1635**	**1566**	**97513**	**365185**
北 京	1	201	174	12000	23937
天 津					
河 北					
山 西					
内蒙古					
辽 宁	1	39	39	7000	13000
吉 林					
黑龙江					
上 海					
江 苏	2	147	142	13000	40616
浙 江	1	91	70	10000	14490
安 徽					
福 建					
江 西					
山 东	1	205	200	9324	18900
河 南	1	155	150	16000	120501
湖 北	1	277	277	4100	18335
湖 南	1	423	421	13100	89906
广 东	1	97	93	12989	25500
广 西					
海 南					
重 庆					
四 川					
贵 州					
云 南					
西 藏					
陕 西					
甘 肃					
青 海					
宁 夏					
新 疆					

2-2 续表 40

(音像制品及电子出版物市场)

地　区	市场数量(个)	总摊位数(个)	年末出租摊位数(个)	营业面积(平方米)	成交额(万元)
全　国	**2**	**481**	**473**	**17500**	**74403**
北　京					
天　津					
河　北					
山　西					
内蒙古					
辽　宁					
吉　林					
黑龙江					
上　海					
江　苏	1	318	318	11000	25930
浙　江					
安　徽					
福　建					
江　西					
山　东					
河　南					
湖　北					
湖　南	1	163	155	6500	48473
广　东					
广　西					
海　南					
重　庆					
四　川					
贵　州					
云　南					
西　藏					
陕　西					
甘　肃					
青　海					
宁　夏					
新　疆					

2-2 续表 41

(其他日用品及文化用品市场)

地 区	市场数量(个)	总摊位数(个)	年末出租摊位数(个)	营业面积(平方米)	成交额(万元)
全 国	**31**	**19127**	**17074**	**916695**	**4185862**
北 京					
天 津					
河 北					
山 西					
内 蒙 古					
辽 宁	1	1495	1495	45000	17291
吉 林					
黑 龙 江					
上 海	1	48	48	5000	2050000
江 苏	2	744	742	16500	32620
浙 江	11	8590	7199	286453	726988
安 徽					
福 建	1	620	620	194360	117000
江 西					
山 东	4	2225	2212	126000	348343
河 南	1	120	120	6000	12000
湖 北	3	853	851	112676	430217
湖 南	1	85	82	1850	12865
广 东	3	3240	2747	94995	229659
广 西					
海 南					
重 庆	3	1107	958	27861	208879
四 川					
贵 州					
云 南					
西 藏					
陕 西					
甘 肃					
青 海					
宁 夏					
新 疆					

2-2 续表 42

(黄金、珠宝、玉器等首饰市场)

地　区	市场数量(个)	总摊位数(个)	年末出租摊位数(个)	营业面积(平方米)	成交额(万元)
全　国	**26**	**18734**	**16933**	**1896966**	**4731067**
北　京	3	1165	1088	33677	230922
天　津					
河　北					
山　西					
内蒙古	2	2333	2333	521600	131568
辽　宁	3	2245	2205	38180	78100
吉　林					
黑龙江					
上　海					
江　苏	2	1500	1483	60000	840500
浙　江	2	2740	1596	126973	1896567
安　徽					
福　建	6	1695	1683	59237	866537
江　西					
山　东	3	2324	1989	308579	427426
河　南	1	100	100	8000	24520
湖　北					
湖　南					
广　东	3	3908	3732	683300	200010
广　西					
海　南					
重　庆					
四　川					
贵　州					
云　南					
西　藏					
陕　西					
甘　肃					
青　海					
宁　夏					
新　疆	1	724	724	57420	34917

2-2 续表 43

(电器、通讯器材、电子设备市场)

地　区	市场数量（个）	总摊位数（个）	年末出租摊位数（个）	营业面积（平方米）	成交额（万元）
全　国	**154**	**69025**	**60317**	**3482702**	**9720526**
北　京	8	4229	3968	136730	850195
天　津					
河　北	2	359	359	54000	51013
山　西	2	440	420	13000	20000
内蒙古					
辽　宁	4	1660	1430	47800	166342
吉　林	3	1416	1416	6430	289528
黑龙江	3	2547	2459	102559	380080
上　海	6	1349	1090	56050	250827
江　苏	9	3822	3630	97058	524973
浙　江	24	8723	7057	295413	1026385
安　徽	1	3902	2236	875253	1020135
福　建	3	1100	1100	58000	177753
江　西	3	1339	1279	58694	85425
山　东	10	3626	3332	300300	881164
河　南	8	5534	4672	406923	738478
湖　北	8	2784	2352	104000	306447
湖　南	14	4068	3685	194982	782412
广　东	16	11309	9753	201187	590800
广　西	1	732	707	20678	90000
海　南	1	280	280	10500	23833
重　庆	10	3150	2965	186385	692922
四　川	5	1570	1510	44713	133277
贵　州	4	761	727	61300	186826
云　南					
西　藏					
陕　西	5	2940	2560	115699	278987
甘　肃					
青　海					
宁　夏	1	327	314	9000	33103
新　疆	3	1058	1016	26048	139621

2-2 续表 44

(家电市场)

地 区	市场数量(个)	总摊位数(个)	年末出租摊位数(个)	营业面积(平方米)	成交额(万元)
全 国	**38**	**14532**	**11354**	**1559014**	**3164356**
北 京					
天 津					
河 北					
山 西					
内蒙古					
辽 宁	2	928	700	27000	111264
吉 林					
黑龙江					
上 海	1	180	180	18000	36638
江 苏	1	400	390	11000	61200
浙 江	5	572	501	58001	204864
安 徽	1	3902	2236	875253	1020135
福 建					
江 西	2	1239	1207	53994	73970
山 东	4	1278	1245	188800	590944
河 南	5	2046	1244	127523	455760
湖 北	2	470	363	13000	24567
湖 南	7	1291	1258	96232	362197
广 东	5	1929	1733	53512	151888
广 西					
海 南					
重 庆	1	25	25	15000	42829
四 川					
贵 州	1	112	112	16000	14500
云 南					
西 藏					
陕 西	1	160	160	5699	13600
甘 肃					
青 海					
宁 夏					
新 疆					

2-2 续表 45

(通讯器材市场)

地 区	市场数量 (个)	总摊位数 (个)	年末出租摊位数 (个)	营业面积 (平方米)	成交额 (万元)
全 国	**26**	**12550**	**11278**	**357099**	**1066560**
北 京					
天 津					
河 北	2	359	359	54000	51013
山 西					
内蒙古					
辽 宁	1	210	208	3000	21460
吉 林	2	718	718	3630	69440
黑龙江					
上 海	1	27	15	5000	24010
江 苏	1	1607	1607	44232	62459
浙 江	3	994	994	44903	55157
安 徽					
福 建					
江 西					
山 东					
河 南	1	360	300	7000	52000
湖 北	3	961	932	51000	231020
湖 南	2	291	255	2750	30767
广 东	6	5001	4043	59584	127678
广 西					
海 南					
重 庆	3	1222	1047	77000	330556
四 川					
贵 州					
云 南					
西 藏					
陕 西	1	800	800	5000	11000
甘 肃					
青 海					
宁 夏					
新 疆					

2-2 续表 46

(照相、摄像器材市场)

地　区	市场数量（个）	总摊位数（个）	年末出租摊位数（个）	营业面积（平方米）	成交额（万元）
全　国	**2**	**562**	**490**	**20866**	**71768**
北　京	1	315	315	13066	37656
天　津					
河　北					
山　西					
内蒙古					
辽　宁					
吉　林					
黑龙江					
上　海	1	247	175	7800	34112
江　苏					
浙　江					
安　徽					
福　建					
江　西					
山　东					
河　南					
湖　北					
湖　南					
广　东					
广　西					
海　南					
重　庆					
四　川					
贵　州					
云　南					
西　藏					
陕　西					
甘　肃					
青　海					
宁　夏					
新　疆					

2-2　续表 47

（计算机及辅助设备市场）

地　区	市场数量（个）	总摊位数（个）	年末出租摊位数（个）	营业面积（平方米）	成交额（万元）
全　国	**78**	**36479**	**32743**	**1386943**	**4840267**
北　京	5	3214	3001	106464	692356
天　津					
河　北					
山　西	2	440	420	13000	20000
内蒙古					
辽　宁	1	522	522	17800	33618
吉　林	1	698	698	2800	220088
黑龙江	3	2547	2459	102559	380080
上　海	3	895	720	25250	156067
江　苏	6	1690	1512	39826	384372
浙　江	14	4878	3588	141229	597268
安　徽					
福　建	3	1100	1100	58000	177753
江　西	1	100	72	4700	11455
山　东	6	2348	2087	111500	290220
河　南	2	3128	3128	272400	230718
湖　北	3	1353	1057	40000	50860
湖　南	4	1806	1572	84000	343966
广　东	5	4379	3977	88091	311234
广　西	1	732	707	20678	90000
海　南					
重　庆	5	1773	1763	74385	253007
四　川	5	1570	1510	44713	133277
贵　州	2	268	234	8500	69920
云　南					
西　藏					
陕　西	3	1980	1600	105000	254387
甘　肃					
青　海					
宁　夏					
新　疆	3	1058	1016	26048	139621

2-2 续表 48

(其他电器、通讯器材、电子设备市场)

地　区	市场数量(个)	总摊位数(个)	年末出租摊位数(个)	营业面积(平方米)	成交额(万元)
全　国	**10**	**4902**	**4452**	**158780**	**577575**
北　京	2	700	652	17200	120183
天　津					
河　北					
山　西					
内蒙古					
辽　宁					
吉　林					
黑龙江					
上　海					
江　苏	1	125	121	2000	16942
浙　江	2	2279	1974	51280	169096
安　徽					
福　建					
江　西					
山　东					
河　南					
湖　北					
湖　南	1	680	600	12000	45482
广　东					
广　西					
海　南	1	280	280	10500	23833
重　庆	1	130	130	20000	66530
四　川					
贵　州	1	381	381	36800	102406
云　南					
西　藏					
陕　西					
甘　肃					
青　海					
宁　夏	1	327	314	9000	33103
新　疆					

2-2　续表 49

(医药、医疗用品及器材市场)

地　　区	市场数量(个)	总摊位数(个)	年末出租摊位数(个)	营业面积(平方米)	成交额(万元)
全　　国	**25**	**75082**	**47178**	**2578979**	**15071149**
北　　京					
天　　津					
河　　北	1	14000	7000	360000	1400000
山　　西					
内 蒙 古	1	191	191	18225	45623
辽　　宁	1	724	610	93900	1100000
吉　　林	2	1980	1365	49000	663000
黑 龙 江					
上　　海	1	190	180	8000	50000
江　　苏					
浙　　江	2	1578	1250	68599	96602
安　　徽	2	6400	6352	44500	2964642
福　　建	1	29	29	1500	23000
江　　西	1	700	361	19000	260000
山　　东	1	968	868	60000	55616
河　　南	2	3146	3146	123950	369520
湖　　北					
湖　　南	2	1747	1680	477652	711822
广　　东	2	789	710	14971	106520
广　　西	1	1116	1000	23000	750000
海　　南					
重　　庆					
四　　川	1	40550	21502	1175000	6178155
贵　　州					
云　　南	1	434	434	19682	192337
西　　藏					
陕　　西	2	490	450	14000	64312
甘　　肃					
青　　海	1	50	50	8000	40000
宁　　夏					
新　　疆					

2-2 续表 50

(中药材市场)

地　区	市场数量（个）	总摊位数（个）	年末出租摊位数（个）	营业面积（平方米）	成交额（万元）
全　国	**25**	**75082**	**47178**	**2578979**	**15071149**
北　京					
天　津					
河　北	1	14000	7000	360000	1400000
山　西					
内蒙古	1	191	191	18225	45623
辽　宁	1	724	610	93900	1100000
吉　林	2	1980	1365	49000	663000
黑龙江					
上　海	1	190	180	8000	50000
江　苏					
浙　江	2	1578	1250	68599	96602
安　徽	2	6400	6352	44500	2964642
福　建	1	29	29	1500	23000
江　西	1	700	361	19000	260000
山　东	1	968	868	60000	55616
河　南	2	3146	3146	123950	369520
湖　北					
湖　南	2	1747	1680	477652	711822
广　东	2	789	710	14971	106520
广　西	1	1116	1000	23000	750000
海　南					
重　庆					
四　川	1	40550	21502	1175000	6178155
贵　州					
云　南	1	434	434	19682	192337
西　藏					
陕　西	2	490	450	14000	64312
甘　肃					
青　海	1	50	50	8000	40000
宁　夏					
新　疆					

2-2 续表 51

（家具、五金及装饰材料市场）

地 区	市场数量（个）	总摊位数（个）	年末出租摊位数（个）	营业面积（平方米）	成交额（万元）
全 国	**576**	**302362**	**280793**	**41410231**	**50101625**
北 京	17	7766	7451	771890	1204413
天 津	6	1979	1718	716928	438114
河 北	24	13455	13364	4873418	4511974
山 西	4	1882	1832	282502	138656
内 蒙 古	4	1155	1155	115600	162881
辽 宁	26	13398	12488	1115425	1366668
吉 林	4	2846	2846	274444	143117
黑 龙 江	6	1934	1931	326000	240119
上 海	20	13405	12752	1117109	1232957
江 苏	96	55005	51395	7029448	9765307
浙 江	87	46474	43177	4674956	7002621
安 徽	18	11658	10836	1444953	1521962
福 建	8	2022	1900	301610	1530700
江 西	11	10064	9882	1367676	1288092
山 东	75	38214	35107	4929896	7804037
河 南	17	8848	8286	1687020	1043077
湖 北	24	7436	6998	1059056	1547907
湖 南	29	11695	10703	1312399	2238191
广 东	21	8463	7410	2076839	1337385
广 西	7	5354	4002	666133	411055
海 南					
重 庆	23	10350	9889	1484450	2572373
四 川	9	9717	9436	1348170	1228061
贵 州	8	5206	2510	505731	237669
云 南	9	3442	3331	590674	546948
西 藏					
陕 西	5	2659	2467	363352	90966
甘 肃	9	2962	2958	240803	232781
青 海	1	612	608	12165	32562
宁 夏	5	2714	2714	508928	106362
新 疆	3	1647	1647	212656	124670

2-2 续表 52

(家具市场)

地　区	市场数量(个)	总摊位数(个)	年末出租摊位数(个)	营业面积(平方米)	成交额(万元)
全　国	**162**	**72055**	**67975**	**14038418**	**14632727**
北　京	7	3705	3646	428237	496541
天　津	1	382	381	51309	27650
河　北	6	6703	6651	3427000	3209339
山　西	2	707	707	142502	50031
内蒙古	3	950	950	103600	146985
辽　宁	12	3769	3481	470244	579029
吉　林	2	1100	1100	97000	113200
黑龙江	3	815	812	175000	90089
上　海	4	726	643	201117	93170
江　苏	28	15376	14087	2109717	2031341
浙　江	28	11391	10861	1477292	1903977
安　徽	4	358	331	250000	117610
福　建	2	710	689	213000	1045082
江　西	6	2547	2490	594734	289254
山　东	17	6403	5651	1097748	1564149
河　南	3	2657	2548	878000	363476
湖　北	7	1145	922	120822	173226
湖　南	5	995	975	119400	104856
广　东	3	858	839	130892	44954
广　西	2	1460	1148	120973	148790
海　南					
重　庆	3	2329	2323	565000	1389907
四　川	4	3758	3619	508370	414360
贵　州	1	67	57	27000	12304
云　南	3	849	849	302517	105901
西　藏					
陕　西	1	675	595	151180	14200
甘　肃	2	353	353	85508	26578
青　海					
宁　夏	2	757	757	146200	46178
新　疆	1	510	510	44056	30550

2-2　续表 53

(装饰材料市场)

地　区	市场数量(个)	总摊位数(个)	年末出租摊位数(个)	营业面积(平方米)	成交额(万元)
全　国	**247**	**119720**	**112641**	**16137842**	**18336847**
北　京	6	1880	1827	152991	309345
天　津	2	416	416	40800	40164
河　北	11	3480	3445	746788	494238
山　西	2	1175	1125	140000	88625
内蒙古	1	205	205	12000	15896
辽　宁	9	5421	4975	411081	492984
吉　林					
黑龙江	2	656	656	130000	31030
上　海	8	6254	6082	545904	817687
江　苏	41	20493	19380	3025029	3378995
浙　江	32	15198	13835	1673968	1990263
安　徽	10	5647	5433	911953	1165993
福　建	4	1012	911	62300	365051
江　西	4	7339	7214	757942	979525
山　东	31	12203	11363	1706250	2886530
河　南	6	4024	3604	639100	322163
湖　北	14	5290	5148	874140	1312604
湖　南	16	6708	6162	546917	1203812
广　东	13	5222	4330	1732940	636023
广　西	2	907	907	165500	35976
海　南					
重　庆	16	6516	6064	719539	891651
四　川	3	3539	3437	289800	213501
贵　州	3	1311	1311	215000	162438
云　南	3	1412	1403	198000	322115
西　藏					
陕　西	2	842	842	169172	33132
甘　肃	4	889	885	78000	95341
青　海					
宁　夏	1	1356	1356	122728	28773
新　疆	1	325	325	70000	22992

2-2 续表 54

(灯具市场)

地区	市场数量（个）	总摊位数（个）	年末出租摊位数（个）	营业面积（平方米）	成交额（万元）
全国	**18**	**9119**	**8476**	**1327759**	**2143539**
北京	1	237	237	40000	10506
天津					
河北	1	300	300	6930	12800
山西					
内蒙古					
辽宁	2	433	337	110100	77106
吉林					
黑龙江					
上海					
江苏	2	3100	3019	418458	937113
浙江	3	1530	1135	88179	149613
安徽					
福建					
江西					
山东	3	1270	1265	268000	464150
河南					
湖北					
湖南					
广东					
广西					
海南					
重庆	3	909	906	149911	236172
四川	1	600	560	220000	180200
贵州					
云南	1	510	487	16181	53245
西藏					
陕西	1	230	230	10000	22634
甘肃					
青海					
宁夏					
新疆					

2-2 续表 55

(厨具、盥洗设备市场)

地区	市场数量(个)	总摊位数(个)	年末出租摊位数(个)	营业面积(平方米)	成交额(万元)
全国	**4**	**3071**	**1997**	**322268**	**186573**
北京					
天津					
河北					
山西					
内蒙古					
辽宁					
吉林					
黑龙江					
上海					
江苏					
浙江	1	500	500	13000	118090
安徽					
福建					
江西					
山东	1	366	332	21608	22536
河南	1	394	394	83000	28554
湖北					
湖南					
广东					
广西	1	1811	771	204660	17393
海南					
重庆					
四川					
贵州					
云南					
西藏					
陕西					
甘肃					
青海					
宁夏					
新疆					

2-2 续表 56

(五金材料市场)

地　区	市场数量(个)	总摊位数(个)	年末出租摊位数(个)	营业面积(平方米)	成交额(万元)
全　国	**80**	**53563**	**47163**	**4868484**	**8953205**
北　京	1	550	483	8794	14606
天　津	3	1181	921	624819	370300
河　北	2	1512	1508	258000	435725
山　西					
内蒙古					
辽　宁					
吉　林	1	1366	1366	160000	18000
黑龙江					
上　海	3	3700	3559	194379	211424
江　苏	17	10584	9458	797768	1893736
浙　江	12	8757	8206	340401	1814448
安　徽					
福　建	1	213	213	3900	45346
江　西					
山　东	16	10387	9460	1071111	1840082
河　南	7	1773	1740	86920	328884
湖　北	1	551	537	35894	25000
湖　南	5	3346	2920	501214	671096
广　东	5	2383	2241	213007	656408
广　西	1	700	700	45000	109000
海　南					
重　庆	1	596	596	50000	54643
四　川	1	1820	1820	330000	420000
贵　州	2	3232	635	114277	23507
云　南					
西　藏					
陕　西	1	912	800	33000	21000
甘　肃					
青　海					
宁　夏					
新　疆					

2-2 续表 57

(其他装修市场)

地 区	市场数量 (个)	总摊位数 (个)	年末出租摊位数 (个)	营业面积 (平方米)	成交额 (万元)
全 国	**65**	**44834**	**42541**	**4715460**	**5848734**
北 京	2	1394	1258	141868	373415
天 津					
河 北	4	1460	1460	434700	359872
山 西					
内蒙古					
辽 宁	3	3775	3695	124000	217549
吉 林	1	380	380	17444	11917
黑龙江	1	463	463	21000	119000
上 海	5	2725	2468	175709	110676
江 苏	8	5452	5451	678476	1524122
浙 江	11	9098	8640	1082116	1026230
安 徽	4	5653	5072	283000	238359
福 建	1	87	87	22410	75221
江 西	1	178	178	15000	19313
山 东	7	7585	7036	765179	1026590
河 南					
湖 北	2	450	391	28200	37077
湖 南	3	646	646	144868	258427
广 东					
广 西	1	476	476	130000	99896
海 南					
重 庆					
四 川					
贵 州	2	596	507	149454	39420
云 南	2	671	592	73976	65687
西 藏					
陕 西					
甘 肃	3	1720	1720	77295	110862
青 海	1	612	608	12165	32562
宁 夏	2	601	601	240000	31411
新 疆	1	812	812	98600	71128

2-2 续表 58

(汽车、摩托车及零配件市场)

地 区	市场数量(个)	总摊位数(个)	年末出租摊位数(个)	营业面积(平方米)	成交额(万元)
全 国	**273**	**90055**	**79728**	**14713285**	**63180252**
北 京	14	4768	4390	904725	8882289
天 津	4	1921	1865	337860	1745638
河 北	11	4171	4067	787240	1221794
山 西	1	406	406	70000	10000
内蒙古	1	43	40	2600	44222
辽 宁	9	4534	3224	649790	2793081
吉 林	3	5854	2878	585870	2980023
黑龙江	2	1223	1223	32875	37094
上 海	13	2326	2261	225057	3423972
江 苏	24	5885	4973	1875371	5753359
浙 江	55	13643	12114	1284762	11092369
安 徽	6	2783	2527	261663	813353
福 建	4	359	359	45088	285387
江 西	6	2816	2516	251500	1729205
山 东	30	5651	5413	1285059	3168770
河 南	9	3326	2980	365192	1532190
湖 北	6	3354	3093	488200	3091308
湖 南	9	7038	6603	752344	2631368
广 东	25	4335	4214	1183663	5203150
广 西	5	1239	1175	601196	333412
海 南					
重 庆	9	6745	6294	598250	3143657
四 川	6	826	686	240705	401676
贵 州	6	1155	1090	489000	701626
云 南	5	1617	1614	573457	693844
西 藏					
陕 西	4	2000	1864	106540	718900
甘 肃	1	96	91	10440	28290
青 海					
宁 夏	1	944	850	229000	28284
新 疆	4	997	918	475838	691991

2-2 续表 59

(汽车市场)

地 区	市场数量(个)	总摊位数(个)	年末出租摊位数(个)	营业面积(平方米)	成交额(万元)
全 国	**186**	**45941**	**38628**	**11188260**	**51193604**
北 京	9	1562	1402	683245	8264850
天 津	4	1921	1865	337860	1745638
河 北	5	1069	966	413340	464459
山 西					
内 蒙 古	1	43	40	2600	44222
辽 宁	5	2507	1914	443790	2212030
吉 林	3	5854	2878	585870	2980023
黑 龙 江	2	1223	1223	32875	37094
上 海	9	568	553	132178	2490147
江 苏	18	3082	2712	1511571	5222197
浙 江	46	8438	7219	865315	9593078
安 徽	3	1094	838	202000	606753
福 建	3	159	159	37960	247991
江 西	3	1164	1164	143000	279392
山 东	16	1923	1879	998700	1796983
河 南	4	285	284	175178	765077
湖 北	4	671	410	217000	1583229
湖 南	3	1250	855	465354	2242070
广 东	16	1806	1723	1022862	4837287
广 西	4	894	833	591296	316912
海 南					
重 庆	7	5011	4752	436250	2563401
四 川	6	826	686	240705	401676
贵 州	5	893	828	446000	675046
云 南	3	707	707	413333	581874
西 藏					
陕 西	2	1050	970	85140	521900
甘 肃					
青 海					
宁 夏	1	944	850	229000	28284
新 疆	4	997	918	475838	691991

2-2 续表 60

(摩托车市场)

地　区	市场数量(个)	总摊位数(个)	年末出租摊位数(个)	营业面积(平方米)	成交额(万元)
全　国	**9**	**3669**	**3606**	**256366**	**757255**
北　京					
天　津					
河　北	1	814	814	50000	46852
山　西					
内蒙古					
辽　宁					
吉　林					
黑龙江					
上　海					
江　苏					
浙　江	1	220	220	15226	33600
安　徽	1	150	150	16000	53000
福　建					
江　西					
山　东					
河　南	1	1050	1050	100000	55630
湖　北					
湖　南	2	314	299	14800	43383
广　东					
广　西	1	345	342	9900	16500
海　南					
重　庆	1	680	640	40000	480000
四　川					
贵　州					
云　南					
西　藏					
陕　西					
甘　肃	1	96	91	10440	28290
青　海					
宁　夏					
新　疆					

2-2 续表 61

(机动车零配件市场)

地 区	市场数量(个)	总摊位数(个)	年末出租摊位数(个)	营业面积(平方米)	成交额(万元)
全 国	**78**	**40445**	**37494**	**3268659**	**11229393**
北 京	5	3206	2988	221480	617439
天 津					
河 北	5	2288	2287	323900	710483
山 西	1	406	406	70000	10000
内蒙古					
辽 宁	4	2027	1310	206000	581051
吉 林					
黑龙江					
上 海	4	1758	1708	92879	933825
江 苏	6	2803	2261	363800	531162
浙 江	8	4985	4675	404221	1465691
安 徽	2	1539	1539	43663	153600
福 建	1	200	200	7128	37396
江 西	3	1652	1352	108500	1449813
山 东	14	3728	3534	286359	1371787
河 南	4	1991	1646	90014	711483
湖 北	2	2683	2683	271200	1508079
湖 南	4	5474	5449	272190	345915
广 东	9	2529	2491	160801	365863
广 西					
海 南					
重 庆	1	1054	902	122000	100256
四 川					
贵 州	1	262	262	43000	26580
云 南	2	910	907	160124	111970
西 藏					
陕 西	2	950	894	21400	197000
甘 肃					
青 海					
宁 夏					
新 疆					

2-2 续表 62

(花鸟鱼虫市场)

地　区	市场数量(个)	总摊位数(个)	年末出租摊位数(个)	营业面积(平方米)	成交额(万元)
全　国	**30**	**20880**	**19820**	**3367400**	**4362671**
北　京					
天　津	2	1185	686	61000	36825
河　北	1	470	395	19260	36420
山　西					
内蒙古					
辽　宁	4	2155	2155	35832	73592
吉　林					
黑龙江	1	262	262	20000	15862
上　海	2	626	594	54070	31520
江　苏	3	3132	3124	643000	1954512
浙　江	3	1516	1448	61447	329641
安　徽	2	1691	1691	105900	128700
福　建	2	205	200	31855	104985
江　西					
山　东	2	1500	1500	219960	433000
河　南	2	2180	2180	54000	199922
湖　北					
湖　南	1	428	428	79076	188050
广　东	2	1742	1706	1918000	340242
广　西					
海　南					
重　庆					
四　川	1	488	178	20000	75025
贵　州					
云　南	1	3000	2973	14000	399375
西　藏					
陕　西					
甘　肃					
青　海					
宁　夏					
新　疆	1	300	300	30000	15000

2-2 续表 63

(花卉市场)

地区	市场数量(个)	总摊位数(个)	年末出租摊位数(个)	营业面积(平方米)	成交额(万元)
全国	**25**	**19302**	**18279**	**3296745**	**4173195**
北京					
天津	2	1185	686	61000	36825
河北	1	470	395	19260	36420
山西					
内蒙古					
辽宁	2	1455	1455	14532	31594
吉林					
黑龙江	1	262	262	20000	15862
上海	1	178	178	16470	10790
江苏	3	3132	3124	643000	1954512
浙江	2	1216	1148	56067	295841
安徽	2	1691	1691	105900	128700
福建	1	75	75	25480	12037
江西					
山东	2	1500	1500	219960	433000
河南	2	2180	2180	54000	199922
湖北					
湖南	1	428	428	79076	188050
广东	2	1742	1706	1918000	340242
广西					
海南					
重庆					
四川	1	488	178	20000	75025
贵州					
云南	1	3000	2973	14000	399375
西藏					
陕西					
甘肃					
青海					
宁夏					
新疆	1	300	300	30000	15000

2-2 续表 64

(其他花鸟鱼虫市场)

地区	市场数量(个)	总摊位数(个)	年末出租摊位数(个)	营业面积(平方米)	成交额(万元)
全国	**5**	**1578**	**1541**	**70655**	**189476**
北京					
天津					
河北					
山西					
内蒙古					
辽宁	2	700	700	21300	41998
吉林					
黑龙江					
上海	1	448	416	37600	20730
江苏					
浙江	1	300	300	5380	33800
安徽					
福建	1	130	125	6375	92948
江西					
山东					
河南					
湖北					
湖南					
广东					
广西					
海南					
重庆					
四川					
贵州					
云南					
西藏					
陕西					
甘肃					
青海					
宁夏					
新疆					

2-2 续表 65

(旧货市场)

地 区	市场数量（个）	总摊位数（个）	年末出租摊位数（个）	营业面积（平方米）	成交额（万元）
全 国	**20**	**9833**	**9106**	**366840**	**831015**
北 京	1	4520	4520	26000	57917
天 津					
河 北					
山 西					
内蒙古					
辽 宁					
吉 林	1	475	255	32000	13762
黑龙江					
上 海					
江 苏	1	73	73	25000	19145
浙 江	9	2422	2094	140531	561910
安 徽					
福 建	2	448	448	18762	20213
江 西	1	750	750	15000	18174
山 东	2	516	460	47000	70600
河 南	1	507	400	13120	10000
湖 北					
湖 南					
广 东					
广 西					
海 南					
重 庆					
四 川					
贵 州					
云 南	2	122	106	49427	59294
西 藏					
陕 西					
甘 肃					
青 海					
宁 夏					
新 疆					

2-2 续表 66

（古玩、古董、字画市场）

地　区	市场数量（个）	总摊位数（个）	年末出租摊位数（个）	营业面积（平方米）	成交额（万元）
全　国	**3**	**955**	**848**	**31882**	**30213**
北　京					
天　津					
河　北					
山　西					
内蒙古					
辽　宁					
吉　林					
黑龙江					
上　海					
江　苏					
浙　江					
安　徽					
福　建	2	448	448	18762	20213
江　西					
山　东					
河　南	1	507	400	13120	10000
湖　北					
湖　南					
广　东					
广　西					
海　南					
重　庆					
四　川					
贵　州					
云　南					
西　藏					
陕　西					
甘　肃					
青　海					
宁　夏					
新　疆					

2-2　续表 67

(其他旧货市场)

地　区	市场数量(个)	总摊位数(个)	年末出租摊位数(个)	营业面积(平方米)	成交额(万元)
全　国	**17**	**8878**	**8258**	**334958**	**800802**
北　京	1	4520	4520	26000	57917
天　津					
河　北					
山　西					
内蒙古					
辽　宁					
吉　林	1	475	255	32000	13762
黑龙江					
上　海					
江　苏	1	73	73	25000	19145
浙　江	9	2422	2094	140531	561910
安　徽					
福　建					
江　西	1	750	750	15000	18174
山　东	2	516	460	47000	70600
河　南					
湖　北					
湖　南					
广　东					
广　西					
海　南					
重　庆					
四　川					
贵　州					
云　南	2	122	106	49427	59294
西　藏					
陕　西					
甘　肃					
青　海					
宁　夏					
新　疆					

2-2 续表 68

(其他专业市场)

地 区	市场数量(个)	总摊位数(个)	年末出租摊位数(个)	营业面积(平方米)	成交额(万元)
全 国	**57**	**42292**	**36121**	**2957439**	**7096013**
北 京	2	181	179	112657	50839
天 津	1	180	150	8000	11000
河 北	5	8117	8067	1046750	2312386
山 西					
内蒙古	7	4769	4719	372709	853971
辽 宁	5	6470	5959	144000	363111
吉 林					
黑龙江					
上 海	3	958	922	23200	135249
江 苏	6	1956	1908	173009	654900
浙 江	8	2796	2744	221552	988630
安 徽	2	1688	1423	125500	83522
福 建					
江 西	1	871	871	203468	47141
山 东	9	4797	4218	385550	389025
河 南	4	3280	3273	55360	756299
湖 北					
湖 南	1	325	325	8800	17811
广 东	1	344	303	19194	301254
广 西					
海 南					
重 庆					
四 川	1	560	560	15000	101155
贵 州					
云 南	1	5000	500	42690	29720
西 藏					
陕 西					
甘 肃					
青 海					
宁 夏					
新 疆					

2-3 商品交易市场情况(按营业状态分)

(常年营业)

地 区	市场数量(个)	总摊位数(个)	年末出租摊位数(个)	营业面积(平方米)	成交额(万元)
全 国	**4943**	**3907011**	**3501626**	**291397344**	**997441029**
北 京	128	118738	105653	6648201	33754691
天 津	64	45797	41733	4545667	17885479
河 北	232	347348	298020	26186637	51306069
山 西	39	31616	29948	2792525	6111235
内蒙古	67	41223	37986	7234557	5552370
辽 宁	213	191046	176335	9077044	39364978
吉 林	60	55599	50745	2953006	7083393
黑龙江	82	60969	55046	3044186	10972062
上 海	156	73130	69087	7713449	88966262
江 苏	531	392029	352513	32620942	170736274
浙 江	762	504870	464830	29919606	154504981
安 徽	129	126998	115291	11366078	26897190
福 建	154	61931	56125	3809885	17313629
江 西	93	76206	70715	4069663	17602405
山 东	552	406792	381301	38176682	94368640
河 南	160	154266	142447	12465473	31167003
湖 北	152	82235	76991	5532919	20926807
湖 南	324	195745	184259	10529830	31797803
广 东	342	253504	207218	19776813	56388517
广 西	90	75532	68684	4378857	11282537
海 南	8	4993	4993	769138	508050
重 庆	149	109363	101736	8060986	34063093
四 川	125	190869	144245	11878458	27040900
贵 州	62	46383	36736	3022294	6915943
云 南	47	68118	59158	3656094	7034606
西 藏					
陕 西	52	36721	34117	2468845	4475601
甘 肃	40	35802	30528	1789505	4629150
青 海	8	4731	4721	278368	273118
宁 夏	35	27678	24024	3981527	3143649
新 疆	87	86779	76441	12650109	15374594

2-3 续表 1

(季节性营业)

地区	市场数量(个)	总摊位数(个)	年末出租摊位数(个)	营业面积(平方米)	成交额(万元)
全国	**68**	**43852**	**29513**	**3984151**	**5276449**
北京	3	4156	2514	279000	148015
天津	1	605	106	40000	23800
河北	10	7863	6562	769536	600008
山西					
内蒙古	5	434	424	450200	245832
辽宁	2	249	246	51690	108106
吉林					
黑龙江	2	218	218	146000	68087
上海					
江苏	3	986	765	34340	92000
浙江	4	11040	1289	233286	744680
安徽	1	390	390	33350	75200
福建	1	29	29	1500	23000
江西	1	306	306	60000	26995
山东	26	15036	14373	1521694	2253844
河南	3	1435	1415	145040	195323
湖北					
湖南	1	450	275	6965	60000
广东	1	121	100	25000	160000
广西	2	445	442	114000	213007
海南					
重庆					
四川					
贵州					
云南	1	29	29	70000	224313
西藏					
陕西					
甘肃					
青海					
宁夏					
新疆	1	60	30	2550	14239

2-3　续表 2

(其他)

地　区	市场数量(个)	总摊位数(个)	年末出租摊位数(个)	营业面积(平方米)	成交额(万元)
全　国	**12**	**5407**	**3618**	**297706**	**381541**
北　京					
天　津					
河　北	2	602	587	41800	24037
山　西					
内蒙古					
辽　宁					
吉　林					
黑龙江					
上　海	2	402	187	112656	201707
江　苏	2	975	622	10855	21215
浙　江					
安　徽					
福　建					
江　西					
山　东	1	420	120	26640	10252
河　南	1	900	286	70423	22000
湖　北	1	360	360	10500	28073
湖　南	1	1074	782	19000	42521
广　东	1	363	363	632	21701
广　西					
海　南					
重　庆					
四　川					
贵　州					
云　南					
西　藏					
陕　西					
甘　肃					
青　海					
宁　夏					
新　疆	1	311	311	5200	10035

2-4 商品交易市场情况(按经营方式分)

(批发为主)

地 区	市场数量（个）	总摊位数（个）	年末出租摊位数（个）	营业面积（平方米）	成交额（万元）
全 国	**2920**	**2773884**	**2446984**	**232455833**	**863236688**
北 京	57	73359	61297	4440024	21824695
天 津	46	32790	29831	3719991	17011471
河 北	183	307481	259923	24474634	48865664
山 西	29	26713	25115	2285223	5757099
内蒙古	48	23540	20931	6423155	4359009
辽 宁	98	88795	82807	5368852	32173993
吉 林	30	24350	22089	1793408	4415742
黑龙江	38	35497	31495	2072846	7895041
上 海	83	47440	44881	6525473	84023024
江 苏	282	260128	232107	23939812	150168007
浙 江	389	361581	328491	22500156	130758113
安 徽	83	98638	90452	9658365	24293781
福 建	68	30309	27433	2497783	13296604
江 西	56	52093	48067	3115353	15435026
山 东	412	311041	288451	33217040	86250463
河 南	111	116591	107386	9811090	28006088
湖 北	82	54053	51909	3479256	15045977
湖 南	170	103888	98221	7527073	23622336
广 东	223	198492	158452	16832442	49766436
广 西	53	44787	39436	3074921	9721375
海 南	3	1509	1509	740638	315711
重 庆	85	80602	75344	6136874	29936323
四 川	85	169063	123441	10058029	25036162
贵 州	39	38425	29219	2093505	5625782
云 南	26	56207	47921	2935530	6078811
西 藏					
陕 西	30	20753	19159	1468453	2621667
甘 肃	32	27321	25405	1605090	4360602
青 海	4	3188	3182	234203	160665
宁 夏	19	17320	13992	3023279	2713778
新 疆	56	67930	59038	11403335	13697243

2-4 续表

(零售为主)

地 区	市场数量(个)	总摊位数(个)	年末出租摊位数(个)	营业面积(平方米)	成交额(万元)
全 国	**2103**	**1182386**	**1087773**	**63223368**	**139862331**
北 京	74	49535	46870	2487177	12078011
天 津	19	13612	12008	865676	897808
河 北	61	48332	45246	2523339	3064450
山 西	10	4903	4833	507302	354136
内蒙古	24	18117	17479	1261602	1439193
辽 宁	117	102500	93774	3759882	7299091
吉 林	30	31249	28656	1159598	2667651
黑龙江	46	25690	23769	1117340	3145108
上 海	75	26092	24393	1300632	5144945
江 苏	254	133862	121793	8726325	20681482
浙 江	377	154329	137628	7652736	24491548
安 徽	47	28750	25229	1741063	2678609
福 建	87	31651	28721	1313602	4040025
江 西	38	24419	22954	1014310	2194374
山 东	167	111207	107343	6507976	10382273
河 南	53	40010	36762	2869846	3378238
湖 北	71	28542	25442	2064163	5908903
湖 南	156	93381	87095	3028722	8277988
广 东	121	55496	49229	2970003	6803782
广 西	39	31190	29690	1417936	1774169
海 南	5	3484	3484	28500	192339
重 庆	64	28761	26392	1924112	4126770
四 川	40	21806	20804	1820429	2004738
贵 州	23	7958	7517	928789	1290161
云 南	22	11940	11266	790564	1180108
西 藏					
陕 西	22	15968	14958	1000392	1853934
甘 肃	8	8481	5123	184415	268548
青 海	4	1543	1539	44165	112453
宁 夏	16	10358	10032	958248	429871
新 疆	33	19220	17744	1254524	1701625

2-5 商品交易市场情况(按经营环境分)

(露天式)

地区	市场数量(个)	总摊位数(个)	年末出租摊位数(个)	营业面积(平方米)	成交额(万元)
全国	**823**	**544770**	**481089**	**61336710**	**146974620**
北京	20	23886	14816	2559901	13991368
天津	18	12009	9783	1616459	2605222
河北	84	113066	95968	8762013	8829908
山西	8	4245	3620	402327	492730
内蒙古	31	14808	13667	4959585	2798744
辽宁	40	23902	22026	2644580	6240384
吉林	6	6038	5715	492900	281000
黑龙江	9	6070	6025	880175	1629370
上海	11	3492	3057	669981	2119575
江苏	61	25258	22344	2631682	13512273
浙江	67	37680	36588	2392551	13255828
安徽	23	16168	15091	1065040	4117227
福建	6	994	994	61960	461367
江西	11	9968	9733	699460	3328965
山东	186	106281	100182	14395509	30209414
河南	37	21772	20063	2407379	7867557
湖北	19	11954	11441	722721	5099781
湖南	23	16322	14168	1773458	4494708
广东	41	14081	13385	1522198	5051231
广西	9	3970	3344	1077337	3902057
海南	2	1174	1174	737800	307151
重庆	11	8609	7948	534616	3057631
四川	25	12567	11437	2138475	5444367
贵州	11	2528	2463	617144	1232446
云南	8	8177	3496	320431	584819
西藏					
陕西	12	6278	5689	375124	1280593
甘肃	13	15747	11192	498342	2266822
青海	3	752	746	136203	73844
宁夏	9	6957	5977	926638	801278
新疆	19	10017	8957	3314721	1636960

2-5　续表 1

(封闭式)

地　区	市场数量(个)	总摊位数(个)	年末出租摊位数(个)	营业面积(平方米)	成交额(万元)
全　国	**3574**	**2952816**	**2640075**	**187356622**	**697195244**
北　京	102	84816	79836	3838086	16576325
天　津	42	32770	30471	2802902	14830354
河　北	123	205113	177157	15632804	39386547
山　西	22	20849	20453	1987473	5305054
内蒙古	37	24412	22306	2008037	2546813
辽　宁	166	159706	147042	5610554	29857440
吉　林	48	43984	39453	1974662	6506209
黑龙江	74	55077	49199	2302232	9389779
上　海	113	55082	51625	3220332	76986258
江　苏	395	315500	284150	24576634	110106584
浙　江	624	439928	394306	25344984	119859341
安　徽	78	70225	63289	5675097	14968922
福　建	127	54139	48423	3401257	13526812
江　西	71	57501	53554	3056354	12240986
山　东	342	265200	249837	19323165	56782220
河　南	100	109572	102632	8618896	19468218
湖　北	109	59911	56444	4090415	14769310
湖　南	255	150562	143629	6992695	21872197
广　东	250	205885	162664	12872968	38957800
广　西	63	61302	55572	2621964	6057186
海　南	6	3819	3819	31338	200899
重　庆	123	88443	81901	6473850	25253620
四　川	90	169928	124526	9152863	19242029
贵　州	39	34933	27976	1848102	3439253
云　南	35	57599	53378	3144569	5393921
西　藏					
陕　西	32	25653	23790	1816019	2909624
甘　肃	19	14835	14428	1043188	1947122
青　海	5	3979	3975	142165	199274
宁　夏	24	17908	16702	2571889	2028868
新　疆	60	64185	57538	5181128	6586279

2-5 续表 2

(其他)

地　区	市场数量(个)	总摊位数(个)	年末出租摊位数(个)	营业面积(平方米)	成交额(万元)
全　国	**626**	**458684**	**413593**	**46985869**	**158929155**
北　京	9	14192	13515	529214	3335013
天　津	5	1623	1585	166306	473703
河　北	37	37634	32044	2603156	3713659
山　西	9	6522	5875	402725	313451
内蒙古	4	2437	2437	717135	452645
辽　宁	9	7687	7513	873600	3375260
吉　林	6	5577	5577	485444	296184
黑龙江	1	40	40	7779	21000
上　海	34	14958	14592	3935792	10062136
江　苏	80	53232	47406	5457821	47230632
浙　江	75	38302	35225	2415357	22134492
安　徽	29	40995	37301	4659291	7886241
福　建	22	6827	6737	348168	3348450
江　西	12	9043	7734	373849	2059449
山　东	51	50767	45775	6006342	9641102
河　南	27	25257	21453	1654661	4048551
湖　北	25	10730	9466	730283	1085789
湖　南	48	30385	27519	1789642	5533419
广　东	53	34022	31632	5407279	12561187
广　西	20	10705	10210	793556	1536301
海　南					
重　庆	15	12311	11887	1052520	5751842
四　川	10	8374	8282	587120	2354504
贵　州	12	8922	6297	557048	2244244
云　南	5	2371	2313	261094	1280179
西　藏					
陕　西	8	4790	4638	277702	285384
甘　肃	8	5220	4908	247975	415206
青　海					
宁　夏	2	2813	1345	483000	313503
新　疆	10	12948	10287	4162010	7175629

2-6 商品交易市场成交情况(按摊位分)

地区	粮油、食品类		#粮油类		#肉禽蛋类	
	摊位数(个)	成交额(万元)	摊位数(个)	成交额(万元)	摊位数(个)	成交额(万元)
全国	**1013537**	**247999747**	**98925**	**32841262**	**138431**	**32476617**
北京	35443	17638372	2951	2246797	4976	2097848
天津	15418	6136766	2712	1242358	1106	632706
河北	111222	11222953	6446	1033746	7082	1302420
山西	7302	1820091	939	200205	317	67766
内蒙古	8969	1304274	668	266360	890	200557
辽宁	33016	6113350	4058	629742	5494	799960
吉林	8236	1205453	947	49241	1426	58892
黑龙江	14075	5624650	1528	707670	2539	549728
上海	20310	8274788	2753	731871	4080	2045051
江苏	85325	26046957	10760	4323944	15874	4714808
浙江	130753	32136014	10648	4893328	18690	4155263
安徽	28088	7169088	2268	760894	5431	1068350
福建	23830	6074107	2056	530111	4652	604391
江西	19392	7395485	2262	1285092	4368	1527694
山东	162818	28875635	14281	3414575	11632	1427800
河南	33742	12944692	3799	1997969	2282	378142
湖北	21019	6075164	1894	734959	2992	532903
湖南	51495	10097917	7868	1088889	8899	1408019
广东	52380	17892444	5790	1678571	12517	3852685
广西	22399	3630668	2884	587360	5797	1075631
海南	2359	125813	230	6367	609	51287
重庆	24005	6691349	2862	626121	3852	1729607
四川	42230	8393860	3524	1126089	5641	750014
贵州	8248	3415650	998	1552025	820	154458
云南	7631	2189374	566	336708	1685	169355
西藏						
陕西	7897	1633118	582	304680	1499	135559
甘肃	11637	1684627	1091	267815	704	242690
青海	337	19494	35	609	18	949
宁夏	8916	1616311	516	72937	890	217495
新疆	15045	4551283	1009	144229	1669	524589

2-6 续表 1

地区	#水产品类		#蔬菜类		#干鲜果品类	
	摊位数（个）	成交额（万元）	摊位数（个）	成交额（万元）	摊位数（个）	成交额（万元）
全　国	**159611**	**51680891**	**405731**	**66599121**	**172377**	**57064459**
北　京	4090	2392681	10621	4865013	8770	5218722
天　津	1499	1756096	7248	1367498	2742	1107847
河　北	4639	482135	71166	4785041	20219	3236113
山　西	271	46684	3841	865033	1728	610034
内蒙古	568	54480	4501	414738	1907	305719
辽　宁	5485	1722477	11251	1393231	4948	1046186
吉　林	1133	454623	2128	447852	865	155111
黑龙江	2256	917282	4804	2074828	2661	1363413
上　海	4339	2785772	6988	1554359	2096	1105127
江　苏	16080	6102905	28770	5514004	11243	4405280
浙　江	43711	9466044	38024	6454637	16596	6810487
安　徽	2633	1235749	10850	1676671	5427	1773829
福　建	6298	3165084	6581	972813	2981	666714
江　西	1485	601761	6934	1713090	3565	1965014
山　东	31150	7340579	75416	10858686	27121	5363271
河　南	4360	1896992	14567	4968160	7530	3651348
湖　北	3644	2178368	6681	1142377	4302	1280155
湖　南	5072	1779020	14379	2123357	9128	2330139
广　东	9081	3192683	16456	3864400	7480	5176517
广　西	2334	288653	7788	875701	3498	798628
海　南	566	48503	612	12304	341	7352
重　庆	2028	1498400	8477	1336209	3970	1179835
四　川	3210	1302451	20337	2677004	8609	2415440
贵　州	240	52665	3294	689213	2320	927757
云　南	566	44546	3143	623239	1170	827978
西　藏						
陕　西	951	57576	3858	1060407	920	70316
甘　肃	679	264963	7524	521925	1469	383304
青　海	24	681	185	15405	75	1850
宁　夏	473	196928	3553	366123	3432	761913
新　疆	746	354110	5754	1365803	5264	2119060

2-6 续表 2

地 区	饮料类		烟酒类		服装、鞋帽、针纺织品类	
	摊位数（个）	成交额（万元）	摊位数（个）	成交额（万元）	摊位数（个）	成交额（万元）
全 国	**48620**	**10253173**	**44881**	**10038560**	**977742**	**166315228**
北 京	1385	539232	1596	950063	26673	848795
天 津	499	118195	443	163650	10009	650495
河 北	2962	213687	3839	401261	50409	9088847
山 西	184	14500	425	340716	12338	1024031
内 蒙 古	211	51819	255	56805	12126	386436
辽 宁	1018	190057	937	188977	76382	12397260
吉 林	445	13580	642	10380	16126	621778
黑 龙 江	675	408610	809	633991	23089	1373301
上 海	759	77000	889	131561	10935	874954
江 苏	3845	1680528	3381	1201758	92633	42682487
浙 江	5950	1798263	2886	921688	141746	40017654
安 徽	2191	538263	1775	456102	25002	2288717
福 建	2540	496707	509	219176	14286	2677522
江 西	1052	239374	1302	382064	16107	2844205
山 东	5882	1301619	9317	1127630	86691	10453606
河 南	2330	315477	2504	219948	38335	2558329
湖 北	1807	318878	503	256542	20317	2451141
湖 南	3853	463720	5045	1062251	55288	3251504
广 东	1473	277779	942	350939	76550	12739859
广 西	754	149534	561	51785	25128	850861
海 南	149	3515	149	3390	1089	50758
重 庆	1591	362348	1828	349083	21332	5706185
四 川	1511	121622	1593	183264	44727	4444177
贵 州	774	191683	548	185595	11538	1044110
云 南	1397	95414	363	7233	27868	2324257
西 藏						
陕 西	2004	87092	95	2215	11276	748003
甘 肃	381	55724	546	102436	7213	513655
青 海	14	436	11	261	2054	88725
宁 夏	252	62635	233	8930	6092	226799
新 疆	732	65882	955	68866	14383	1086777

2-6 续表 3

地 区	服装类		鞋帽类		针纺织品类	
	摊位数（个）	成交额（万元）	摊位数（个）	成交额（万元）	摊位数（个）	成交额（万元）
全 国	**595427**	**72918153**	**144147**	**16424524**	**238168**	**76972551**
北 京	19103	606540	3976	101298	3594	140957
天 津	6978	423696	1992	148342	1039	78457
河 北	35540	5880234	6709	776172	8160	2432441
山 西	9305	776432	2130	177526	903	70073
内蒙古	7530	249772	2539	86420	2057	50244
辽 宁	43939	8074246	11977	1164205	20466	3158809
吉 林	12644	527169	1770	45373	1712	49236
黑龙江	11421	882155	3974	142990	7694	348156
上 海	8006	745209	1062	28263	1867	101482
江 苏	44743	12169486	14242	2673205	33648	27839796
浙 江	65522	11439671	14519	1989165	61705	26588818
安 徽	13860	1377608	4928	382700	6214	528409
福 建	11205	2022467	1802	167675	1279	487380
江 西	10462	1745036	3084	488956	2561	610213
山 东	55935	5468537	15113	2079024	15643	2906045
河 南	24430	1649580	6431	487784	7474	420965
湖 北	15519	2036641	2444	242813	2354	171687
湖 南	39003	2215046	9305	617338	6980	419120
广 东	42728	4057814	9036	1081702	24786	7600343
广 西	17202	617321	3309	94944	4617	138596
海 南	957	49267	104	1130	28	361
重 庆	12926	2689417	4484	1650047	3922	1366721
四 川	30433	2817963	7697	961460	6597	664754
贵 州	8955	812253	1851	157888	732	73969
云 南	18446	1607600	3389	263825	6033	452832
西 藏						
陕 西	7965	480014	1771	182880	1540	85109
甘 肃	5692	459776	763	22290	758	31589
青 海	1099	55469	479	20346	476	12910
宁 夏	3492	131828	1097	29230	1503	65741
新 疆	10387	849906	2170	159533	1826	77338

2-6 续表 4

地区	化妆品类		金银珠宝类		日用品类	
	摊位数（个）	成交额（万元）	摊位数（个）	成交额（万元）	摊位数（个）	成交额（万元）
全 国	**29845**	**3281358**	**22224**	**5826747**	**186194**	**32099049**
北 京	914	53095	1079	246793	8892	843679
天 津	338	22478	63	52849	1932	162669
河 北	1402	373144	892	132664	16386	3640463
山 西	290	7010	4	65	1907	536971
内蒙古	406	7504	1730	112253	730	36435
辽 宁	1652	393181	2382	104249	12027	2382543
吉 林	330	8624	56	10766	1576	76761
黑龙江	599	18003	52	4286	1411	73434
上 海	54	5627	42	5176	1741	2349971
江 苏	1762	302945	1706	877996	21148	4253055
浙 江	2496	474033	1786	1917432	24145	6016601
安 徽	806	87894	1661	341196	5879	366249
福 建	141	25355	1908	903571	1683	268108
江 西	799	85556	66	9369	3629	664428
山 东	2955	353474	1746	425976	21905	3174233
河 南	4755	159719	215	99463	5118	377889
湖 北	414	122562	108	38267	3131	541857
湖 南	1647	162930	181	21761	7583	958543
广 东	2555	154986	4585	253327	18495	2935978
广 西	573	22885	61	1203	2483	147760
海 南	50	1363			52	1490
重 庆	820	167189	41	12663	5472	856584
四 川	1314	76249	264	17083	4090	470565
贵 州	246	23960	6	408	2258	284858
云 南	804	38695	455	95685	6319	266076
西 藏						
陕 西	147	4403	50	1100	1018	36714
甘 肃	388	63507	36	5664	1373	192528
青 海	189	8297	3	180	130	1040
宁 夏	311	16216	56	5292	778	31637
新 疆	688	40474	990	130010	2903	149930

2-6 续表 5

地区	#儿童玩具类		五金、电料类		体育、娱乐用品类	
	摊位数（个）	成交额（万元）	摊位数（个）	成交额（万元）	摊位数（个）	成交额（万元）
全国	**30946**	**3816183**	**115595**	**22411945**	**13894**	**1973252**
北京	1007	63721	2121	183726	857	136149
天津	71	4931	3122	922875	89	11263
河北	7216	852828	5224	1528525	1935	572224
山西	381	2542	725	220955	57	2068
内蒙古	88	1958	526	133933	67	1966
辽宁	1501	137429	3295	302464	498	14499
吉林	491	4549	3484	103928	33	1333
黑龙江	334	26856	428	41290	89	8443
上海	54	31499	4333	304112	251	41807
江苏	3189	724575	15285	3733691	905	192385
浙江	3620	548222	18680	4948770	1270	285692
安徽	562	73626	4010	498431	277	14136
福建	145	10190	721	91829	157	63340
江西	471	36209	1578	461817	152	12416
山东	3205	329207	13682	2769004	1465	179841
河南	1356	77899	3548	724975	1590	68174
湖北	358	51590	3461	420365	76	16859
湖南	1373	200757	6410	1588777	948	47834
广东	1361	204612	6316	1254287	882	103756
广西	646	37055	1750	192353	308	17840
海南	8	125	181	27220	3	90
重庆	748	205527	5826	945986	320	65579
四川	1132	74710	3818	647582	300	33747
贵州	60	5129	1313	61062	221	6249
云南	711	44839	460	25811	252	23387
西藏						
陕西	117	1808	1083	41107	109	2956
甘肃	152	43210	881	35282	294	24438
青海	4	130	178	2336	98	642
宁夏	114	5940	95	2398	38	821
新疆	471	14510	3061	197054	353	23318

2-6 续表 6

地区	#照相器材类		书报杂志类		电子出版物及音像制品类	
	摊位数（个）	成交额（万元）	摊位数（个）	成交额（万元）	摊位数（个）	成交额（万元）
全国	**634**	**64288**	**4792**	**670305**	**8873**	**1973089**
北京	3	438	249	28600	66	15115
天津			22	278	24	1699
河北	68	270	183	23986	2469	1273532
山西					8	86
内蒙古			27	144	53	1099
辽宁			148	15128	315	81340
吉林	4	66	42	594	167	12882
黑龙江	2	50	35	389	58	1549
上海	175	34112	29	1099	14	3340
江苏	81	2538	422	67960	650	66919
浙江			226	53772	85	22569
安徽	14	408	105	88954	224	6966
福建	12	9620	24	391	49	4446
江西	1	46	108	7180	229	31145
山东	42	3054	691	40412	756	43933
河南	12	120	734	143677	723	38353
湖北	1	16	313	65375	105	11304
湖南	41	3676	522	75739	1262	185267
广东	94	4647	128	26981	569	110628
广西	2	10	17	279	200	17020
海南						
重庆	5	60	92	3716	80	11585
四川	2	150	178	12448	67	4886
贵州	6	1260	10	533	27	933
云南			9	93	131	2557
西藏						
陕西			6	55	104	9446
甘肃	11	426	273	955	141	4120
青海			1	64	21	147
宁夏	19	75	33	8579	103	2538
新疆	39	3246	165	2924	173	7685

2-6 续表 7

地　区	家用电器和音像器材类		中西药品类		#西药类	
	摊位数（个）	成交额（万元）	摊位数（个）	成交额（万元）	摊位数（个）	成交额（万元）
全　国	**35444**	**7127944**	**29492**	**13391941**	**1106**	**370417**
北　京	1231	147628	43	6720	33	5421
天　津	103	10030	17	174	11	116
河　北	1040	123599	7101	1408941	67	7810
山　西	115	8956				
内蒙古	245	31129	223	46765	21	631
辽　宁	1563	372945	513	1029835	52	15886
吉　林	597	85839	1474	671277	19	986
黑龙江	207	123105	22	10988	10	5839
上　海	333	51283	186	52042	5	1581
江　苏	2189	638242	216	256386	165	170883
浙　江	3324	430819	1324	241548	6	258
安　徽	2679	898656	5930	2988326	35	38496
福　建	547	100297	98	25905	4	439
江　西	1678	381334	484	289381	33	10133
山　东	3635	886847	1080	71816	143	12738
河　南	2304	550675	2946	373927	152	5920
湖　北	1205	80242	43	16765	6	12370
湖　南	3435	841236	2195	898128	109	36099
广　东	2016	221136	850	123079	32	7161
广　西	529	22536	1160	761633	27	7134
海　南	6	369	2	101	2	101
重　庆	874	335788	90	21433	35	12646
四　川	846	213120	2021	3753561	8	692
贵　州	785	102907	6	642	1	420
云　南	1594	104184	497	200026	33	3509
西　藏						
陕　西	386	27672	450	64312		
甘　肃	537	173290	163	18991	12	1481
青　海	113	1864	52	40150	1	90
宁　夏	72	4240	11	70	9	68
新　疆	1256	157976	295	19019	75	11509

2-6 续表 8

地区	#中草药及中成药类		文化办公用品类		#计算机及其配套产品	
	摊位数（个）	成交额（万元）	摊位数（个）	成交额（万元）	摊位数（个）	成交额（万元）
全国	**27616**	**12925905**	**67271**	**9928368**	**28920**	**3954306**
北京	10	1299	4517	921253	30	3918
天津	3	25	507	43998	7	12
河北	7023	1400883	4100	823511	187	14298
山西			622	27501	420	20000
内蒙古	199	45848	417	28163	1	10
辽宁	459	1013930	3353	279637	758	38881
吉林	1450	665681	982	170108	538	157238
黑龙江	9	4849	2643	394202	2464	380167
上海	181	50461	957	195943	647	154439
江苏	48	68476	4063	971593	1532	398907
浙江	1236	217552	10906	1537831	3299	568424
安徽	5796	2943960	557	67378	48	2665
福建	83	23636	963	134320	632	107831
江西	376	265049	1146	274171	230	21790
山东	920	57380	5014	593930	2100	287710
河南	2778	367616	4484	309828	3138	229772
湖北	3	302	1942	496540	908	39748
湖南	1975	854649	3070	774350	1342	307248
广东	804	114888	5891	481046	4615	357024
广西	1069	753448	927	121959	742	108265
海南			280	23833	150	11256
重庆	42	6161	2431	376193	1602	246593
四川	1999	3750217	2096	225340	1390	131060
贵州	5	22	800	135231	271	81021
云南	464	196517	482	37097		
西藏						
陕西	450	64312	1128	163522	972	158329
甘肃	148	17000	494	68222	13	1148
青海	51	40060	374	10782		
宁夏	2	2	397	36166		
新疆	33	1682	1728	204720	884	126552

2-6 续表 9

地 区	家具类		通讯器材类		煤炭及制品类	
	摊位数(个)	成交额(万元)	摊位数(个)	成交额(万元)	摊位数(个)	成交额(万元)
全 国	**99983**	**20777558**	**23311**	**3041673**	**2163**	**5782485**
北 京	4432	823915	1107	234859	1	2
天 津	998	38509	84	33766	809	2552970
河 北	8889	3692890	1179	197129	155	136174
山 西	1415	64772			6	55117
内 蒙 古	1323	210476	20	579	31	382493
辽 宁	6005	671434	998	45615	3	200
吉 林	1523	152394	802	67126		
黑 龙 江	970	165260	119	15228		
上 海	2186	195751	140	10048	1	565
江 苏	15304	2696844	1645	138255	156	636923
浙 江	13929	2629676	2758	315185	72	1688077
安 徽	3055	1365400	53	7963	7	2662
福 建	825	1073479	185	27393		
江 西	3193	368404	126	56448	16	1000
山 东	8546	2126304	1132	149234	57	10837
河 南	2444	531745	841	351621	85	1350
湖 北	1870	284274	1215	312818	4	101516
湖 南	3226	636139	868	88670	44	2720
广 东	866	84955	5573	409170		
广 西	1007	175166	60	3560		
海 南						
重 庆	3748	1665920	1256	439431	3	450
四 川	6019	486655	75	6265		
贵 州	1130	62604	80	3595		
云 南	874	112027	912	21239	3	20
西 藏						
陕 西	581	23583	1160	62680		
甘 肃	1219	75677	35	8298	6	662
青 海	1	390	4	140		
宁 夏	1087	52877	10	21	547	192360
新 疆	3318	310038	874	35337	157	16387

2-6　续表 10

地　区	木材及制品类		石油及制品类		化工材料及制品类	
	摊位数（个）	成交额（万元）	摊位数（个）	成交额（万元）	摊位数（个）	成交额（万元）
全　国	**31968**	**10228924**	**1867**	**15390879**	**46893**	**35635498**
北　京	390	32204			173	26295
天　津	62	12499			315	333574
河　北	422	258524	26	7513	18015	2793117
山　西	140	11000			5	1000
内蒙古	406	360917			44	28839
辽　宁	1439	119738	190	6130000	627	49393
吉　林	435	19653			760	31459
黑龙江	112	22793			51	23220
上　海	1364	431753	160	6138000	837	872730
江　苏	7469	1479250	22	15586	8699	13934612
浙　江	4969	1347348	70	2100453	4228	8917291
安　徽	1134	497774	2	175	622	213314
福　建	510	95027	4	118	310	75027
江　西	432	37485			306	40696
山　东	5259	3451593	129	863141	3760	2645544
河　南	253	206174	981	100922	579	56839
湖　北	960	214907	4	982	182	51663
湖　南	1185	122249	226	16667	1049	203501
广　东	2088	1020567	8	281	3855	4426980
广　西	391	84420			171	75384
海　南						
重　庆	616	220175	12	120	262	77549
四　川	836	78293			469	262923
贵　州	109	3633			48	4845
云　南	159	12460			301	13947
西　藏						
陕　西					24	170000
甘　肃	60	65953			76	2413
青　海						
宁　夏	3	39	7	1136	29	1976
新　疆	765	22496	26	15785	1096	301367

2-6 续表 11

地区	#化肥类		金属材料类		建筑及装潢材料类	
	摊位数（个）	成交额（万元）	摊位数（个）	成交额（万元）	摊位数（个）	成交额（万元）
全　国	**3765**	**1023715**	**99146**	**212475263**	**277368**	**49521663**
北　京	1	8	333	39776	4983	779707
天　津	6	2583	1700	4198744	1391	194088
河　北	278	125823	13799	3337977	10110	1457015
山　西			207	640739	2360	750690
内蒙古	42	28000	568	531831	1351	457175
辽　宁	8	775	6468	3856526	7116	1198688
吉　林	749	26287	1329	172610	3382	272701
黑龙江	51	23220	992	1280100	4916	422602
上　海			3931	62362938	13036	2351288
江　苏	319	180777	15445	45912858	44438	8135195
浙　江	2	2477	15827	22401259	28904	5541930
安　徽	22	3985	1991	4836828	12778	2059791
福　建			326	2308807	3206	1688521
江　西	41	9112	1483	129788	10260	1565341
山　东	484	130516	7945	20598803	26111	7037500
河　南	443	52702	3298	6336473	7204	1989073
湖　北	35	18548	3246	2872113	9832	2026138
湖　南	90	40201	2077	2745188	17499	2839099
广　东	2	17	2559	5585267	5397	1019137
广　西	93	68013	1171	3797388	4233	436227
海　南					505	245000
重　庆	96	19412	5145	7404801	9821	2370227
四　川	68	2110	2461	3614732	19555	2369857
贵　州			1996	311152	3942	347054
云　南	112	5373	160	56631	2577	453163
西　藏						
陕　西			55	280000	3485	196892
甘　肃	30	193	1671	1255667	1545	181560
青　海			22	30271		
宁　夏	24	1730	1721	684355	1641	60530
新　疆	769	281853	1220	4891641	15790	1075474

2-6 续表 12

地 区	机电产品及设备类		#农机类		汽车类	
	摊位数(个)	成交额(万元)	摊位数(个)	成交额(万元)	摊位数(个)	成交额(万元)
全 国	**55333**	**14224665**	**5607**	**2103103**	**78000**	**64810493**
北 京	356	153552			4390	8882289
天 津	744	388548	1	26	1880	1758958
河 北	3685	977763	1453	758977	4674	1878920
山 西	211	93458			437	427237
内蒙古	129	126860	103	117091	40	44222
辽 宁	969	118676			3227	2793702
吉 林	322	23573	87	17471	3182	3025150
黑龙江	39	700			1267	37557
上 海	567	97055	20	2900	2261	3423972
江 苏	7229	2395511	768	153904	4922	5945780
浙 江	8911	2387960	11	4300	12242	11151991
安 徽	2137	622094	563	276985	1752	791558
福 建	111	10542			359	285387
江 西	836	443726	465	199924	2341	1722870
山 东	5316	1586841	735	270315	5150	3210227
河 南	2511	156071	324	76253	1976	1476652
湖 北	672	68278	2	98	3138	3167619
湖 南	3860	1076120	173	79953	6777	2959900
广 东	1272	465486	180	44810	4215	5206107
广 西	759	148580	2	10	1124	323605
海 南	100	23000				
重 庆	4504	1328145	59	835	5907	2879955
四 川	4475	871439	89	3801	686	401676
贵 州	681	13850	1	1000	1090	701626
云 南	519	24647	172	8841	1110	633678
西 藏						
陕 西	790	161000			1864	718900
甘 肃	164	32777				
青 海					1	14
宁 夏	389	59774	169	31639	851	28289
新 疆	3075	368639	230	53970	1137	932652

2-6 续表 13

地区	种子饲料类		棉麻类		其他类	
	摊位数(个)	成交额(万元)	摊位数(个)	成交额(万元)	摊位数(个)	成交额(万元)
全国	**8661**	**1393843**	**4736**	**4563906**	**206924**	**31961463**
北京	5	237	65	759	6866	369891
天津	8	1450			1262	98754
河北	2613	91733	822	43021	31616	6231001
山西					1190	64272
内蒙古	160	47720	12	360	8341	1408005
辽宁	231	9345	3	63	12206	614239
吉林	221	6641	203	2320	4396	316463
黑龙江	102	31619	8	284	2496	324545
上海	12	733	101	9113	3845	905320
江苏	395	76148	1135	1512467	13511	4997158
浙江	179	41121	196	643100	28257	5281584
安徽	227	20622	45	29424	12694	714429
福建	211	302366			2651	384888
江西	139	18956	79	3210	4088	163551
山东	1021	184016	1596	2243161	12135	2227579
河南	562	44598	115	58805	19971	1188877
湖北	80	7216	48	1236	1656	934259
湖南	374	111778	85	9531	5112	658805
广东	34	857			8182	1425186
广西	620	110877	41	861	2699	351160
海南					68	2108
重庆	428	188599	13	1737	5219	1580303
四川	370	8027	55	2320	4189	341209
贵州	7	37	49	495	824	13231
云南	181	6472			4129	514746
西藏						
陕西	5	79			400	40752
甘肃	11	1881	5	48	1379	60775
青海					1118	67885
宁夏	52	7475	41	1093	259	31092
新疆	413	73240	19	498	6165	649396

（二）东中西部及东北地区

2-7 商品交易市场总体情况

地 区	市场数量（个）	总摊位数（个）	年末出租摊位数（个）	营业面积（平方米）	成交额（万元）
全 国	**5023**	**3956270**	**3534757**	**295679201**	**1003099019**
东部地区	**2986**	**2251730**	**2009090**	**173263959**	**690056851**
北 京	131	122894	108167	6927201	33902706
天 津	65	46402	41839	4585667	17909279
河 北	244	355813	305169	26997973	51930114
上 海	158	73532	69274	7826105	89167969
江 苏	536	393990	353900	32666137	170849489
浙 江	766	515910	466119	30152892	155249661
福 建	155	61960	56154	3811385	17336629
山 东	579	422248	395794	39725016	96632736
广 东	344	253988	207681	19802445	56570218
海 南	8	4993	4993	769138	508050
东北地区	**359**	**308081**	**282590**	**15271926**	**57596626**
辽 宁	215	191295	176581	9128734	39473084
吉 林	60	55599	50745	2953006	7083393
黑龙江	84	61187	55264	3190186	11040149
中部地区	**906**	**671981**	**623465**	**47101766**	**134952555**
山 西	39	31616	29948	2792525	6111235
安 徽	130	127388	115681	11399428	26972390
江 西	94	76512	71021	4129663	17629400
河 南	164	156601	144148	12680936	31384326
湖 北	153	82595	77351	5543419	20954880
湖 南	326	197269	185316	10555795	31900324
西部地区	**772**	**724478**	**619612**	**60041550**	**120492987**
内蒙古	72	41657	38410	7684757	5798202
广 西	92	75977	69126	4492857	11495544
重 庆	149	109363	101736	8060986	34063093
四 川	125	190869	144245	11878458	27040900
贵 州	62	46383	36736	3022294	6915943
云 南	48	68147	59187	3726094	7258919
西 藏					
陕 西	52	36721	34117	2468845	4475601
甘 肃	40	35802	30528	1789505	4629150
青 海	8	4731	4721	278368	273118
宁 夏	35	27678	24024	3981527	3143649
新 疆	89	87150	76782	12657859	15398868

2-8 商品交易市场情况(按市场类别分)

(综合市场)

地　区	市场数量(个)	总摊位数(个)	年末出租摊位数(个)	营业面积(平方米)	成交额(万元)
全　国	**1376**	**1413462**	**1279354**	**74552148**	**223487017**
东部地区	**776**	**740245**	**659192**	**38846479**	**130964863**
北　京	37	51352	47794	3035798	16633534
天　津	20	22168	19847	1377319	4775003
河　北	62	133096	122036	7000469	19745101
上　海	40	24925	23635	1611791	5480627
江　苏	136	117296	104375	7164911	26878414
浙　江	245	182600	165245	9139650	33406487
福　建	58	29367	25104	1041947	3078760
山　东	91	89628	83572	5302392	9899918
广　东	84	87465	65236	3159202	10925297
海　南	3	2348	2348	13000	141722
东北地区	**98**	**96742**	**90520**	**3288133**	**10284141**
辽　宁	60	60072	55574	1885734	6111439
吉　林	15	17414	16835	624224	676784
黑龙江	23	19256	18111	778175	3495918
中部地区	**294**	**309776**	**289690**	**17258271**	**51134218**
山　西	11	17864	16659	1684926	4617049
安　徽	48	67140	61897	5633835	11323424
江　西	37	40413	36902	1291573	9064936
河　南	32	64135	60415	3297001	6756119
湖　北	40	28177	25746	1699937	4821374
湖　南	126	92047	88071	3650999	14551316
西部地区	**208**	**266699**	**239952**	**15159265**	**31103795**
内蒙古	11	10953	9353	936894	1226466
广　西	24	28047	25795	760078	2419387
重　庆	46	58878	55434	2991855	12129604
四　川	45	67697	63481	2840380	8103236
贵　州	13	19093	13022	928184	1273583
云　南	9	8553	7883	156722	356568
西　藏					
陕　西	6	5915	5550	225500	143734
甘　肃	11	14631	11037	430747	825298
青　海					
宁　夏	8	4559	4011	312763	392414
新　疆	35	48373	44386	5576142	4233505

2-8 续表 1

(生产资料综合市场)

地 区	市场数量 (个)	总摊位数 (个)	年末出租摊位数 (个)	营业面积 (平方米)	成交额 (万元)
全 国	**51**	**68152**	**63984**	**7833390**	**13955352**
东部地区	**30**	**32480**	**31533**	**3659660**	**8340748**
北 京					
天 津					
河 北	5	3385	3105	605540	877991
上 海	2	6959	6959	608000	1211741
江 苏	4	10702	10526	1307130	787061
浙 江	12	8467	8034	866010	5082778
福 建					
山 东	6	1639	1581	241120	334030
广 东	1	1328	1328	31860	47147
海 南					
东北地区	**3**	**4986**	**4624**	**121990**	**218247**
辽 宁	2	1810	1448	21990	136750
吉 林	1	3176	3176	100000	81497
黑 龙 江					
中部地区	**8**	**19459**	**18701**	**2620793**	**3926420**
山 西	1	120	120	23000	19000
安 徽	2	10304	10142	1727145	2705508
江 西	1	2258	2208	94218	13461
河 南					
湖 北	3	6621	6075	770230	1168391
湖 南	1	156	156	6200	20060
西部地区	**10**	**11227**	**9126**	**1430947**	**1469937**
内 蒙 古	1	36	36	20000	32624
广 西					
重 庆	2	2200	2200	278261	684080
四 川	2	1927	1886	138664	267000
贵 州	1	2635	628	367982	148151
云 南	1	173	167	10920	11902
西 藏					
陕 西					
甘 肃					
青 海					
宁 夏					
新 疆	3	4256	4209	615120	326180

2-8 续表 2

(工业消费品综合市场)

地　区	市场数量(个)	总摊位数(个)	年末出租摊位数(个)	营业面积(平方米)	成交额(万元)
全　国	**305**	**541874**	**487781**	**26690863**	**78630449**
东部地区	**148**	**311563**	**270160**	**16425968**	**48178127**
北　京	12	13232	12475	207442	883831
天　津	4	8026	7519	145071	538588
河　北	15	70861	63023	4034401	13871034
上　海	2	1846	1774	42478	68294
江　苏	19	31358	29776	2036800	7676403
浙　江	32	86791	80705	5581112	13780131
福　建	6	6535	4640	349849	850649
山　东	34	44349	40890	2611413	6777731
广　东	24	48565	29358	1417402	3731466
海　南					
东北地区	**37**	**42017**	**39527**	**974633**	**1960974**
辽　宁	23	27994	26041	608429	1147425
吉　林	5	6737	6736	236689	335361
黑龙江	9	7286	6750	129515	478188
中部地区	**71**	**105109**	**99377**	**4848780**	**17898998**
山　西	2	1960	1350	111220	28559
安　徽	10	26735	25281	1920084	2650633
江　西	7	14811	13598	298480	3543670
河　南	15	22874	21225	809488	3698099
湖　北	8	6629	6462	430888	879241
湖　南	29	32100	31461	1278620	7098796
西部地区	**49**	**83185**	**78717**	**4441482**	**10592350**
内蒙古	2	3402	3373	171000	86075
广　西	2	6646	5985	213000	181637
重　庆	12	31413	30815	1646902	7049202
四　川	9	18956	17208	838744	1571913
贵　州					
云　南					
西　藏					
陕　西	2	2780	2575	123000	54943
甘　肃	8	7681	7116	367207	711696
青　海					
宁　夏	2	815	745	76800	66292
新　疆	12	11492	10900	1004829	870592

2-8 续表 3

(农产品综合市场)

地　区	市场数量（个）	总摊位数（个）	年末出租摊位数（个）	营业面积（平方米）	成交额（万元）
全　国	**683**	**470294**	**423859**	**22953276**	**93320042**
东部地区	**458**	**288996**	**259529**	**12467534**	**58542960**
北　京	21	30243	28059	2556818	13952209
天　津	6	4733	4102	377739	2577100
河　北	26	43619	41284	1640680	3232366
上　海	29	13379	12161	847610	3814217
江　苏	87	49857	43043	2405208	14739368
浙　江	177	75092	65152	1722457	10172044
福　建	41	17529	15282	311881	1277931
山　东	24	22065	20603	1135423	1967870
广　东	46	31793	29157	1468518	6792934
海　南	1	686	686	1200	16921
东北地区	**30**	**19585**	**17830**	**1037135**	**3990768**
辽　宁	17	9577	8936	390140	992824
吉　林	3	1578	1000	71795	62989
黑龙江	10	8430	7894	575200	2934955
中部地区	**101**	**69531**	**62663**	**4131159**	**16257631**
山　西	4	3450	3140	327747	485059
安　徽	22	16085	13589	483728	3948950
江　西	11	7746	7491	248613	2721719
河　南	8	8650	7328	1498389	2527317
湖　北	15	6854	5544	209161	1277318
湖　南	41	26746	25571	1363521	5297268
西部地区	**94**	**92182**	**83837**	**5317448**	**14528683**
内蒙古	5	2948	1876	441759	556826
广　西	14	11284	10301	361403	1821534
重　庆	20	16475	13982	470006	3508687
四　川	26	41055	38994	1567681	5906703
贵　州	7	3165	2831	68064	951067
云　南	4	4137	3784	39880	161131
西　藏					
陕　西	2	2183	2036	53300	26915
甘　肃	2	2400	2387	63000	66973
青　海					
宁　夏	4	2242	1913	174813	189877
新　疆	10	6293	5733	2077542	1338970

2-8 续表 4

(其他综合市场)

地　区	市场数量(个)	总摊位数(个)	年末出租摊位数(个)	营业面积(平方米)	成交额(万元)
全　国	**337**	**333142**	**303730**	**17074619**	**37581174**
东部地区	**140**	**107206**	**97970**	**6293317**	**15903028**
北　京	4	7877	7260	271538	1797494
天　津	10	9409	8226	854509	1659315
河　北	16	15231	14624	719848	1763710
上　海	7	2741	2741	113703	386375
江　苏	26	25379	21030	1415773	3675582
浙　江	24	12250	11354	970071	4371534
福　建	11	5303	5182	380217	950180
山　东	27	21575	20498	1314436	820287
广　东	13	5779	5393	241422	353750
海　南	2	1662	1662	11800	124801
东北地区	**28**	**30154**	**28539**	**1154375**	**4114152**
辽　宁	18	20691	19149	865175	3834440
吉　林	6	5923	5923	215740	196937
黑龙江	4	3540	3467	73460	82775
中部地区	**114**	**115677**	**108949**	**5657539**	**13051169**
山　西	4	12334	12049	1222959	4084431
安　徽	14	14016	12885	1502878	2018333
江　西	18	15598	13605	650262	2786086
河　南	9	32611	31862	989124	530703
湖　北	14	8073	7665	289658	1496424
湖　南	55	33045	30883	1002658	2135192
西部地区	**55**	**80105**	**68272**	**3969388**	**4512825**
内蒙古	3	4567	4068	304135	550941
广　西	8	10117	9509	185675	416216
重　庆	12	8790	8437	596686	887635
四　川	8	5759	5393	295291	357620
贵　州	5	13293	9563	492138	174365
云　南	4	4243	3932	105922	183535
西　藏					
陕　西	2	952	939	49200	61876
甘　肃	1	4550	1534	540	46629
青　海					
宁　夏	2	1502	1353	61150	136245
新　疆	10	26332	23544	1878651	1697763

2-8　续表 5

(专业市场)

地　区	市场数量(个)	总摊位数(个)	年末出租摊位数(个)	营业面积(平方米)	成交额(万元)
全　国	**3647**	**2542808**	**2255403**	**221127053**	**779612002**
东部地区	**2210**	**1511485**	**1349898**	**134417480**	**559091988**
北　京	94	71542	60373	3891403	17269172
天　津	45	24234	21992	3208348	13134276
河　北	182	222717	183133	19997504	32185013
上　海	118	48607	45639	6214314	83687342
江　苏	400	276694	249525	25501226	143971075
浙　江	521	333310	300874	21013242	121843174
福　建	97	32593	31050	2769438	14257869
山　东	488	332620	312222	34422624	86732818
广　东	260	166523	142445	16643243	45644921
海　南	5	2645	2645	756138	366328
东北地区	**261**	**211339**	**192070**	**11983793**	**47312485**
辽　宁	155	131223	121007	7243000	33361645
吉　林	45	38185	33910	2328782	6406609
黑龙江	61	41931	37153	2412011	7544231
中部地区	**612**	**362205**	**333775**	**29843495**	**83818337**
山　西	28	13752	13289	1107599	1494186
安　徽	82	60248	53784	5765593	15648966
江　西	57	36099	34119	2838090	8564464
河　南	132	92466	83733	9383935	24628207
湖　北	113	54418	51605	3843482	16133506
湖　南	200	105222	97245	6904796	17349008
西部地区	**564**	**457779**	**379660**	**44882285**	**89389192**
内蒙古	61	30704	29057	6747863	4571736
广　西	68	47930	43331	3732779	9076157
重　庆	103	50485	46302	5069131	21933489
四　川	80	123172	80764	9038078	18937664
贵　州	49	27290	23714	2094110	5642360
云　南	39	59594	51304	3569372	6902351
西　藏					
陕　西	46	30806	28567	2243345	4331867
甘　肃	29	21171	19491	1358758	3803852
青　海	8	4731	4721	278368	273118
宁　夏	27	23119	20013	3668764	2751235
新　疆	54	38777	32396	7081717	11165363

2-8 续表 6

(生产资料市场)

地　区	市场数量 (个)	总摊位数 (个)	年末出租摊位数 (个)	营业面积 (平方米)	成交额 (万元)
全　国	**693**	**345140**	**293442**	**68611999**	**303864390**
东部地区	**416**	**194453**	**172003**	**38174656**	**236332470**
北　京	12	4286	4063	358269	690258
天　津	15	5204	4391	769032	7117791
河　北	34	26336	23680	6250196	5398827
上　海	30	7175	6743	3545405	70585100
江　苏	94	61637	50947	7056448	65517374
浙　江	100	39156	36337	4871249	38452343
福　建	14	3611	3472	837322	4028151
山　东	90	33800	31078	10931923	32511121
广　东	26	12468	10512	2874812	11736505
海　南	1	780	780	680000	295000
东北地区	**45**	**21154**	**20223**	**3728406**	**13030901**
辽　宁	25	10341	9532	2022206	10685510
吉　林	11	5435	5419	739200	477021
黑龙江	9	5378	5272	967000	1868370
中部地区	**102**	**41607**	**37878**	**7311602**	**21797012**
山　西	4	542	464	99181	160649
安　徽	13	5892	5424	1279234	5456542
江　西	7	4475	4322	284435	819360
河　南	17	5742	4830	2945929	7581986
湖　北	18	5684	5534	544777	3075388
湖　南	43	19272	17304	2158046	4703087
西部地区	**130**	**87926**	**63338**	**19397335**	**32704007**
内蒙古	12	2837	2717	3752807	1957780
广　西	18	6871	6205	1086633	4702525
重　庆	30	13025	12134	1883503	9597295
四　川	24	37895	19407	4744701	6693225
贵　州	9	2361	2251	282664	474561
云　南	6	1381	1242	226968	112458
西　藏					
陕　西	8	3591	3381	678500	768544
甘　肃	4	1691	1690	229066	1349248
青　海	1	22	22	1000	30271
宁　夏	6	3659	3084	1835341	959340
新　疆	12	14593	11205	4676152	6058760

2-8 续表 7

(农业生产用具市场)

地 区	市场数量 (个)	总摊位数 (个)	年末出租摊位数 (个)	营业面积 (平方米)	成交额 (万元)
全 国	**20**	**6857**	**5744**	**1487442**	**2115061**
东部地区	**11**	**4122**	**3899**	**989786**	**1427617**
北 京					
天 津					
河 北	4	2967	2762	687520	1126366
上 海					
江 苏	1	348	348	18251	52950
浙 江					
福 建					
山 东	5	627	609	169000	203491
广 东	1	180	180	115015	44810
海 南					
东北地区					
辽 宁					
吉 林					
黑龙江					
中部地区	**5**	**1943**	**1251**	**252000**	**548109**
山 西					
安 徽	1	556	556	80000	275000
江 西	1	457	332	8000	125874
河 南	1	360	260	56000	73000
湖 北					
湖 南	2	570	103	108000	74235
西部地区	**4**	**792**	**594**	**245656**	**139335**
内蒙古	2	61	61	180006	72330
广 西					
重 庆					
四 川					
贵 州					
云 南					
西 藏					
陕 西					
甘 肃					
青 海					
宁 夏	1	183	183	16144	48383
新 疆	1	548	350	49506	18622

2-8 续表 8

(农用生产资料市场)

地　区	市场数量（个）	总摊位数（个）	年末出租摊位数（个）	营业面积（平方米）	成交额（万元）
全　国	**30**	**6707**	**6303**	**1090445**	**1759164**
东部地区	**14**	**3757**	**3534**	**572536**	**991098**
北　京					
天　津					
河　北	2	2032	2027	301800	105020
上　海					
江　苏	3	436	390	125250	238039
浙　江	1	185	145	6880	34942
福　建	2	348	249	23750	316625
山　东	5	755	722	70900	283757
广　东	1	1	1	43956	12715
海　南					
东北地区	**2**	**99**	**99**	**9500**	**35321**
辽　宁					
吉　林	1	60	60	8500	20101
黑龙江	1	39	39	1000	15220
中部地区	**4**	**738**	**726**	**105340**	**152713**
山　西					
安　徽	1	116	116	2340	13065
江　西					
河　南	1	560	560	66000	58000
湖　北					
湖　南	2	62	50	37000	81648
西部地区	**10**	**2113**	**1944**	**403069**	**580032**
内蒙古	2	175	175	226674	67600
广　西	4	1004	996	77942	257145
重　庆	1	380	300	35017	180000
四　川					
贵　州					
云　南	1	316	316	7268	11500
西　藏					
陕　西					
甘　肃					
青　海					
宁　夏					
新　疆	2	238	157	56168	63787

2-8　续表 9

(煤炭市场)

地　区	市场数量（个）	总摊位数（个）	年末出租摊位数（个）	营业面积（平方米）	成交额（万元）
全　国	**12**	**2170**	**1905**	**5505880**	**5095466**
东部地区	**6**	**1209**	**981**	**2141050**	**4346252**
北　京					
天　津	3	1036	808	201400	2552950
河　北	2	118	118	1534650	126500
上　海					
江　苏					
浙　江	1	55	55	405000	1666802
福　建					
山　东					
广　东					
海　南					
东北地区					
辽　宁					
吉　林					
黑龙江					
中部地区	**3**	**13**	**9**	**6780**	**156617**
山　西	2	10	6	4180	55117
安　徽					
江　西					
河　南					
湖　北	1	3	3	2600	101500
湖　南					
西部地区	**3**	**948**	**915**	**3358050**	**592597**
内蒙古	1	30	30	2000100	382000
广　西					
重　庆					
四　川					
贵　州					
云　南					
西　藏					
陕　西					
甘　肃					
青　海					
宁　夏	1	858	855	1355400	196358
新　疆	1	60	30	2550	14239

2-8 续表 10

(木材市场)

地区	市场数量(个)	总摊位数(个)	年末出租摊位数(个)	营业面积(平方米)	成交额(万元)
全国	**53**	**20509**	**19442**	**5530502**	**7520237**
东部地区	**44**	**18269**	**17304**	**4153742**	**6892813**
北京	1	300	300	20000	10341
天津					
河北					
上海	5	331	331	117396	211119
江苏	8	4673	4197	475960	819363
浙江	11	6351	6327	888966	1568265
福建	1	424	424	199980	120601
山东	15	4367	3902	2197940	3168524
广东	3	1823	1823	253500	994600
海南					
东北地区	**2**	**368**	**352**	**227800**	**49845**
辽宁	1	200	200	2800	37840
吉林	1	168	152	225000	12005
黑龙江					
中部地区	**2**	**950**	**887**	**99000**	**65024**
山西					
安徽					
江西					
河南					
湖北	1	400	371	34000	45687
湖南	1	550	516	65000	19337
西部地区	**5**	**922**	**899**	**1049960**	**512555**
内蒙古	1	134	134	666700	253787
广西	2	268	268	163000	74400
重庆	2	520	497	220260	184368
四川					
贵州					
云南					
西藏					
陕西					
甘肃					
青海					
宁夏					
新疆					

2-8 续表 11

(建材市场)

地区	市场数量（个）	总摊位数（个）	年末出租摊位数（个）	营业面积（平方米）	成交额（万元）
全国	**211**	**131436**	**102101**	**23134249**	**19584605**
东部地区	**104**	**56125**	**48458**	**10317220**	**10125553**
北京	8	3070	2962	260600	415976
天津	3	2367	2059	253000	175288
河北	6	4207	3636	903520	207411
上海	8	1580	1552	2779460	837602
江苏	33	25484	19642	2573814	2821547
浙江	16	4703	4411	735945	1600852
福建	6	2001	1974	420476	1155172
山东	21	10912	10573	1503119	2347220
广东	2	1021	869	207286	269485
海南	1	780	780	680000	295000
东北地区	**12**	**6747**	**6566**	**1219371**	**1113546**
辽宁	6	1805	1624	605171	680548
吉林	3	936	936	108200	99948
黑龙江	3	4006	4006	506000	333050
中部地区	**47**	**20661**	**19576**	**2825395**	**3845205**
山西	1	372	372	15000	27532
安徽	6	3099	2742	811156	517492
江西	5	3339	3311	230414	654483
河南	5	1524	1085	1085886	1116850
湖北	7	2187	2130	219000	546523
湖南	23	10140	9936	463939	982325
西部地区	**48**	**47903**	**27501**	**8772263**	**4500301**
内蒙古	3	870	812	149000	215483
广西	6	2690	2366	265200	246862
重庆	8	2735	2417	453031	946178
四川	14	30227	12698	3342773	2056943
贵州	5	842	732	91164	159852
云南	3	540	526	90193	35588
西藏					
陕西	6	2581	2512	493300	157544
甘肃	1	32	32	11066	30116
青海					
宁夏					
新疆	2	7386	5406	3876536	651735

2-8 续表 12

(化工材料及制品市场)

地 区	市场数量(个)	总摊位数(个)	年末出租摊位数(个)	营业面积(平方米)	成交额(万元)
全 国	**36**	**23981**	**21896**	**2269817**	**30969037**
东部地区	**30**	**21593**	**19979**	**2123657**	**30512787**
北 京					
天 津	1	311	306	9638	327230
河 北	3	804	759	84534	426221
上 海	1	495	495	13000	530900
江 苏	8	8410	8013	470539	13557777
浙 江	7	4112	3636	504800	8156089
福 建	1	85	85	12500	35252
山 东	5	3404	3258	371626	3258842
广 东	4	3972	3427	657020	4220476
海 南					
东北地区	**1**	**116**	**116**	**4300**	**14210**
辽 宁	1	116	116	4300	14210
吉 林					
黑龙江					
中部地区	**4**	**1906**	**1435**	**76400**	**182040**
山 西					
安 徽	1	550	514	3800	30665
江 西					
河 南					
湖 北					
湖 南	3	1356	921	72600	151375
西部地区	**1**	**366**	**366**	**65460**	**260000**
内蒙古					
广 西					
重 庆					
四 川	1	366	366	65460	260000
贵 州					
云 南					
西 藏					
陕 西					
甘 肃					
青 海					
宁 夏					
新 疆					

2-8　续表 13

(金属材料市场)

地　区	市场数量(个)	总摊位数(个)	年末出租摊位数(个)	营业面积(平方米)	成交额(万元)
全　国	**250**	**107492**	**93639**	**24775967**	**211556567**
东部地区	**164**	**69703**	**59311**	**15301216**	**166945687**
北　京	1	269	269	23600	31984
天　津	8	1490	1218	304994	4062323
河　北	15	15325	13495	2546097	3280537
上　海	13	4342	3967	627141	62483253
江　苏	35	17976	14218	3197674	46129322
浙　江	45	17326	16132	2102929	21606839
福　建	3	323	310	148936	2298878
山　东	32	9148	7457	5424510	21673208
广　东	12	3504	2245	925335	5379343
海　南					
东北地区	**20**	**10969**	**10301**	**1857392**	**5412117**
辽　宁	14	7357	6767	1376392	3778754
吉　林	2	2429	2429	141000	199263
黑龙江	4	1183	1105	340000	1434100
中部地区	**28**	**10111**	**9499**	**3717460**	**16127645**
山　西	1	160	86	80001	78000
安　徽	4	1571	1496	381938	4620320
江　西	1	679	679	46021	39003
河　南	10	3298	2925	1738043	6334136
湖　北	8	2754	2698	283177	2350551
湖　南	4	1649	1615	1188280	2705635
西部地区	**38**	**16709**	**14528**	**3899899**	**23071118**
内蒙古	2	341	279	390000	429700
广　西	4	1559	1548	440491	3837500
重　庆	11	5068	4637	793425	7460845
四　川	5	2693	1921	1022468	3531282
贵　州	4	1519	1519	191500	314709
云　南	1	60	10	66000	50370
西　藏					
陕　西	1	210	79	5200	450000
甘　肃	3	1659	1658	218000	1319132
青　海	1	22	22	1000	30271
宁　夏	3	2322	1750	429071	686256
新　疆	3	1256	1105	342744	4961053

2-8 续表 14

(机械设备市场)

地　区	市场数量（个）	总摊位数（个）	年末出租摊位数（个）	营业面积（平方米）	成交额（万元）
全　国	**46**	**28083**	**26289**	**2440909**	**7380053**
东部地区	**25**	**12885**	**12191**	**1334566**	**4933515**
北　京	1	377	262	33000	135000
天　津					
河　北	2	883	883	192075	126772
上　海	1	187	158	5000	84226
江　苏	5	3610	3439	176960	1818486
浙　江	10	3614	3253	93260	1034140
福　建					
山　东	4	3197	3179	341571	1286565
广　东	2	1017	1017	492700	448326
海　南					
东北地区					
辽　宁					
吉　林					
黑龙江					
中部地区	**7**	**4609**	**3820**	**195110**	**681916**
山　西					
安　徽					
江　西					
河　南					
湖　北	1	340	332	6000	31127
湖　南	6	4269	3488	189110	650789
西部地区	**14**	**10589**	**10278**	**911233**	**1764622**
内蒙古					
广　西	1	500	500	30000	100100
重　庆	5	2719	2680	240000	575179
四　川	4	4609	4422	314000	845000
贵　州					
云　南	1	465	390	63507	15000
西　藏					
陕　西	1	800	790	180000	161000
甘　肃					
青　海					
宁　夏	1	296	296	34726	28343
新　疆	1	1200	1200	49000	40000

2-8　续表 15

(其他生产资料市场)

地　区	市场数量(个)	总摊位数(个)	年末出租摊位数(个)	营业面积(平方米)	成交额(万元)
全　国	**35**	**17905**	**16123**	**2376788**	**17884200**
东部地区	**18**	**6790**	**6346**	**1240883**	**10157148**
北　京	1	270	270	21069	96957
天　津					
河　北					
上　海	2	240	240	3408	6438000
江　苏	1	700	700	18000	79890
浙　江	9	2810	2378	133469	2784414
福　建	1	430	430	31680	101623
山　东	3	1390	1378	853257	289514
广　东	1	950	950	180000	366750
海　南					
东北地区	**8**	**2855**	**2789**	**410043**	**6405862**
辽　宁	3	863	825	33543	6174158
吉　林	4	1842	1842	256500	145704
黑龙江	1	150	122	120000	86000
中部地区	**2**	**676**	**675**	**34117**	**37743**
山　西					
安　徽					
江　西					
河　南					
湖　北					
湖　南	2	676	675	34117	37743
西部地区	**7**	**7584**	**6313**	**691745**	**1283447**
内蒙古	1	1226	1226	140327	536880
广　西	1	850	527	110000	186518
重　庆	3	1603	1603	141770	250725
四　川					
贵　州					
云　南					
西　藏					
陕　西					
甘　肃					
青　海					
宁　夏					
新　疆	2	3905	2957	299648	309324

2-8 续表 16

(农产品市场)

地　区	市场数量(个)	总摊位数(个)	年末出租摊位数(个)	营业面积(平方米)	成交额(万元)
全　国	**999**	**645127**	**565365**	**42753631**	**155078289**
东部地区	**629**	**451547**	**392206**	**27815499**	**101519451**
北　京	18	20657	11161	932739	4335688
天　津	11	8234	7662	926928	2976959
河　北	76	103471	80809	4127758	8635740
上　海	30	11907	10896	982039	5064805
江　苏	104	49521	43558	3508145	14501707
浙　江	128	73245	66076	2733343	21094881
福　建	36	9648	9251	591876	4489947
山　东	156	146249	137401	11933954	28884983
广　东	69	27759	24536	2073717	11507957
海　南	1	856	856	5000	26784
东北地区	**66**	**23837**	**21240**	**2289258**	**7100735**
辽　宁	39	13831	11905	1438740	3197546
吉　林	10	5504	5328	378538	1261152
黑龙江	17	4502	4007	471980	2642037
中部地区	**155**	**82238**	**75007**	**5486089**	**25145603**
山　西	7	3487	3212	284616	748946
安　徽	25	12576	10619	869129	2265162
江　西	18	10257	9811	459651	3463561
河　南	36	26055	23814	2335645	10441613
湖　北	23	12540	12018	782077	4781294
湖　南	46	17323	15533	754971	3445027
西部地区	**149**	**87505**	**76912**	**7162785**	**21312500**
内蒙古	22	9993	8954	1663070	1039097
广　西	16	12293	11991	710761	1852375
重　庆	19	10788	9014	620439	4071821
四　川	17	10417	9354	427028	2202321
贵　州	14	5287	4900	273448	2362689
云　南	9	4516	4413	386953	2021888
西　藏					
陕　西	12	6469	5745	385312	1597035
甘　肃	12	10313	8783	388449	1531833
青　海	2	566	560	133203	50394
宁　夏	11	10183	7759	978495	1435379
新　疆	15	6680	5439	1195627	3147668

2-8　续表 17

(粮油市场)

地　区	市场数量(个)	总摊位数(个)	年末出租摊位数(个)	营业面积(平方米)	成交额(万元)
全　国	**105**	**37819**	**33430**	**3698692**	**17537303**
东部地区	**71**	**28635**	**25727**	**2889267**	**11767370**
北　京	3	2188	2056	200000	1781730
天　津	3	1640	1640	174410	607135
河　北	6	716	653	413293	343303
上　海	6	859	859	30540	252980
江　苏	10	5182	4310	643850	1925177
浙　江	17	4987	3701	449139	2788426
福　建	3	405	388	72100	227368
山　东	17	10670	10601	716808	3050588
广　东	6	1988	1519	189127	790663
海　南					
东北地区	**5**	**955**	**955**	**227358**	**799018**
辽　宁	3	696	696	200000	290392
吉　林					
黑龙江	2	259	259	27358	508626
中部地区	**13**	**4730**	**3323**	**247016**	**2385792**
山　西	1	145	145	17000	80000
安　徽	1	122	122	20000	23130
江　西	2	91	91	4900	474166
河　南	4	2886	1711	122895	1410256
湖　北	1	210	210	24000	11800
湖　南	4	1276	1044	58221	386440
西部地区	**16**	**3499**	**3425**	**335051**	**2585123**
内蒙古	4	291	291	146280	128092
广　西					
重　庆	1	1000	1000	8000	86335
四　川	2	637	610	32000	167685
贵　州	3	579	579	42480	1443813
云　南	1	22	22	4931	227263
西　藏					
陕　西	1	232	232	5496	274987
甘　肃	2	465	460	63000	207521
青　海					
宁　夏	1	65	58	7864	13827
新　疆	1	208	173	25000	35600

2-8 续表 18

(肉禽蛋市场)

地　区	市场数量(个)	总摊位数(个)	年末出租摊位数(个)	营业面积(平方米)	成交额(万元)
全　国	**126**	**50107**	**44873**	**2957651**	**13282633**
东部地区	**77**	**25663**	**23142**	**1472871**	**8619505**
北　京	2	169	169	11500	36501
天　津					
河　北	5	1698	1663	247812	804715
上　海	5	855	703	22950	814555
江　苏	29	9457	7953	371498	3027510
浙　江	12	2945	2900	106610	1438145
福　建	3	817	710	11469	172404
山　东	7	3627	3243	97840	185925
广　东	14	6095	5801	603192	2139750
海　南					
东北地区	**6**	**2941**	**1347**	**60355**	**354568**
辽　宁	4	2404	810	48200	134713
吉　林					
黑龙江	2	537	537	12155	219855
中部地区	**17**	**6220**	**5806**	**246152**	**1303577**
山　西					
安　徽	4	1438	1105	80132	335425
江　西	5	2064	2064	67960	764887
河　南	1	643	643	35200	41765
湖　北	1	260	258	1800	13834
湖　南	6	1815	1736	61060	147666
西部地区	**26**	**15283**	**14578**	**1178273**	**3004983**
内蒙古	3	684	679	30000	61630
广　西	7	7207	7080	104624	466297
重　庆	3	1501	1325	98770	1858078
四　川	2	1734	1712	57080	53504
贵　州	1	508	508	3400	15883
云　南	2	1215	1212	22870	66785
西　藏					
陕　西	1	1200	1006	31526	17032
甘　肃					
青　海					
宁　夏	3	726	558	107774	123269
新　疆	4	508	498	722229	342505

2-8 续表 19

(水产品市场)

地 区	市场数量(个)	总摊位数(个)	年末出租摊位数(个)	营业面积(平方米)	成交额(万元)
全 国	**145**	**107165**	**98509**	**4826168**	**31571881**
东部地区	**116**	**94660**	**86236**	**3683010**	**23625006**
北 京	3	2303	2010	75830	1043013
天 津	1	220	142	8000	471000
河 北	4	2601	2560	68000	118135
上 海	5	2659	2582	225640	1886044
江 苏	24	9101	7850	773185	2767046
浙 江	30	31349	29519	606905	5369352
福 建	10	3041	2938	142379	2743295
山 东	23	39166	34967	1488512	6775525
广 东	16	4220	3668	294559	2451596
海 南					
东北地区	**9**	**3189**	**3189**	**386580**	**1829551**
辽 宁	7	1944	1944	258200	1174551
吉 林	1	1205	1205	120601	634000
黑 龙 江	1	40	40	7779	21000
中部地区	**15**	**7388**	**7318**	**642206**	**5396952**
山 西					
安 徽	1	352	352	51000	117916
江 西	1	820	820	43000	401220
河 南	4	1625	1619	136581	1227301
湖 北	4	3574	3525	319055	2473787
湖 南	5	1017	1002	92570	1176728
西部地区	**5**	**1928**	**1766**	**114372**	**720372**
内 蒙 古					
广 西	1	406	401	2106	17483
重 庆	2	714	557	88066	671000
四 川					
贵 州					
云 南					
西 藏					
陕 西	1	720	720	23000	21319
甘 肃	1	88	88	1200	10570
青 海					
宁 夏					
新 疆					

2-8 续表 20

(蔬菜市场)

地区	市场数量(个)	总摊位数(个)	年末出租摊位数(个)	营业面积(平方米)	成交额(万元)
全国	**304**	**249711**	**212648**	**15517178**	**37715572**
东部地区	**177**	**173048**	**143707**	**10496154**	**23210859**
北京	4	9096	1768	172400	157731
天津	5	4680	4386	448292	590786
河北	45	72873	56446	2598029	4093939
上海	4	1124	1102	336082	770728
江苏	17	9197	8408	458976	2204753
浙江	22	10946	9132	523689	3031016
福建	6	1175	1139	197944	555591
山东	65	60131	57804	5381442	10839430
广东	9	3826	3522	379300	966885
海南					
东北地区	**21**	**7286**	**6901**	**621640**	**2254619**
辽宁	13	4952	4942	414640	848726
吉林	3	812	812	56800	352032
黑龙江	5	1522	1147	150200	1053861
中部地区	**53**	**29885**	**28076**	**1987451**	**5762293**
山西	4	3007	2732	224800	624446
安徽	11	4926	4677	386139	750548
江西	3	1016	1016	86500	201428
河南	18	13750	12754	879153	2800759
湖北	7	1965	1757	120227	171272
湖南	10	5221	5140	290632	1213840
西部地区	**53**	**39492**	**33964**	**2411933**	**6487801**
内蒙古	4	6061	5061	284590	194643
广西	3	1579	1576	336620	580745
重庆	7	4545	3129	285076	639092
四川	7	4270	3889	175870	947270
贵州	5	2048	1747	63468	207998
云南	3	1379	1279	186072	589716
西藏					
陕西	8	3987	3662	286990	1245797
甘肃	7	8705	7180	248249	616274
青海	1	210	210	17000	19371
宁夏	3	3568	3568	292000	359643
新疆	5	3140	2663	235998	1087252

2-8 续表 21

(干鲜果品市场)

地 区	市场数量(个)	总摊位数(个)	年末出租摊位数(个)	营业面积(平方米)	成交额(万元)
全 国	**136**	**76977**	**68118**	**5776615**	**24845498**
东部地区	**80**	**51532**	**46674**	**3288254**	**16522210**
北 京	3	2819	1191	270774	158332
天 津					
河 北	8	9398	9249	263154	2231416
上 海	3	205	205	145927	185596
江 苏	9	6279	5376	337717	1604079
浙 江	18	8124	7581	534356	3783419
福 建	5	455	454	80400	313103
山 东	26	20836	19762	1163681	3924004
广 东	8	3416	2856	492245	4322261
海 南					
东北地区	**11**	**2421**	**2203**	**538688**	**1369680**
辽 宁	5	1150	1070	281000	596914
吉 林	2	178	144	47700	81005
黑龙江	4	1093	989	209988	691761
中部地区	**24**	**10664**	**10070**	**727641**	**2632935**
山 西	2	335	335	42816	44500
安 徽	1	390	390	33350	75200
江 西	3	1173	1173	83851	938982
河 南	5	2181	2121	209016	117769
湖 北	5	4902	4698	226775	1255329
湖 南	8	1683	1353	131833	201155
西部地区	**21**	**12360**	**9171**	**1222032**	**4320673**
内蒙古	1	20	20	180000	31890
广 西	2	609	442	23035	131225
重 庆	2	1168	1168	60787	474410
四 川	4	1788	1158	60010	83936
贵 州	4	966	966	59100	386417
云 南	1	600	600	100000	800000
西 藏					
陕 西	1	330	125	38300	37900
甘 肃	1	415	415	34800	134858
青 海					
宁 夏	2	4052	2584	521000	660580
新 疆	3	2412	1693	145000	1579457

2-8 续表 22

(棉麻土畜、烟叶市场)

地　区	市场数量（个）	总摊位数（个）	年末出租摊位数（个）	营业面积（平方米）	成交额（万元）
全　国	**21**	**21026**	**14725**	**3988724**	**6654345**
东部地区	**15**	**19036**	**12739**	**3358874**	**6341830**
北　京					
天　津					
河　北	3	14000	8090	293410	829860
上　海					
江　苏	2	2440	2413	430484	2325494
浙　江	3	787	547	86700	843879
福　建					
山　东	7	1809	1689	2548280	2342597
广　东					
海　南					
东北地区	**1**	**800**	**800**	**120000**	**13520**
辽　宁	1	800	800	120000	13520
吉　林					
黑龙江					
中部地区	**2**	**456**	**452**	**49850**	**102995**
山　西					
安　徽	1	376	376	16850	44975
江　西					
河　南	1	80	76	33000	58020
湖　北					
湖　南					
西部地区	**3**	**734**	**734**	**460000**	**196000**
内蒙古	3	734	734	460000	196000
广　西					
重　庆					
四　川					
贵　州					
云　南					
西　藏					
陕　西					
甘　肃					
青　海					
宁　夏					
新　疆					

2-8 续表 23

(其他农产品市场)

地 区	市场数量（个）	总摊位数（个）	年末出租摊位数（个）	营业面积（平方米）	成交额（万元）
全 国	**162**	**102322**	**93062**	**5988603**	**23471057**
东部地区	**93**	**58973**	**53981**	**2627069**	**11432671**
北 京	3	4082	3967	202235	1158381
天 津	2	1694	1494	296226	1308038
河 北	5	2185	2148	244060	214372
上 海	7	6205	5445	220900	1154902
江 苏	13	7865	7248	492435	647648
浙 江	26	14107	12696	425944	3840644
福 建	9	3755	3622	87584	478186
山 东	11	10010	9335	537391	1766914
广 东	16	8214	7170	115294	836802
海 南	1	856	856	5000	26784
东北地区	**13**	**6245**	**5845**	**334637**	**479779**
辽 宁	6	1885	1643	116700	138730
吉 林	4	3309	3167	153437	194115
黑龙江	3	1051	1035	64500	146934
中部地区	**31**	**22895**	**19962**	**1585773**	**7561059**
山 西					
安 徽	6	4972	3597	281658	917968
江 西	4	5093	4647	173440	682878
河 南	3	4890	4890	919800	4785743
湖 北	5	1629	1570	90220	855272
湖 南	13	6311	5258	120655	319198
西部地区	**25**	**14209**	**13274**	**1441124**	**3997548**
内蒙古	7	2203	2169	562200	426842
广 西	3	2492	2492	244376	656625
重 庆	4	1860	1835	79740	342906
四 川	2	1988	1985	102068	949926
贵 州	1	1186	1100	105000	308578
云 南	2	1300	1300	73080	338124
西 藏					
陕 西					
甘 肃	1	640	640	41200	562610
青 海	1	356	350	116203	31023
宁 夏	2	1772	991	49857	278060
新 疆	2	412	412	67400	102854

2-8 续表 24

(食品、饮料及烟酒市场)

地　区	市场数量(个)	总摊位数(个)	年末出租摊位数(个)	营业面积(平方米)	成交额(万元)
全　国	**130**	**89305**	**72041**	**3861698**	**13138723**
东部地区	**80**	**56946**	**44025**	**2755338**	**7825391**
北　京	1	150	150	7000	23585
天　津	3	2387	2376	273300	551618
河　北	3	1555	1555	17200	224869
上　海	2	652	648	38000	57699
江　苏	13	3908	3082	347327	1090399
浙　江	15	19663	9658	583749	2770773
福　建	7	3515	2894	212539	473779
山　东	27	21008	19784	1058050	2437633
广　东	8	3714	3484	160373	182885
海　南	1	394	394	57800	12151
东北地区	**7**	**6640**	**5984**	**107648**	**1812984**
辽　宁	3	3842	3226	76948	603296
吉　林	1	101	101	1300	15449
黑龙江	3	2697	2657	29400	1194239
中部地区	**23**	**12087**	**9815**	**428900**	**1740182**
山　西	1	120	80	3500	10210
安　徽	4	2881	2674	197935	506592
江　西	2	1034	1034	21600	169614
河　南	3	577	577	41123	193889
湖　北	6	2966	2794	77520	475627
湖　南	7	4509	2656	87222	384250
西部地区	**20**	**13632**	**12217**	**569812**	**1760166**
内蒙古					
广　西	8	4693	3766	83903	284893
重　庆	3	1572	1572	27066	151819
四　川	2	2825	2456	248750	340505
贵　州	2	1060	995	25456	555170
云　南	2	716	716	61624	75914
西　藏					
陕　西	1	1616	1616	51000	73090
甘　肃	1	950	950	65000	250700
青　海					
宁　夏					
新　疆	1	200	146	7013	28075

2-8 续表 25

(食品饮料市场)

地区	市场数量(个)	总摊位数(个)	年末出租摊位数(个)	营业面积(平方米)	成交额(万元)
全国	**43**	**32015**	**28388**	**1145525**	**3988745**
东部地区	**23**	**16541**	**15749**	**615808**	**2172342**
北京					
天津	1	212	212	500	25867
河北	2	1477	1477	12400	160369
上海					
江苏	3	780	498	95652	196425
浙江	3	1602	1598	67693	607814
福建	1	681	490	15000	39509
山东	8	8981	8896	301590	1071472
广东	5	2808	2578	122973	70886
海南					
东北地区	**3**	**4012**	**3374**	**76078**	**605519**
辽宁	2	3462	2864	69078	592224
吉林					
黑龙江	1	550	510	7000	13295
中部地区	**9**	**4265**	**3401**	**128790**	**596690**
山西					
安徽					
江西	1	734	734	7600	152814
河南	2	490	490	35307	180560
湖北	3	815	755	43500	136116
湖南	3	2226	1422	42383	127200
西部地区	**8**	**7197**	**5864**	**324849**	**614194**
内蒙古					
广西	2	2600	1690	42020	93795
重庆	3	1572	1572	27066	151819
四川	2	2825	2456	248750	340505
贵州					
云南					
西藏					
陕西					
甘肃					
青海					
宁夏					
新疆	1	200	146	7013	28075

2-8 续表 26

(茶叶市场)

地　区	市场数量(个)	总摊位数(个)	年末出租摊位数(个)	营业面积(平方米)	成交额(万元)
全　国	**25**	**21514**	**11474**	**873184**	**2470912**
东部地区	**16**	**16675**	**6812**	**592560**	**1851867**
北　京	1	150	150	7000	23585
天　津					
河　北					
上　海	2	652	648	38000	57699
江　苏					
浙　江	6	12451	2636	236560	1029851
福　建	2	1808	1764	61000	306478
山　东	3	1160	1160	220000	342188
广　东	2	454	454	30000	92066
海　南					
东北地区					
辽　宁					
吉　林					
黑龙江					
中部地区	**3**	**2147**	**2035**	**151300**	**320540**
山　西					
安　徽	1	812	812	135000	169130
江　西					
河　南					
湖　北	2	1335	1223	16300	151410
湖　南					
西部地区	**6**	**2692**	**2627**	**129324**	**298505**
内蒙古					
广　西	2	240	240	12500	111977
重　庆					
四　川					
贵　州	1	120	55	4200	37524
云　南	2	716	716	61624	75914
西　藏					
陕　西	1	1616	1616	51000	73090
甘　肃					
青　海					
宁　夏					
新　疆					

2-8　续表 27

（烟酒市场）

地　区	市场数量（个）	总摊位数（个）	年末出租摊位数（个）	营业面积（平方米）	成交额（万元）
全　国	**14**	**6212**	**4844**	**339317**	**763313**
东部地区	**11**	**4590**	**4145**	**306050**	**699145**
北　京					
天　津					
河　北	1	78	78	4800	64500
上　海					
江　苏	1	200	190	3200	28266
浙　江	1	400	389	120000	80461
福　建					
山　东	8	3912	3488	178050	525918
广　东					
海　南					
东北地区					
辽　宁					
吉　林					
黑龙江					
中部地区	**3**	**1622**	**699**	**33267**	**64168**
山　西					
安　徽					
江　西	1	300	300	14000	16800
河　南	1	87	87	5816	13329
湖　北					
湖　南	1	1235	312	13451	34039
西部地区					
内蒙古					
广　西					
重　庆					
四　川					
贵　州					
云　南					
西　藏					
陕　西					
甘　肃					
青　海					
宁　夏					
新　疆					

2-8 续表 28

(其他食品饮料及烟酒市场)

地　区	市场数量(个)	总摊位数(个)	年末出租摊位数(个)	营业面积(平方米)	成交额(万元)
全　国	**48**	**29564**	**27335**	**1503672**	**5915753**
东部地区	**30**	**19140**	**17319**	**1240920**	**3102037**
北　京					
天　津	2	2175	2164	272800	525751
河　北					
上　海					
江　苏	9	2928	2394	248475	865708
浙　江	5	5210	5035	159496	1052647
福　建	4	1026	640	136539	127792
山　东	8	6955	6240	358410	498055
广　东	1	452	452	7400	19933
海　南	1	394	394	57800	12151
东北地区	**4**	**2628**	**2610**	**31570**	**1207465**
辽　宁	1	380	362	7870	11072
吉　林	1	101	101	1300	15449
黑龙江	2	2147	2147	22400	1180944
中部地区	**8**	**4053**	**3680**	**115543**	**758784**
山　西	1	120	80	3500	10210
安　徽	3	2069	1862	62935	337462
江　西					
河　南					
湖　北	1	816	816	17720	188101
湖　南	3	1048	922	31388	223011
西部地区	**6**	**3743**	**3726**	**115639**	**847467**
内蒙古					
广　西	4	1853	1836	29383	79121
重　庆					
四　川					
贵　州	1	940	940	21256	517646
云　南					
西　藏					
陕　西					
甘　肃	1	950	950	65000	250700
青　海					
宁　夏					
新　疆					

2-8 续表 29

（纺织、服装、鞋帽市场）

地 区	市场数量（个）	总摊位数（个）	年末出租摊位数（个）	营业面积（平方米）	成交额（万元）
全 国	**570**	**759735**	**706812**	**32160542**	**140994615**
东部地区	**308**	**413915**	**382886**	**20543943**	**109022925**
北 京	13	15968	15747	456073	460022
天 津	3	3144	3144	115300	256331
河 北	24	43583	37087	2421682	8056900
上 海	10	9971	9505	160384	805213
江 苏	36	83275	78680	4424272	42245727
浙 江	75	112041	109422	5632615	35629626
福 建	12	9286	9039	412289	2098011
山 东	67	60316	57861	2348637	7485829
广 东	67	75996	62066	4569853	11976706
海 南	1	335	335	2838	8560
东北地区	**62**	**105821**	**98248**	**2180376**	**14021182**
辽 宁	32	67859	64604	1456179	12291195
吉 林	10	14574	14302	262000	563557
黑 龙 江	20	23388	19342	462197	1166430
中部地区	**117**	**104895**	**100866**	**3937995**	**7615336**
山 西	9	6875	6875	354800	405725
安 徽	9	10777	10002	561526	888356
江 西	7	3793	3293	157066	683892
河 南	27	27811	26157	1217673	1554834
湖 北	22	17668	17044	620076	2032983
湖 南	43	37971	37495	1026854	2049546
西部地区	**83**	**135104**	**124812**	**5498228**	**10335172**
内 蒙 古	12	9383	8948	301252	336594
广 西	12	15632	14485	540475	651897
重 庆	6	3748	3476	241177	1494723
四 川	14	18324	15675	774011	1584264
贵 州	6	11460	11241	456511	1123819
云 南	3	39366	35975	1603897	2770573
西 藏					
陕 西	9	11041	10484	528942	740033
甘 肃	2	5159	5019	425000	411000
青 海	3	3481	3481	124000	119891
宁 夏	3	5292	5292	108000	188767
新 疆	13	12218	10736	394963	913611

2-8 续表 30

(布料及纺织品市场)

地　区	市场数量(个)	总摊位数(个)	年末出租摊位数(个)	营业面积(平方米)	成交额(万元)
全　国	**73**	**124167**	**110983**	**9598497**	**61156379**
东部地区	**57**	**112549**	**100772**	**9239486**	**60480052**
北　京					
天　津					
河　北	4	5687	5637	426000	1539640
上　海					
江　苏	9	21967	21443	2254620	25241131
浙　江	20	48238	47221	3151081	24661353
福　建	2	578	513	28980	376260
山　东	9	4029	3800	340006	1257955
广　东	13	32050	22158	3038799	7403713
海　南					
东北地区	**4**	**4043**	**3628**	**102137**	**104675**
辽　宁					
吉　林					
黑龙江	4	4043	3628	102137	104675
中部地区	**10**	**6008**	**5603**	**196874**	**500652**
山　西					
安　徽	2	2810	2758	65000	96360
江　西	1	270	270	27000	240000
河　南	3	2031	1681	81300	74684
湖　北	2	265	265	6174	24896
湖　南	2	632	629	17400	64712
西部地区	**2**	**1567**	**980**	**60000**	**71000**
内蒙古					
广　西					
重　庆					
四　川	1	567	280	40000	35000
贵　州					
云　南					
西　藏					
陕　西	1	1000	700	20000	36000
甘　肃					
青　海					
宁　夏					
新　疆					

2-8 续表 31

(服装市场)

地 区	市场数量(个)	总摊位数(个)	年末出租摊位数(个)	营业面积(平方米)	成交额(万元)
全 国	**362**	**446564**	**416727**	**17009732**	**54926601**
东部地区	**192**	**239732**	**223652**	**9089966**	**39610568**
北 京	12	15268	15047	436073	422292
天 津	2	2802	2802	76300	215131
河 北	15	34783	28938	1920201	5816639
上 海	8	7510	7044	143224	673842
江 苏	12	35619	32495	1363114	13494031
浙 江	43	53040	52005	2097176	9172285
福 建	9	7908	7726	283309	1681751
山 东	43	44515	42659	1464461	4413538
广 东	47	37952	34601	1303270	3712499
海 南	1	335	335	2838	8560
东北地区	**38**	**47701**	**45051**	**1351297**	**3955399**
辽 宁	19	23671	23252	884817	2865496
吉 林	8	13085	13085	218000	538578
黑龙江	11	10945	8714	248480	551325
中部地区	**81**	**74727**	**72345**	**2532234**	**5325968**
山 西	8	6315	6315	324800	392605
安 徽	5	5267	5232	232398	754193
江 西	4	2655	2169	94066	108051
河 南	17	20350	19292	653673	1043051
湖 北	14	14550	13959	518782	1847626
湖 南	33	25590	25378	708515	1180442
西部地区	**51**	**84404**	**75679**	**4036235**	**6034666**
内蒙古	6	5143	4835	133600	147309
广 西	7	11325	10513	422209	522000
重 庆	2	1178	1078	101391	156736
四 川	11	16676	14319	688061	1521350
贵 州	4	9832	9635	409511	915473
云 南	2	16366	13294	1175000	1072000
西 藏					
陕 西	6	7525	7268	342500	465510
甘 肃	2	5159	5019	425000	411000
青 海	1	374	374	19000	12550
宁 夏	1	433	433	8000	10960
新 疆	9	10393	8911	311963	799778

2-8 续表 32

(鞋帽市场)

地　　区	市场数量(个)	总摊位数(个)	年末出租摊位数(个)	营业面积(平方米)	成交额(万元)
全　　国	**38**	**29160**	**25200**	**1269139**	**4381755**
东部地区	**23**	**16441**	**14965**	**810657**	**2784744**
北　　京					
天　　津	1	342	342	39000	41200
河　　北	2	750	645	20852	373000
上　　海					
江　　苏	3	3054	2854	162200	406952
浙　　江	3	2337	1903	131584	444100
福　　建	1	800	800	100000	40000
山　　东	6	3164	3114	129237	618998
广　　东	7	5994	5307	227784	860494
海　　南					
东北地区	**4**	**6050**	**3800**	**40500**	**108127**
辽　　宁	2	2750	1900	16500	54422
吉　　林					
黑 龙 江	2	3300	1900	24000	53705
中部地区	**9**	**4024**	**3790**	**187700**	**421764**
山　　西	1	560	560	30000	13120
安　　徽					
江　　西	1	500	486	22500	21033
河　　南	2	1020	870	23200	263000
湖　　北	2	720	700	50000	54115
湖　　南	3	1224	1174	62000	70496
西部地区	**2**	**2645**	**2645**	**230282**	**1067120**
内 蒙 古					
广　　西					
重　　庆	1	536	536	80100	838620
四　　川					
贵　　州					
云　　南					
西　　藏					
陕　　西	1	2109	2109	150182	228500
甘　　肃					
青　　海					
宁　　夏					
新　　疆					

2-8 续表 33

(其他纺织服装鞋帽市场)

地 区	市场数量 (个)	总摊位数 (个)	年末出租摊位数 (个)	营业面积 (平方米)	成交额 (万元)
全 国	**97**	**159844**	**153902**	**4283174**	**20529880**
东部地区	**36**	**45193**	**43497**	**1403834**	**6147561**
北 京	1	700	700	20000	37730
天 津					
河 北	3	2363	1867	54629	327621
上 海	2	2461	2461	17160	131371
江 苏	12	22635	21888	644338	3103613
浙 江	9	8426	8293	252774	1351888
福 建					
山 东	9	8608	8288	414933	1195338
广 东					
海 南					
东北地区	**16**	**48027**	**45769**	**686442**	**9852981**
辽 宁	11	41438	39452	554862	9371277
吉 林	2	1489	1217	44000	24979
黑 龙 江	3	5100	5100	87580	456725
中部地区	**17**	**20136**	**19128**	**1021187**	**1366952**
山 西					
安 徽	2	2700	2012	264128	37803
江 西	1	368	368	13500	314808
河 南	5	4410	4314	459500	174099
湖 北	4	2133	2120	45120	106346
湖 南	5	10525	10314	238939	733896
西部地区	**28**	**46488**	**45508**	**1171711**	**3162386**
内 蒙 古	6	4240	4113	167652	189285
广 西	5	4307	3972	118266	129897
重 庆	3	2034	1862	59686	499367
四 川	2	1081	1076	45950	27914
贵 州	2	1628	1606	47000	208346
云 南	1	23000	22681	428897	1698573
西 藏					
陕 西	1	407	407	16260	10023
甘 肃					
青 海	2	3107	3107	105000	107341
宁 夏	2	4859	4859	100000	177807
新 疆	4	1825	1825	83000	113833

2-8 续表 34

(日用品及文化用品市场)

地　区	市场数量(个)	总摊位数(个)	年末出租摊位数(个)	营业面积(平方米)	成交额(万元)
全　国	**94**	**75238**	**67747**	**2965341**	**11441667**
东部地区	**70**	**61415**	**56932**	**2457254**	**9376659**
北　京	5	7852	7656	151643	483044
天　津					
河　北	1	7200	6750	40000	335090
上　海	1	48	48	5000	2050000
江　苏	12	6980	6672	262148	1103172
浙　江	13	9313	7901	318053	900826
福　建	2	675	675	199360	159406
山　东	16	13651	13211	613716	2183614
广　东	20	15696	14019	867334	2161507
海　南					
东北地区	**4**	**4164**	**3669**	**124000**	**643204**
辽　宁	4	4164	3669	124000	643204
吉　林					
黑龙江					
中部地区	**16**	**8192**	**5923**	**350226**	**1201875**
山　西					
安　徽					
江　西					
河　南	5	5360	3318	130000	181879
湖　北	6	1986	1772	167776	822552
湖　南	5	846	833	52450	197444
西部地区	**4**	**1467**	**1223**	**33861**	**219929**
内蒙古					
广　西					
重　庆	3	1107	958	27861	208879
四　川					
贵　州					
云　南					
西　藏					
陕　西					
甘　肃					
青　海					
宁　夏					
新　疆	1	360	265	6000	11050

2-8 续表 35

（小商品市场）

地 区	市场数量（个）	总摊位数（个）	年末出租摊位数（个）	营业面积（平方米）	成交额（万元）
全 国	**39**	**44802**	**40587**	**1142942**	**4190082**
东部地区	**33**	**37791**	**36189**	**941942**	**3921221**
北 京	3	6707	6639	96562	300647
天 津					
河 北	1	7200	6750	40000	335090
上 海					
江 苏	6	5471	5240	181648	992937
浙 江	1	632	632	21600	159348
福 建	1	55	55	5000	42406
山 东	8	10048	9731	363332	1654057
广 东	13	7678	7142	233800	436736
海 南					
东北地区	**1**	**1300**	**805**	**70000**	**10533**
辽 宁	1	1300	805	70000	10533
吉 林					
黑龙江					
中部地区	**4**	**5351**	**3328**	**125000**	**247278**
山 西					
安 徽					
江 西					
河 南	2	4915	2892	103000	33578
湖 北	1	326	326	4000	194000
湖 南	1	110	110	18000	19700
西部地区	**1**	**360**	**265**	**6000**	**11050**
内蒙古					
广 西					
重 庆					
四 川					
贵 州					
云 南					
西 藏					
陕 西					
甘 肃					
青 海					
宁 夏					
新 疆	1	360	265	6000	11050

2-8 续表 36

(箱包市场)

地　区	市场数量（个）	总摊位数（个）	年末出租摊位数（个）	营业面积（平方米）	成交额（万元）
全　国	**5**	**6410**	**5557**	**562400**	**2182180**
东部地区	**2**	**4380**	**3753**	**508400**	**1384000**
北　京					
天　津					
河　北					
上　海					
江　苏					
浙　江					
福　建					
山　东	1	150	120	8400	14000
广　东	1	4230	3633	500000	1370000
海　南					
东北地区	**1**	**1330**	**1330**	**2000**	**602380**
辽　宁	1	1330	1330	2000	602380
吉　林					
黑龙江					
中部地区	**2**	**700**	**474**	**52000**	**195800**
山　西					
安　徽					
江　西					
河　南	1	170	156	5000	15800
湖　北	1	530	318	47000	180000
湖　南					
西部地区					
内蒙古					
广　西					
重　庆					
四　川					
贵　州					
云　南					
西　藏					
陕　西					
甘　肃					
青　海					
宁　夏					
新　疆					

2-8 续表 37

(玩具市场)

地 区	市场数量 (个)	总摊位数 (个)	年末出租摊位数 (个)	营业面积 (平方米)	成交额 (万元)
全 国	**3**	**1138**	**1063**	**119410**	**229926**
东部地区	**3**	**1138**	**1063**	**119410**	**229926**
北 京					
天 津					
河 北					
上 海					
江 苏					
浙 江					
福 建					
山 东	2	1023	948	106660	148314
广 东	1	115	115	12750	81612
海 南					
东北地区					
辽 宁					
吉 林					
黑 龙 江					
中部地区					
山 西					
安 徽					
江 西					
河 南					
湖 北					
湖 南					
西部地区					
内 蒙 古					
广 西					
重 庆					
四 川					
贵 州					
云 南					
西 藏					
陕 西					
甘 肃					
青 海					
宁 夏					
新 疆					

2-8 续表 38

(文具市场)

地　区	市场数量(个)	总摊位数(个)	年末出租摊位数(个)	营业面积(平方米)	成交额(万元)
全　国	**4**	**1645**	**1427**	**108881**	**214029**
东部地区	**3**	**1580**	**1362**	**95881**	**187529**
北　京	1	944	843	43081	158460
天　津					
河　北					
上　海					
江　苏	1	300	230	40000	11069
浙　江					
福　建					
山　东					
广　东	1	336	289	12800	18000
海　南					
东北地区					
辽　宁					
吉　林					
黑龙江					
中部地区	**1**	**65**	**65**	**13000**	**26500**
山　西					
安　徽					
江　西					
河　南					
湖　北					
湖　南	1	65	65	13000	26500
西部地区					
内蒙古					
广　西					
重　庆					
四　川					
贵　州					
云　南					
西　藏					
陕　西					
甘　肃					
青　海					
宁　夏					
新　疆					

2-8 续表 39

（图书、报刊杂志市场）

地　区	市场数量（个）	总摊位数（个）	年末出租摊位数（个）	营业面积（平方米）	成交额（万元）
全　国	**10**	**1635**	**1566**	**97513**	**365185**
东部地区	**6**	**741**	**679**	**57313**	**123443**
北　京	1	201	174	12000	23937
天　津					
河　北					
上　海					
江　苏	2	147	142	13000	40616
浙　江	1	91	70	10000	14490
福　建					
山　东	1	205	200	9324	18900
广　东	1	97	93	12989	25500
海　南					
东北地区	**1**	**39**	**39**	**7000**	**13000**
辽　宁	1	39	39	7000	13000
吉　林					
黑龙江					
中部地区	**3**	**855**	**848**	**33200**	**228742**
山　西					
安　徽					
江　西					
河　南	1	155	150	16000	120501
湖　北	1	277	277	4100	18335
湖　南	1	423	421	13100	89906
西部地区					
内蒙古					
广　西					
重　庆					
四　川					
贵　州					
云　南					
西　藏					
陕　西					
甘　肃					
青　海					
宁　夏					
新　疆					

2-8 续表 40

(音像制品及电子出版物市场)

地　区	市场数量(个)	总摊位数(个)	年末出租摊位数(个)	营业面积(平方米)	成交额(万元)
全　国	**2**	**481**	**473**	**17500**	**74403**
东部地区	**1**	**318**	**318**	**11000**	**25930**
北　京					
天　津					
河　北					
上　海					
江　苏	1	318	318	11000	25930
浙　江					
福　建					
山　东					
广　东					
海　南					
东北地区					
辽　宁					
吉　林					
黑龙江					
中部地区	**1**	**163**	**155**	**6500**	**48473**
山　西					
安　徽					
江　西					
河　南					
湖　北					
湖　南	1	163	155	6500	48473
西部地区					
内蒙古					
广　西					
重　庆					
四　川					
贵　州					
云　南					
西　藏					
陕　西					
甘　肃					
青　海					
宁　夏					
新　疆					

2-8 续表 41

(其他日用品及文化用品市场)

地 区	市场数量（个）	总摊位数（个）	年末出租摊位数（个）	营业面积（平方米）	成交额（万元）
全 国	**31**	**19127**	**17074**	**916695**	**4185862**
东部地区	**22**	**15467**	**13568**	**723308**	**3504610**
北 京					
天 津					
河 北					
上 海	1	48	48	5000	2050000
江 苏	2	744	742	16500	32620
浙 江	11	8590	7199	286453	726988
福 建	1	620	620	194360	117000
山 东	4	2225	2212	126000	348343
广 东	3	3240	2747	94995	229659
海 南					
东北地区	**1**	**1495**	**1495**	**45000**	**17291**
辽 宁	1	1495	1495	45000	17291
吉 林					
黑 龙 江					
中部地区	**5**	**1058**	**1053**	**120526**	**455082**
山 西					
安 徽					
江 西					
河 南	1	120	120	6000	12000
湖 北	3	853	851	112676	430217
湖 南	1	85	82	1850	12865
西部地区	**3**	**1107**	**958**	**27861**	**208879**
内 蒙 古					
广 西					
重 庆	3	1107	958	27861	208879
四 川					
贵 州					
云 南					
西 藏					
陕 西					
甘 肃					
青 海					
宁 夏					
新 疆					

2-8 续表 42

(黄金、珠宝、玉器等首饰市场)

地　区	市场数量(个)	总摊位数(个)	年末出租摊位数(个)	营业面积(平方米)	成交额(万元)
全　国	**26**	**18734**	**16933**	**1896966**	**4731067**
东部地区	**19**	**13332**	**11571**	**1271766**	**4461962**
北　京	3	1165	1088	33677	230922
天　津					
河　北					
上　海					
江　苏	2	1500	1483	60000	840500
浙　江	2	2740	1596	126973	1896567
福　建	6	1695	1683	59237	866537
山　东	3	2324	1989	308579	427426
广　东	3	3908	3732	683300	200010
海　南					
东北地区	**3**	**2245**	**2205**	**38180**	**78100**
辽　宁	3	2245	2205	38180	78100
吉　林					
黑龙江					
中部地区	**1**	**100**	**100**	**8000**	**24520**
山　西					
安　徽					
江　西					
河　南	1	100	100	8000	24520
湖　北					
湖　南					
西部地区	**3**	**3057**	**3057**	**579020**	**166485**
内蒙古	2	2333	2333	521600	131568
广　西					
重　庆					
四　川					
贵　州					
云　南					
西　藏					
陕　西					
甘　肃					
青　海					
宁　夏					
新　疆	1	724	724	57420	34917

2-8 续表 43

(电器、通讯器材、电子设备市场)

地 区	市场数量（个）	总摊位数（个）	年末出租摊位数（个）	营业面积（平方米）	成交额（万元）
全 国	**154**	**69025**	**60317**	**3482702**	**9720526**
东部地区	**79**	**34797**	**30569**	**1209238**	**4376943**
北 京	8	4229	3968	136730	850195
天 津					
河 北	2	359	359	54000	51013
上 海	6	1349	1090	56050	250827
江 苏	9	3822	3630	97058	524973
浙 江	24	8723	7057	295413	1026385
福 建	3	1100	1100	58000	177753
山 东	10	3626	3332	300300	881164
广 东	16	11309	9753	201187	590800
海 南	1	280	280	10500	23833
东北地区	**10**	**5623**	**5305**	**156789**	**835950**
辽 宁	4	1660	1430	47800	166342
吉 林	3	1416	1416	6430	289528
黑龙江	3	2547	2459	102559	380080
中部地区	**36**	**18067**	**14644**	**1652852**	**2952897**
山 西	2	440	420	13000	20000
安 徽	1	3902	2236	875253	1020135
江 西	3	1339	1279	58694	85425
河 南	8	5534	4672	406923	738478
湖 北	8	2784	2352	104000	306447
湖 南	14	4068	3685	194982	782412
西部地区	**29**	**10538**	**9799**	**463823**	**1554736**
内蒙古					
广 西	1	732	707	20678	90000
重 庆	10	3150	2965	186385	692922
四 川	5	1570	1510	44713	133277
贵 州	4	761	727	61300	186826
云 南					
西 藏					
陕 西	5	2940	2560	115699	278987
甘 肃					
青 海					
宁 夏	1	327	314	9000	33103
新 疆	3	1058	1016	26048	139621

2-8 续表 44

(家电市场)

地　区	市场数量(个)	总摊位数(个)	年末出租摊位数(个)	营业面积(平方米)	成交额(万元)
全　国	**38**	**14532**	**11354**	**1559014**	**3164356**
东部地区	**16**	**4359**	**4049**	**329313**	**1045534**
北　京					
天　津					
河　北					
上　海	1	180	180	18000	36638
江　苏	1	400	390	11000	61200
浙　江	5	572	501	58001	204864
福　建					
山　东	4	1278	1245	188800	590944
广　东	5	1929	1733	53512	151888
海　南					
东北地区	**2**	**928**	**700**	**27000**	**111264**
辽　宁	2	928	700	27000	111264
吉　林					
黑龙江					
中部地区	**17**	**8948**	**6308**	**1166002**	**1936629**
山　西					
安　徽	1	3902	2236	875253	1020135
江　西	2	1239	1207	53994	73970
河　南	5	2046	1244	127523	455760
湖　北	2	470	363	13000	24567
湖　南	7	1291	1258	96232	362197
西部地区	**3**	**297**	**297**	**36699**	**70929**
内蒙古					
广　西					
重　庆	1	25	25	15000	42829
四　川					
贵　州	1	112	112	16000	14500
云　南					
西　藏					
陕　西	1	160	160	5699	13600
甘　肃					
青　海					
宁　夏					
新　疆					

2-8 续表 45

(通讯器材市场)

地 区	市场数量 (个)	总摊位数 (个)	年末出租摊位数 (个)	营业面积 (平方米)	成交额 (万元)
全 国	**26**	**12550**	**11278**	**357099**	**1066560**
东部地区	**13**	**7988**	**7018**	**207719**	**320317**
北 京					
天 津					
河 北	2	359	359	54000	51013
上 海	1	27	15	5000	24010
江 苏	1	1607	1607	44232	62459
浙 江	3	994	994	44903	55157
福 建					
山 东					
广 东	6	5001	4043	59584	127678
海 南					
东北地区	**3**	**928**	**926**	**6630**	**90900**
辽 宁	1	210	208	3000	21460
吉 林	2	718	718	3630	69440
黑 龙 江					
中部地区	**6**	**1612**	**1487**	**60750**	**313787**
山 西					
安 徽					
江 西					
河 南	1	360	300	7000	52000
湖 北	3	961	932	51000	231020
湖 南	2	291	255	2750	30767
西部地区	**4**	**2022**	**1847**	**82000**	**341556**
内 蒙 古					
广 西					
重 庆	3	1222	1047	77000	330556
四 川					
贵 州					
云 南					
西 藏					
陕 西	1	800	800	5000	11000
甘 肃					
青 海					
宁 夏					
新 疆					

2-8 续表 46

(照相、摄像器材市场)

地 区	市场数量(个)	总摊位数(个)	年末出租摊位数(个)	营业面积(平方米)	成交额(万元)
全 国	**2**	**562**	**490**	**20866**	**71768**
东部地区	**2**	**562**	**490**	**20866**	**71768**
北 京	1	315	315	13066	37656
天 津					
河 北					
上 海	1	247	175	7800	34112
江 苏					
浙 江					
福 建					
山 东					
广 东					
海 南					
东北地区					
辽 宁					
吉 林					
黑 龙 江					
中部地区					
山 西					
安 徽					
江 西					
河 南					
湖 北					
湖 南					
西部地区					
内 蒙 古					
广 西					
重 庆					
四 川					
贵 州					
云 南					
西 藏					
陕 西					
甘 肃					
青 海					
宁 夏					
新 疆					

2-8 续表 47

(计算机及辅助设备市场)

地 区	市场数量(个)	总摊位数(个)	年末出租摊位数(个)	营业面积(平方米)	成交额(万元)
全 国	**78**	**36479**	**32743**	**1386943**	**4840267**
东部地区	**42**	**18504**	**15985**	**570360**	**2609270**
北 京	5	3214	3001	106464	692356
天 津					
河 北					
上 海	3	895	720	25250	156067
江 苏	6	1690	1512	39826	384372
浙 江	14	4878	3588	141229	597268
福 建	3	1100	1100	58000	177753
山 东	6	2348	2087	111500	290220
广 东	5	4379	3977	88091	311234
海 南					
东北地区	**5**	**3767**	**3679**	**123159**	**633786**
辽 宁	1	522	522	17800	33618
吉 林	1	698	698	2800	220088
黑龙江	3	2547	2459	102559	380080
中部地区	**12**	**6827**	**6249**	**414100**	**656999**
山 西	2	440	420	13000	20000
安 徽					
江 西	1	100	72	4700	11455
河 南	2	3128	3128	272400	230718
湖 北	3	1353	1057	40000	50860
湖 南	4	1806	1572	84000	343966
西部地区	**19**	**7381**	**6830**	**279324**	**940212**
内蒙古					
广 西	1	732	707	20678	90000
重 庆	5	1773	1763	74385	253007
四 川	5	1570	1510	44713	133277
贵 州	2	268	234	8500	69920
云 南					
西 藏					
陕 西	3	1980	1600	105000	254387
甘 肃					
青 海					
宁 夏					
新 疆	3	1058	1016	26048	139621

2-8 续表 48

(其他电器、通讯器材、电子设备市场)

地　区	市场数量(个)	总摊位数(个)	年末出租摊位数(个)	营业面积(平方米)	成交额(万元)
全　国	**10**	**4902**	**4452**	**158780**	**577575**
东部地区	**6**	**3384**	**3027**	**80980**	**330054**
北　京	2	700	652	17200	120183
天　津					
河　北					
上　海					
江　苏	1	125	121	2000	16942
浙　江	2	2279	1974	51280	169096
福　建					
山　东					
广　东					
海　南	1	280	280	10500	23833
东北地区					
辽　宁					
吉　林					
黑龙江					
中部地区	**1**	**680**	**600**	**12000**	**45482**
山　西					
安　徽					
江　西					
河　南					
湖　北					
湖　南	1	680	600	12000	45482
西部地区	**3**	**838**	**825**	**65800**	**202039**
内蒙古					
广　西					
重　庆	1	130	130	20000	66530
四　川					
贵　州	1	381	381	36800	102406
云　南					
西　藏					
陕　西					
甘　肃					
青　海					
宁　夏	1	327	314	9000	33103
新　疆					

2-8　续表 49

(医药、医疗用品及器材市场)

地　区	市场数量（个）	总摊位数（个）	年末出租摊位数（个）	营业面积（平方米）	成交额（万元）
全　国	**25**	**75082**	**47178**	**2578979**	**15071149**
东部地区	**8**	**17554**	**10037**	**513070**	**1731738**
北　京					
天　津					
河　北	1	14000	7000	360000	1400000
上　海	1	190	180	8000	50000
江　苏					
浙　江	2	1578	1250	68599	96602
福　建	1	29	29	1500	23000
山　东	1	968	868	60000	55616
广　东	2	789	710	14971	106520
海　南					
东北地区	**3**	**2704**	**1975**	**142900**	**1763000**
辽　宁	1	724	610	93900	1100000
吉　林	2	1980	1365	49000	663000
黑 龙 江					
中部地区	**7**	**11993**	**11539**	**665102**	**4305984**
山　西					
安　徽	2	6400	6352	44500	2964642
江　西	1	700	361	19000	260000
河　南	2	3146	3146	123950	369520
湖　北					
湖　南	2	1747	1680	477652	711822
西部地区	**7**	**42831**	**23627**	**1257907**	**7270427**
内 蒙 古	1	191	191	18225	45623
广　西	1	1116	1000	23000	750000
重　庆					
四　川	1	40550	21502	1175000	6178155
贵　州					
云　南	1	434	434	19682	192337
西　藏					
陕　西	2	490	450	14000	64312
甘　肃					
青　海	1	50	50	8000	40000
宁　夏					
新　疆					

2-8 续表 50

(中药材市场)

地　区	市场数量 (个)	总摊位数 (个)	年末出租摊位数 (个)	营业面积 (平方米)	成交额 (万元)
全　国	**25**	**75082**	**47178**	**2578979**	**15071149**
东部地区	**8**	**17554**	**10037**	**513070**	**1731738**
北　京					
天　津					
河　北	1	14000	7000	360000	1400000
上　海	1	190	180	8000	50000
江　苏					
浙　江	2	1578	1250	68599	96602
福　建	1	29	29	1500	23000
山　东	1	968	868	60000	55616
广　东	2	789	710	14971	106520
海　南					
东北地区	**3**	**2704**	**1975**	**142900**	**1763000**
辽　宁	1	724	610	93900	1100000
吉　林	2	1980	1365	49000	663000
黑龙江					
中部地区	**7**	**11993**	**11539**	**665102**	**4305984**
山　西					
安　徽	2	6400	6352	44500	2964642
江　西	1	700	361	19000	260000
河　南	2	3146	3146	123950	369520
湖　北					
湖　南	2	1747	1680	477652	711822
西部地区	**7**	**42831**	**23627**	**1257907**	**7270427**
内蒙古	1	191	191	18225	45623
广　西	1	1116	1000	23000	750000
重　庆					
四　川	1	40550	21502	1175000	6178155
贵　州					
云　南	1	434	434	19682	192337
西　藏					
陕　西	2	490	450	14000	64312
甘　肃					
青　海	1	50	50	8000	40000
宁　夏					
新　疆					

2-8　续表 51

(家具、五金及装饰材料市场)

地　　区	市场数量（个）	总摊位数（个）	年末出租摊位数（个）	营业面积（平方米）	成交额（万元）
全　　国	**576**	**302362**	**280793**	**41410231**	**50101625**
东部地区	**354**	**186783**	**174274**	**26492094**	**34827508**
北　　京	17	7766	7451	771890	1204413
天　　津	6	1979	1718	716928	438114
河　　北	24	13455	13364	4873418	4511974
上　　海	20	13405	12752	1117109	1232957
江　　苏	96	55005	51395	7029448	9765307
浙　　江	87	46474	43177	4674956	7002621
福　　建	8	2022	1900	301610	1530700
山　　东	75	38214	35107	4929896	7804037
广　　东	21	8463	7410	2076839	1337385
海　　南					
东北地区	**36**	**18178**	**17265**	**1715869**	**1749904**
辽　　宁	26	13398	12488	1115425	1366668
吉　　林	4	2846	2846	274444	143117
黑 龙 江	6	1934	1931	326000	240119
中部地区	**103**	**51583**	**48537**	**7153606**	**7777885**
山　　西	4	1882	1832	282502	138656
安　　徽	18	11658	10836	1444953	1521962
江　　西	11	10064	9882	1367676	1288092
河　　南	17	8848	8286	1687020	1043077
湖　　北	24	7436	6998	1059056	1547907
湖　　南	29	11695	10703	1312399	2238191
西部地区	**83**	**45818**	**40717**	**6048662**	**5746328**
内 蒙 古	4	1155	1155	115600	162881
广　　西	7	5354	4002	666133	411055
重　　庆	23	10350	9889	1484450	2572373
四　　川	9	9717	9436	1348170	1228061
贵　　州	8	5206	2510	505731	237669
云　　南	9	3442	3331	590674	546948
西　　藏					
陕　　西	5	2659	2467	363352	90966
甘　　肃	9	2962	2958	240803	232781
青　　海	1	612	608	12165	32562
宁　　夏	5	2714	2714	508928	106362
新　　疆	3	1647	1647	212656	124670

2-8 续表 52

(家具市场)

地 区	市场数量(个)	总摊位数(个)	年末出租摊位数(个)	营业面积(平方米)	成交额(万元)
全 国	**162**	**72055**	**67975**	**14038418**	**14632727**
东部地区	**96**	**46254**	**43448**	**9136312**	**10416203**
北 京	7	3705	3646	428237	496541
天 津	1	382	381	51309	27650
河 北	6	6703	6651	3427000	3209339
上 海	4	726	643	201117	93170
江 苏	28	15376	14087	2109717	2031341
浙 江	28	11391	10861	1477292	1903977
福 建	2	710	689	213000	1045082
山 东	17	6403	5651	1097748	1564149
广 东	3	858	839	130892	44954
海 南					
东北地区	**17**	**5684**	**5393**	**742244**	**782318**
辽 宁	12	3769	3481	470244	579029
吉 林	2	1100	1100	97000	113200
黑龙江	3	815	812	175000	90089
中部地区	**27**	**8409**	**7973**	**2105458**	**1098453**
山 西	2	707	707	142502	50031
安 徽	4	358	331	250000	117610
江 西	6	2547	2490	594734	289254
河 南	3	2657	2548	878000	363476
湖 北	7	1145	922	120822	173226
湖 南	5	995	975	119400	104856
西部地区	**22**	**11708**	**11161**	**2054404**	**2335753**
内蒙古	3	950	950	103600	146985
广 西	2	1460	1148	120973	148790
重 庆	3	2329	2323	565000	1389907
四 川	4	3758	3619	508370	414360
贵 州	1	67	57	27000	12304
云 南	3	849	849	302517	105901
西 藏					
陕 西	1	675	595	151180	14200
甘 肃	2	353	353	85508	26578
青 海					
宁 夏	2	757	757	146200	46178
新 疆	1	510	510	44056	30550

2-8 续表 53

(装饰材料市场)

地 区	市场数量（个）	总摊位数（个）	年末出租摊位数（个）	营业面积（平方米）	成交额（万元）
全 国	**247**	**119720**	**112641**	**16137842**	**18336847**
东部地区	**148**	**66158**	**61589**	**9686970**	**10918296**
北 京	6	1880	1827	152991	309345
天 津	2	416	416	40800	40164
河 北	11	3480	3445	746788	494238
上 海	8	6254	6082	545904	817687
江 苏	41	20493	19380	3025029	3378995
浙 江	32	15198	13835	1673968	1990263
福 建	4	1012	911	62300	365051
山 东	31	12203	11363	1706250	2886530
广 东	13	5222	4330	1732940	636023
海 南					
东北地区	**11**	**6077**	**5631**	**541081**	**524014**
辽 宁	9	5421	4975	411081	492984
吉 林					
黑 龙 江	2	656	656	130000	31030
中部地区	**52**	**30183**	**28686**	**3870052**	**5072722**
山 西	2	1175	1125	140000	88625
安 徽	10	5647	5433	911953	1165993
江 西	4	7339	7214	757942	979525
河 南	6	4024	3604	639100	322163
湖 北	14	5290	5148	874140	1312604
湖 南	16	6708	6162	546917	1203812
西部地区	**36**	**17302**	**16735**	**2039739**	**1821815**
内 蒙 古	1	205	205	12000	15896
广 西	2	907	907	165500	35976
重 庆	16	6516	6064	719539	891651
四 川	3	3539	3437	289800	213501
贵 州	3	1311	1311	215000	162438
云 南	3	1412	1403	198000	322115
西 藏					
陕 西	2	842	842	169172	33132
甘 肃	4	889	885	78000	95341
青 海					
宁 夏	1	1356	1356	122728	28773
新 疆	1	325	325	70000	22992

2-8 续表 54

(灯具市场)

地 区	市场数量(个)	总摊位数(个)	年末出租摊位数(个)	营业面积(平方米)	成交额(万元)
全 国	**18**	**9119**	**8476**	**1327759**	**2143539**
东部地区	**10**	**6437**	**5956**	**821567**	**1574182**
北 京	1	237	237	40000	10506
天 津					
河 北	1	300	300	6930	12800
上 海					
江 苏	2	3100	3019	418458	937113
浙 江	3	1530	1135	88179	149613
福 建					
山 东	3	1270	1265	268000	464150
广 东					
海 南					
东北地区	**2**	**433**	**337**	**110100**	**77106**
辽 宁	2	433	337	110100	77106
吉 林					
黑 龙 江					
中部地区					
山 西					
安 徽					
江 西					
河 南					
湖 北					
湖 南					
西部地区	**6**	**2249**	**2183**	**396092**	**492251**
内 蒙 古					
广 西					
重 庆	3	909	906	149911	236172
四 川	1	600	560	220000	180200
贵 州					
云 南	1	510	487	16181	53245
西 藏					
陕 西	1	230	230	10000	22634
甘 肃					
青 海					
宁 夏					
新 疆					

2-8　续表 55

(厨具、盥洗设备市场)

地　　区	市场数量（个）	总摊位数（个）	年末出租摊位数（个）	营业面积（平方米）	成交额（万元）
全　　国	**4**	**3071**	**1997**	**322268**	**186573**
东部地区	**2**	**866**	**832**	**34608**	**140626**
北　　京					
天　　津					
河　　北					
上　　海					
江　　苏					
浙　　江	1	500	500	13000	118090
福　　建					
山　　东	1	366	332	21608	22536
广　　东					
海　　南					
东北地区					
辽　　宁					
吉　　林					
黑 龙 江					
中部地区	**1**	**394**	**394**	**83000**	**28554**
山　　西					
安　　徽					
江　　西					
河　　南	1	394	394	83000	28554
湖　　北					
湖　　南					
西部地区	**1**	**1811**	**771**	**204660**	**17393**
内 蒙 古					
广　　西	1	1811	771	204660	17393
重　　庆					
四　　川					
贵　　州					
云　　南					
西　　藏					
陕　　西					
甘　　肃					
青　　海					
宁　　夏					
新　　疆					

2-8 续表 56

(五金材料市场)

地区	市场数量(个)	总摊位数(个)	年末出租摊位数(个)	营业面积(平方米)	成交额(万元)
全国	**80**	**53563**	**47163**	**4868484**	**8953205**
东部地区	**60**	**39267**	**36049**	**3512179**	**7282075**
北京	1	550	483	8794	14606
天津	3	1181	921	624819	370300
河北	2	1512	1508	258000	435725
上海	3	3700	3559	194379	211424
江苏	17	10584	9458	797768	1893736
浙江	12	8757	8206	340401	1814448
福建	1	213	213	3900	45346
山东	16	10387	9460	1071111	1840082
广东	5	2383	2241	213007	656408
海南					
东北地区	**1**	**1366**	**1366**	**160000**	**18000**
辽宁					
吉林	1	1366	1366	160000	18000
黑龙江					
中部地区	**13**	**5670**	**5197**	**624028**	**1024980**
山西					
安徽					
江西					
河南	7	1773	1740	86920	328884
湖北	1	551	537	35894	25000
湖南	5	3346	2920	501214	671096
西部地区	**6**	**7260**	**4551**	**572277**	**628150**
内蒙古					
广西	1	700	700	45000	109000
重庆	1	596	596	50000	54643
四川	1	1820	1820	330000	420000
贵州	2	3232	635	114277	23507
云南					
西藏					
陕西	1	912	800	33000	21000
甘肃					
青海					
宁夏					
新疆					

2-8 续表 57

(其他装修市场)

地 区	市场数量(个)	总摊位数(个)	年末出租摊位数(个)	营业面积(平方米)	成交额(万元)
全 国	**65**	**44834**	**42541**	**4715460**	**5848734**
东部地区	**38**	**27801**	**26400**	**3300458**	**4496126**
北 京	2	1394	1258	141868	373415
天 津					
河 北	4	1460	1460	434700	359872
上 海	5	2725	2468	175709	110676
江 苏	8	5452	5451	678476	1524122
浙 江	11	9098	8640	1082116	1026230
福 建	1	87	87	22410	75221
山 东	7	7585	7036	765179	1026590
广 东					
海 南					
东北地区	**5**	**4618**	**4538**	**162444**	**348466**
辽 宁	3	3775	3695	124000	217549
吉 林	1	380	380	17444	11917
黑龙江	1	463	463	21000	119000
中部地区	**10**	**6927**	**6287**	**471068**	**553176**
山 西					
安 徽	4	5653	5072	283000	238359
江 西	1	178	178	15000	19313
河 南					
湖 北	2	450	391	28200	37077
湖 南	3	646	646	144868	258427
西部地区	**12**	**5488**	**5316**	**781490**	**450966**
内蒙古					
广 西	1	476	476	130000	99896
重 庆					
四 川					
贵 州	2	596	507	149454	39420
云 南	2	671	592	73976	65687
西 藏					
陕 西					
甘 肃	3	1720	1720	77295	110862
青 海	1	612	608	12165	32562
宁 夏	2	601	601	240000	31411
新 疆	1	812	812	98600	71128

2-8 续表 58

(汽车、摩托车及零配件市场)

地　区	市场数量(个)	总摊位数(个)	年末出租摊位数(个)	营业面积(平方米)	成交额(万元)
全　国	**273**	**90055**	**79728**	**14713285**	**63180252**
东部地区	**180**	**43059**	**39656**	**7928825**	**40776728**
北　京	14	4768	4390	904725	8882289
天　津	4	1921	1865	337860	1745638
河　北	11	4171	4067	787240	1221794
上　海	13	2326	2261	225057	3423972
江　苏	24	5885	4973	1875371	5753359
浙　江	55	13643	12114	1284762	11092369
福　建	4	359	359	45088	285387
山　东	30	5651	5413	1285059	3168770
广　东	25	4335	4214	1183663	5203150
海　南					
东北地区	**14**	**11611**	**7325**	**1268535**	**5810198**
辽　宁	9	4534	3224	649790	2793081
吉　林	3	5854	2878	585870	2980023
黑龙江	2	1223	1223	32875	37094
中部地区	**37**	**19723**	**18125**	**2188899**	**9807424**
山　西	1	406	406	70000	10000
安　徽	6	2783	2527	261663	813353
江　西	6	2816	2516	251500	1729205
河　南	9	3326	2980	365192	1532190
湖　北	6	3354	3093	488200	3091308
湖　南	9	7038	6603	752344	2631368
西部地区	**42**	**15662**	**14622**	**3327026**	**6785902**
内蒙古	1	43	40	2600	44222
广　西	5	1239	1175	601196	333412
重　庆	9	6745	6294	598250	3143657
四　川	6	826	686	240705	401676
贵　州	6	1155	1090	489000	701626
云　南	5	1617	1614	573457	693844
西　藏					
陕　西	4	2000	1864	106540	718900
甘　肃	1	96	91	10440	28290
青　海					
宁　夏	1	944	850	229000	28284
新　疆	4	997	918	475838	691991

2-8 续表 59

（汽车市场）

地 区	市场数量（个）	总摊位数（个）	年末出租摊位数（个）	营业面积（平方米）	成交额（万元）
全 国	**186**	**45941**	**38628**	**11188260**	**51193604**
东部地区	**126**	**20528**	**18478**	**6003031**	**34662630**
北 京	9	1562	1402	683245	8264850
天 津	4	1921	1865	337860	1745638
河 北	5	1069	966	413340	464459
上 海	9	568	553	132178	2490147
江 苏	18	3082	2712	1511571	5222197
浙 江	46	8438	7219	865315	9593078
福 建	3	159	159	37960	247991
山 东	16	1923	1879	998700	1796983
广 东	16	1806	1723	1022862	4837287
海 南					
东北地区	**10**	**9584**	**6015**	**1062535**	**5229147**
辽 宁	5	2507	1914	443790	2212030
吉 林	3	5854	2878	585870	2980023
黑龙江	2	1223	1223	32875	37094
中部地区	**17**	**4464**	**3551**	**1202532**	**5476521**
山 西					
安 徽	3	1094	838	202000	606753
江 西	3	1164	1164	143000	279392
河 南	4	285	284	175178	765077
湖 北	4	671	410	217000	1583229
湖 南	3	1250	855	465354	2242070
西部地区	**33**	**11365**	**10584**	**2920162**	**5825306**
内蒙古	1	43	40	2600	44222
广 西	4	894	833	591296	316912
重 庆	7	5011	4752	436250	2563401
四 川	6	826	686	240705	401676
贵 州	5	893	828	446000	675046
云 南	3	707	707	413333	581874
西 藏					
陕 西	2	1050	970	85140	521900
甘 肃					
青 海					
宁 夏	1	944	850	229000	28284
新 疆	4	997	918	475838	691991

2-8 续表 60

(摩托车市场)

地 区	市场数量(个)	总摊位数(个)	年末出租摊位数(个)	营业面积(平方米)	成交额(万元)
全 国	**9**	**3669**	**3606**	**256366**	**757255**
东部地区	**2**	**1034**	**1034**	**65226**	**80452**
北 京					
天 津					
河 北	1	814	814	50000	46852
上 海					
江 苏					
浙 江	1	220	220	15226	33600
福 建					
山 东					
广 东					
海 南					
东北地区					
辽 宁					
吉 林					
黑龙江					
中部地区	**4**	**1514**	**1499**	**130800**	**152013**
山 西					
安 徽	1	150	150	16000	53000
江 西					
河 南	1	1050	1050	100000	55630
湖 北					
湖 南	2	314	299	14800	43383
西部地区	**3**	**1121**	**1073**	**60340**	**524790**
内蒙古					
广 西	1	345	342	9900	16500
重 庆	1	680	640	40000	480000
四 川					
贵 州					
云 南					
西 藏					
陕 西					
甘 肃	1	96	91	10440	28290
青 海					
宁 夏					
新 疆					

2-8　续表 61

(机动车零配件市场)

地　　区	市场数量(个)	总摊位数(个)	年末出租摊位数(个)	营业面积(平方米)	成交额(万元)
全　　国	**78**	**40445**	**37494**	**3268659**	**11229393**
东部地区	**52**	**21497**	**20144**	**1860568**	**6033646**
北　　京	5	3206	2988	221480	617439
天　　津					
河　　北	5	2288	2287	323900	710483
上　　海	4	1758	1708	92879	933825
江　　苏	6	2803	2261	363800	531162
浙　　江	8	4985	4675	404221	1465691
福　　建	1	200	200	7128	37396
山　　东	14	3728	3534	286359	1371787
广　　东	9	2529	2491	160801	365863
海　　南					
东北地区	**4**	**2027**	**1310**	**206000**	**581051**
辽　　宁	4	2027	1310	206000	581051
吉　　林					
黑 龙 江					
中部地区	**16**	**13745**	**13075**	**855567**	**4178890**
山　　西	1	406	406	70000	10000
安　　徽	2	1539	1539	43663	153600
江　　西	3	1652	1352	108500	1449813
河　　南	4	1991	1646	90014	711483
湖　　北	2	2683	2683	271200	1508079
湖　　南	4	5474	5449	272190	345915
西部地区	**6**	**3176**	**2965**	**346524**	**435806**
内 蒙 古					
广　　西					
重　　庆	1	1054	902	122000	100256
四　　川					
贵　　州	1	262	262	43000	26580
云　　南	2	910	907	160124	111970
西　　藏					
陕　　西	2	950	894	21400	197000
甘　　肃					
青　　海					
宁　　夏					
新　　疆					

2-8 续表 62

(花鸟鱼虫市场)

地　区	市场数量 (个)	总摊位数 (个)	年末出租摊位数 (个)	营业面积 (平方米)	成交额 (万元)
全　国	**30**	**20880**	**19820**	**3367400**	**4362671**
东部地区	**17**	**10376**	**9653**	**3008592**	**3267145**
北　京					
天　津	2	1185	686	61000	36825
河　北	1	470	395	19260	36420
上　海	2	626	594	54070	31520
江　苏	3	3132	3124	643000	1954512
浙　江	3	1516	1448	61447	329641
福　建	2	205	200	31855	104985
山　东	2	1500	1500	219960	433000
广　东	2	1742	1706	1918000	340242
海　南					
东北地区	**5**	**2417**	**2417**	**55832**	**89454**
辽　宁	4	2155	2155	35832	73592
吉　林					
黑龙江	1	262	262	20000	15862
中部地区	**5**	**4299**	**4299**	**238976**	**516672**
山　西					
安　徽	2	1691	1691	105900	128700
江　西					
河　南	2	2180	2180	54000	199922
湖　北					
湖　南	1	428	428	79076	188050
西部地区	**3**	**3788**	**3451**	**64000**	**489400**
内蒙古					
广　西					
重　庆					
四　川	1	488	178	20000	75025
贵　州					
云　南	1	3000	2973	14000	399375
西　藏					
陕　西					
甘　肃					
青　海					
宁　夏					
新　疆	1	300	300	30000	15000

2-8 续表 63

（花卉市场）

地　区	市场数量（个）	总摊位数（个）	年末出租摊位数（个）	营业面积（平方米）	成交额（万元）
全　国	**25**	**19302**	**18279**	**3296745**	**4173195**
东部地区	**14**	**9498**	**8812**	**2959237**	**3119667**
北　京					
天　津	2	1185	686	61000	36825
河　北	1	470	395	19260	36420
上　海	1	178	178	16470	10790
江　苏	3	3132	3124	643000	1954512
浙　江	2	1216	1148	56067	295841
福　建	1	75	75	25480	12037
山　东	2	1500	1500	219960	433000
广　东	2	1742	1706	1918000	340242
海　南					
东北地区	**3**	**1717**	**1717**	**34532**	**47456**
辽　宁	2	1455	1455	14532	31594
吉　林					
黑龙江	1	262	262	20000	15862
中部地区	**5**	**4299**	**4299**	**238976**	**516672**
山　西					
安　徽	2	1691	1691	105900	128700
江　西					
河　南	2	2180	2180	54000	199922
湖　北					
湖　南	1	428	428	79076	188050
西部地区	**3**	**3788**	**3451**	**64000**	**489400**
内蒙古					
广　西					
重　庆					
四　川	1	488	178	20000	75025
贵　州					
云　南	1	3000	2973	14000	399375
西　藏					
陕　西					
甘　肃					
青　海					
宁　夏					
新　疆	1	300	300	30000	15000

2-8 续表 64

(其他花鸟鱼虫市场)

地　区	市场数量(个)	总摊位数(个)	年末出租摊位数(个)	营业面积(平方米)	成交额(万元)
全　国	**5**	**1578**	**1541**	**70655**	**189476**
东部地区	**3**	**878**	**841**	**49355**	**147478**
北　京					
天　津					
河　北					
上　海	1	448	416	37600	20730
江　苏					
浙　江	1	300	300	5380	33800
福　建	1	130	125	6375	92948
山　东					
广　东					
海　南					
东北地区	**2**	**700**	**700**	**21300**	**41998**
辽　宁	2	700	700	21300	41998
吉　林					
黑 龙 江					
中部地区					
山　西					
安　徽					
江　西					
河　南					
湖　北					
湖　南					
西部地区					
内 蒙 古					
广　西					
重　庆					
四　川					
贵　州					
云　南					
西　藏					
陕　西					
甘　肃					
青　海					
宁　夏					
新　疆					

2-8 续表 65

(旧货市场)

地区	市场数量 (个)	总摊位数 (个)	年末出租摊位数 (个)	营业面积 (平方米)	成交额 (万元)
全　国	**20**	**9833**	**9106**	**366840**	**831015**
东部地区	**15**	**7979**	**7595**	**257293**	**729785**
北　京	1	4520	4520	26000	57917
天　津					
河　北					
上　海					
江　苏	1	73	73	25000	19145
浙　江	9	2422	2094	140531	561910
福　建	2	448	448	18762	20213
山　东	2	516	460	47000	70600
广　东					
海　南					
东北地区	**1**	**475**	**255**	**32000**	**13762**
辽　宁					
吉　林	1	475	255	32000	13762
黑龙江					
中部地区	**2**	**1257**	**1150**	**28120**	**28174**
山　西					
安　徽					
江　西	1	750	750	15000	18174
河　南	1	507	400	13120	10000
湖　北					
湖　南					
西部地区	**2**	**122**	**106**	**49427**	**59294**
内蒙古					
广　西					
重　庆					
四　川					
贵　州					
云　南	2	122	106	49427	59294
西　藏					
陕　西					
甘　肃					
青　海					
宁　夏					
新　疆					

2-8 续表 66

（古玩、古董、字画市场）

地　区	市场数量（个）	总摊位数（个）	年末出租摊位数（个）	营业面积（平方米）	成交额（万元）
全　国	**3**	**955**	**848**	**31882**	**30213**
东部地区	**2**	**448**	**448**	**18762**	**20213**
北　京					
天　津					
河　北					
上　海					
江　苏					
浙　江					
福　建	2	448	448	18762	20213
山　东					
广　东					
海　南					
东北地区					
辽　宁					
吉　林					
黑龙江					
中部地区	**1**	**507**	**400**	**13120**	**10000**
山　西					
安　徽					
江　西					
河　南	1	507	400	13120	10000
湖　北					
湖　南					
西部地区					
内蒙古					
广　西					
重　庆					
四　川					
贵　州					
云　南					
西　藏					
陕　西					
甘　肃					
青　海					
宁　夏					
新　疆					

2-8 续表 67

(其他旧货市场)

地　区	市场数量 (个)	总摊位数 (个)	年末出租摊位数 (个)	营业面积 (平方米)	成交额 (万元)
全　国	**17**	**8878**	**8258**	**334958**	**800802**
东部地区	**13**	**7531**	**7147**	**238531**	**709572**
北　京	1	4520	4520	26000	57917
天　津					
河　北					
上　海					
江　苏	1	73	73	25000	19145
浙　江	9	2422	2094	140531	561910
福　建					
山　东	2	516	460	47000	70600
广　东					
海　南					
东北地区	**1**	**475**	**255**	**32000**	**13762**
辽　宁					
吉　林	1	475	255	32000	13762
黑龙江					
中部地区	**1**	**750**	**750**	**15000**	**18174**
山　西					
安　徽					
江　西	1	750	750	15000	18174
河　南					
湖　北					
湖　南					
西部地区	**2**	**122**	**106**	**49427**	**59294**
内蒙古					
广　西					
重　庆					
四　川					
贵　州					
云　南	2	122	106	49427	59294
西　藏					
陕　西					
甘　肃					
青　海					
宁　夏					
新　疆					

2-8 续表 68

(其他专业市场)

地　区	市场数量 (个)	总摊位数 (个)	年末出租摊位数 (个)	营业面积 (平方米)	成交额 (万元)
全　国	**57**	**42292**	**36121**	**2957439**	**7096013**
东部地区	**35**	**19329**	**18491**	**1989912**	**4843283**
北　京	2	181	179	112657	50839
天　津	1	180	150	8000	11000
河　北	5	8117	8067	1046750	2312386
上　海	3	958	922	23200	135249
江　苏	6	1956	1908	173009	654900
浙　江	8	2796	2744	221552	988630
福　建					
山　东	9	4797	4218	385550	389025
广　东	1	344	303	19194	301254
海　南					
东北地区	**5**	**6470**	**5959**	**144000**	**363111**
辽　宁	5	6470	5959	144000	363111
吉　林					
黑龙江					
中部地区	**8**	**6164**	**5892**	**393128**	**904773**
山　西					
安　徽	2	1688	1423	125500	83522
江　西	1	871	871	203468	47141
河　南	4	3280	3273	55360	756299
湖　北					
湖　南	1	325	325	8800	17811
西部地区	**9**	**10329**	**5779**	**430399**	**984846**
内蒙古	7	4769	4719	372709	853971
广　西					
重　庆					
四　川	1	560	560	15000	101155
贵　州					
云　南	1	5000	500	42690	29720
西　藏					
陕　西					
甘　肃					
青　海					
宁　夏					
新　疆					

2-9　商品交易市场情况(按营业状态分)

(常年营业)

地　区	市场数量 (个)	总摊位数 (个)	年末出租摊位数 (个)	营业面积 (平方米)	成交额 (万元)
全　国	**4943**	**3907011**	**3501626**	**291397344**	**997441029**
东部地区	**2929**	**2209132**	**1981473**	**170167020**	**685732592**
北　京	128	118738	105653	6648201	33754691
天　津	64	45797	41733	4545667	17885479
河　北	232	347348	298020	26186637	51306069
上　海	156	73130	69087	7713449	88966262
江　苏	531	392029	352513	32620942	170736274
浙　江	762	504870	464830	29919606	154504981
福　建	154	61931	56125	3809885	17313629
山　东	552	406792	381301	38176682	94368640
广　东	342	253504	207218	19776813	56388517
海　南	8	4993	4993	769138	508050
东北地区	**355**	**307614**	**282126**	**15074236**	**57420433**
辽　宁	213	191046	176335	9077044	39364978
吉　林	60	55599	50745	2953006	7083393
黑龙江	82	60969	55046	3044186	10972062
中部地区	**897**	**667066**	**619651**	**46756488**	**134502443**
山　西	39	31616	29948	2792525	6111235
安　徽	129	126998	115291	11366078	26897190
江　西	93	76206	70715	4069663	17602405
河　南	160	154266	142447	12465473	31167003
湖　北	152	82235	76991	5532919	20926807
湖　南	324	195745	184259	10529830	31797803
西部地区	**762**	**723199**	**618376**	**59399600**	**119785561**
内蒙古	67	41223	37986	7234557	5552370
广　西	90	75532	68684	4378857	11282537
重　庆	149	109363	101736	8060986	34063093
四　川	125	190869	144245	11878458	27040900
贵　州	62	46383	36736	3022294	6915943
云　南	47	68118	59158	3656094	7034606
西　藏					
陕　西	52	36721	34117	2468845	4475601
甘　肃	40	35802	30528	1789505	4629150
青　海	8	4731	4721	278368	273118
宁　夏	35	27678	24024	3981527	3143649
新　疆	87	86779	76441	12650109	15374594

2-9 续表 1

(季节性营业)

地　区	市场数量(个)	总摊位数(个)	年末出租摊位数(个)	营业面积(平方米)	成交额(万元)
全　国	**68**	**43852**	**29513**	**3984151**	**5276449**
东部地区	**49**	**39836**	**25738**	**2904356**	**4045347**
北　京	3	4156	2514	279000	148015
天　津	1	605	106	40000	23800
河　北	10	7863	6562	769536	600008
上　海					
江　苏	3	986	765	34340	92000
浙　江	4	11040	1289	233286	744680
福　建	1	29	29	1500	23000
山　东	26	15036	14373	1521694	2253844
广　东	1	121	100	25000	160000
海　南					
东北地区	**4**	**467**	**464**	**197690**	**176193**
辽　宁	2	249	246	51690	108106
吉　林					
黑龙江	2	218	218	146000	68087
中部地区	**6**	**2581**	**2386**	**245355**	**357518**
山　西					
安　徽	1	390	390	33350	75200
江　西	1	306	306	60000	26995
河　南	3	1435	1415	145040	195323
湖　北					
湖　南	1	450	275	6965	60000
西部地区	**9**	**968**	**925**	**636750**	**697391**
内蒙古	5	434	424	450200	245832
广　西	2	445	442	114000	213007
重　庆					
四　川					
贵　州					
云　南	1	29	29	70000	224313
西　藏					
陕　西					
甘　肃					
青　海					
宁　夏					
新　疆	1	60	30	2550	14239

2-9 续表 2

(其他)

地 区	市场数量 (个)	总摊位数 (个)	年末出租摊位数 (个)	营业面积 (平方米)	成交额 (万元)
全 国	**12**	**5407**	**3618**	**297706**	**381541**
东部地区	**8**	**2762**	**1879**	**192583**	**278912**
北 京					
天 津					
河 北	2	602	587	41800	24037
上 海	2	402	187	112656	201707
江 苏	2	975	622	10855	21215
浙 江					
福 建					
山 东	1	420	120	26640	10252
广 东	1	363	363	632	21701
海 南					
东北地区					
辽 宁					
吉 林					
黑 龙 江					
中部地区	**3**	**2334**	**1428**	**99923**	**92594**
山 西					
安 徽					
江 西					
河 南	1	900	286	70423	22000
湖 北	1	360	360	10500	28073
湖 南	1	1074	782	19000	42521
西部地区	**1**	**311**	**311**	**5200**	**10035**
内 蒙 古					
广 西					
重 庆					
四 川					
贵 州					
云 南					
西 藏					
陕 西					
甘 肃					
青 海					
宁 夏					
新 疆	1	311	311	5200	10035

2-10 商品交易市场情况(按经营方式分)

(批发为主)

地 区	市场数量(个)	总摊位数(个)	年末出租摊位数(个)	营业面积(平方米)	成交额(万元)
全 国	**2920**	**2773884**	**2446984**	**232455833**	**863236688**
东部地区	**1746**	**1624130**	**1432375**	**138887993**	**602280188**
北 京	57	73359	61297	4440024	21824695
天 津	46	32790	29831	3719991	17011471
河 北	183	307481	259923	24474634	48865664
上 海	83	47440	44881	6525473	84023024
江 苏	282	260128	232107	23939812	150168007
浙 江	389	361581	328491	22500156	130758113
福 建	68	30309	27433	2497783	13296604
山 东	412	311041	288451	33217040	86250463
广 东	223	198492	158452	16832442	49766436
海 南	3	1509	1509	740638	315711
东北地区	**166**	**148642**	**136391**	**9235106**	**44484776**
辽 宁	98	88795	82807	5368852	32173993
吉 林	30	24350	22089	1793408	4415742
黑龙江	38	35497	31495	2072846	7895041
中部地区	**531**	**451976**	**421150**	**35876360**	**112160307**
山 西	29	26713	25115	2285223	5757099
安 徽	83	98638	90452	9658365	24293781
江 西	56	52093	48067	3115353	15435026
河 南	111	116591	107386	9811090	28006088
湖 北	82	54053	51909	3479256	15045977
湖 南	170	103888	98221	7527073	23622336
西部地区	**477**	**549136**	**457068**	**48456374**	**104311417**
内蒙古	48	23540	20931	6423155	4359009
广 西	53	44787	39436	3074921	9721375
重 庆	85	80602	75344	6136874	29936323
四 川	85	169063	123441	10058029	25036162
贵 州	39	38425	29219	2093505	5625782
云 南	26	56207	47921	2935530	6078811
西 藏					
陕 西	30	20753	19159	1468453	2621667
甘 肃	32	27321	25405	1605090	4360602
青 海	4	3188	3182	234203	160665
宁 夏	19	17320	13992	3023279	2713778
新 疆	56	67930	59038	11403335	13697243

2-10　续表

(零售为主)

地　区	市场数量(个)	总摊位数(个)	年末出租摊位数(个)	营业面积(平方米)	成交额(万元)
全　国	**2103**	**1182386**	**1087773**	**63223368**	**139862331**
东部地区	**1240**	**627600**	**576715**	**34375966**	**87776663**
北　京	74	49535	46870	2487177	12078011
天　津	19	13612	12008	865676	897808
河　北	61	48332	45246	2523339	3064450
上　海	75	26092	24393	1300632	5144945
江　苏	254	133862	121793	8726325	20681482
浙　江	377	154329	137628	7652736	24491548
福　建	87	31651	28721	1313602	4040025
山　东	167	111207	107343	6507976	10382273
广　东	121	55496	49229	2970003	6803782
海　南	5	3484	3484	28500	192339
东北地区	**193**	**159439**	**146199**	**6036820**	**13111850**
辽　宁	117	102500	93774	3759882	7299091
吉　林	30	31249	28656	1159598	2667651
黑龙江	46	25690	23769	1117340	3145108
中部地区	**375**	**220005**	**202315**	**11225406**	**22792248**
山　西	10	4903	4833	507302	354136
安　徽	47	28750	25229	1741063	2678609
江　西	38	24419	22954	1014310	2194374
河　南	53	40010	36762	2869846	3378238
湖　北	71	28542	25442	2064163	5908903
湖　南	156	93381	87095	3028722	8277988
西部地区	**295**	**175342**	**162544**	**11585176**	**16181570**
内蒙古	24	18117	17479	1261602	1439193
广　西	39	31190	29690	1417936	1774169
重　庆	64	28761	26392	1924112	4126770
四　川	40	21806	20804	1820429	2004738
贵　州	23	7958	7517	928789	1290161
云　南	22	11940	11266	790564	1180108
西　藏					
陕　西	22	15968	14958	1000392	1853934
甘　肃	8	8481	5123	184415	268548
青　海	4	1543	1539	44165	112453
宁　夏	16	10358	10032	958248	429871
新　疆	33	19220	17744	1254524	1701625

2-11 商品交易市场情况(按经营环境分)

(露天式)

地 区	市场数量(个)	总摊位数(个)	年末出租摊位数(个)	营业面积(平方米)	成交额(万元)
全 国	**823**	**544770**	**481089**	**61336710**	**146974620**
东部地区	**496**	**337921**	**298291**	**35350054**	**90343337**
北 京	20	23886	14816	2559901	13991368
天 津	18	12009	9783	1616459	2605222
河 北	84	113066	95968	8762013	8829908
上 海	11	3492	3057	669981	2119575
江 苏	61	25258	22344	2631682	13512273
浙 江	67	37680	36588	2392551	13255828
福 建	6	994	994	61960	461367
山 东	186	106281	100182	14395509	30209414
广 东	41	14081	13385	1522198	5051231
海 南	2	1174	1174	737800	307151
东北地区	**55**	**36010**	**33766**	**4017655**	**8150754**
辽 宁	40	23902	22026	2644580	6240384
吉 林	6	6038	5715	492900	281000
黑龙江	9	6070	6025	880175	1629370
中部地区	**121**	**80429**	**74116**	**7070385**	**25400968**
山 西	8	4245	3620	402327	492730
安 徽	23	16168	15091	1065040	4117227
江 西	11	9968	9733	699460	3328965
河 南	37	21772	20063	2407379	7867557
湖 北	19	11954	11441	722721	5099781
湖 南	23	16322	14168	1773458	4494708
西部地区	**151**	**90410**	**74916**	**14898616**	**23079561**
内蒙古	31	14808	13667	4959585	2798744
广 西	9	3970	3344	1077337	3902057
重 庆	11	8609	7948	534616	3057631
四 川	25	12567	11437	2138475	5444367
贵 州	11	2528	2463	617144	1232446
云 南	8	8177	3496	320431	584819
西 藏					
陕 西	12	6278	5689	375124	1280593
甘 肃	13	15747	11192	498342	2266822
青 海	3	752	746	136203	73844
宁 夏	9	6957	5977	926638	801278
新 疆	19	10017	8957	3314721	1636960

2-11 续表 1

(封闭式)

地 区	市场数量 (个)	总摊位数 (个)	年末出租摊位数 (个)	营业面积 (平方米)	成交额 (万元)
全 国	**3574**	**2952816**	**2640075**	**187356622**	**697195244**
东部地区	**2124**	**1662252**	**1482288**	**111044470**	**487213140**
北 京	102	84816	79836	3838086	16576325
天 津	42	32770	30471	2802902	14830354
河 北	123	205113	177157	15632804	39386547
上 海	113	55082	51625	3220332	76986258
江 苏	395	315500	284150	24576634	110106584
浙 江	624	439928	394306	25344984	119859341
福 建	127	54139	48423	3401257	13526812
山 东	342	265200	249837	19323165	56782220
广 东	250	205885	162664	12872968	38957800
海 南	6	3819	3819	31338	200899
东北地区	**288**	**258767**	**235694**	**9887448**	**45753428**
辽 宁	166	159706	147042	5610554	29857440
吉 林	48	43984	39453	1974662	6506209
黑龙江	74	55077	49199	2302232	9389779
中部地区	**635**	**468620**	**440001**	**30420930**	**88624687**
山 西	22	20849	20453	1987473	5305054
安 徽	78	70225	63289	5675097	14968922
江 西	71	57501	53554	3056354	12240986
河 南	100	109572	102632	8618896	19468218
湖 北	109	59911	56444	4090415	14769310
湖 南	255	150562	143629	6992695	21872197
西部地区	**527**	**563177**	**482092**	**36003774**	**75603989**
内蒙古	37	24412	22306	2008037	2546813
广 西	63	61302	55572	2621964	6057186
重 庆	123	88443	81901	6473850	25253620
四 川	90	169928	124526	9152863	19242029
贵 州	39	34933	27976	1848102	3439253
云 南	35	57599	53378	3144569	5393921
西 藏					
陕 西	32	25653	23790	1816019	2909624
甘 肃	19	14835	14428	1043188	1947122
青 海	5	3979	3975	142165	199274
宁 夏	24	17908	16702	2571889	2028868
新 疆	60	64185	57538	5181128	6586279

2-11 续表 2

(其他)

地　区	市场数量(个)	总摊位数(个)	年末出租摊位数(个)	营业面积(平方米)	成交额(万元)
全　国	**626**	**458684**	**413593**	**46985869**	**158929155**
东部地区	**366**	**251557**	**228511**	**26869435**	**112500374**
北　京	9	14192	13515	529214	3335013
天　津	5	1623	1585	166306	473703
河　北	37	37634	32044	2603156	3713659
上　海	34	14958	14592	3935792	10062136
江　苏	80	53232	47406	5457821	47230632
浙　江	75	38302	35225	2415357	22134492
福　建	22	6827	6737	348168	3348450
山　东	51	50767	45775	6006342	9641102
广　东	53	34022	31632	5407279	12561187
海　南					
东北地区	**16**	**13304**	**13130**	**1366823**	**3692444**
辽　宁	9	7687	7513	873600	3375260
吉　林	6	5577	5577	485444	296184
黑龙江	1	40	40	7779	21000
中部地区	**150**	**122932**	**109348**	**9610451**	**20926900**
山　西	9	6522	5875	402725	313451
安　徽	29	40995	37301	4659291	7886241
江　西	12	9043	7734	373849	2059449
河　南	27	25257	21453	1654661	4048551
湖　北	25	10730	9466	730283	1085789
湖　南	48	30385	27519	1789642	5533419
西部地区	**94**	**70891**	**62604**	**9139160**	**21809437**
内蒙古	4	2437	2437	717135	452645
广　西	20	10705	10210	793556	1536301
重　庆	15	12311	11887	1052520	5751842
四　川	10	8374	8282	587120	2354504
贵　州	12	8922	6297	557048	2244244
云　南	5	2371	2313	261094	1280179
西　藏					
陕　西	8	4790	4638	277702	285384
甘　肃	8	5220	4908	247975	415206
青　海					
宁　夏	2	2813	1345	483000	313503
新　疆	10	12948	10287	4162010	7175629

2-12　商品交易市场成交情况(按摊位分)

地　区	粮油、食品类		#粮油类		#肉禽蛋类	
	摊位数(个)	成交额(万元)	摊位数(个)	成交额(万元)	摊位数(个)	成交额(万元)
全　国	**1013537**	**247999747**	**98925**	**32841262**	**138431**	**32476617**
东部地区	**639858**	**154423849**	**58627**	**20101668**	**81218**	**20884259**
北　京	35443	17638372	2951	2246797	4976	2097848
天　津	15418	6136766	2712	1242358	1106	632706
河　北	111222	11222953	6446	1033746	7082	1302420
上　海	20310	8274788	2753	731871	4080	2045051
江　苏	85325	26046957	10760	4323944	15874	4714808
浙　江	130753	32136014	10648	4893328	18690	4155263
福　建	23830	6074107	2056	530111	4652	604391
山　东	162818	28875635	14281	3414575	11632	1427800
广　东	52380	17892444	5790	1678571	12517	3852685
海　南	2359	125813	230	6367	609	51287
东北地区	**55327**	**12943453**	**6533**	**1386653**	**9459**	**1408580**
辽　宁	33016	6113350	4058	629742	5494	799960
吉　林	8236	1205453	947	49241	1426	58892
黑龙江	14075	5624650	1528	707670	2539	549728
中部地区	**161038**	**45502437**	**19030**	**6068008**	**24289**	**4982874**
山　西	7302	1820091	939	200205	317	67766
安　徽	28088	7169088	2268	760894	5431	1068350
江　西	19392	7395485	2262	1285092	4368	1527694
河　南	33742	12944692	3799	1997969	2282	378142
湖　北	21019	6075164	1894	734959	2992	532903
湖　南	51495	10097917	7868	1088889	8899	1408019
西部地区	**157314**	**35130008**	**14735**	**5284933**	**23465**	**5200904**
内蒙古	8969	1304274	668	266360	890	200557
广　西	22399	3630668	2884	587360	5797	1075631
重　庆	24005	6691349	2862	626121	3852	1729607
四　川	42230	8393860	3524	1126089	5641	750014
贵　州	8248	3415650	998	1552025	820	154458
云　南	7631	2189374	566	336708	1685	169355
西　藏						
陕　西	7897	1633118	582	304680	1499	135559
甘　肃	11637	1684627	1091	267815	704	242690
青　海	337	19494	35	609	18	949
宁　夏	8916	1616311	516	72937	890	217495
新　疆	15045	4551283	1009	144229	1669	524589

2-12 续表 1

地区	#水产品类		#蔬菜类		#干鲜果品类	
	摊位数（个）	成交额（万元）	摊位数（个）	成交额（万元）	摊位数（个）	成交额（万元）
全 国	**159611**	**51680891**	**405731**	**66599121**	**172377**	**57064459**
东部地区	**121453**	**36732482**	**261882**	**40248755**	**99589**	**33097430**
北 京	4090	2392681	10621	4865013	8770	5218722
天 津	1499	1756096	7248	1367498	2742	1107847
河 北	4639	482135	71166	4785041	20219	3236113
上 海	4339	2785772	6988	1554359	2096	1105127
江 苏	16080	6102905	28770	5514004	11243	4405280
浙 江	43711	9466044	38024	6454637	16596	6810487
福 建	6298	3165084	6581	972813	2981	666714
山 东	31150	7340579	75416	10858686	27121	5363271
广 东	9081	3192683	16456	3864400	7480	5176517
海 南	566	48503	612	12304	341	7352
东北地区	**8874**	**3094382**	**18183**	**3915911**	**8474**	**2564710**
辽 宁	5485	1722477	11251	1393231	4948	1046186
吉 林	1133	454623	2128	447852	865	155111
黑龙江	2256	917282	4804	2074828	2661	1363413
中部地区	**17465**	**7738574**	**57252**	**12488688**	**31680**	**11610519**
山 西	271	46684	3841	865033	1728	610034
安 徽	2633	1235749	10850	1676671	5427	1773829
江 西	1485	601761	6934	1713090	3565	1965014
河 南	4360	1896992	14567	4968160	7530	3651348
湖 北	3644	2178368	6681	1142377	4302	1280155
湖 南	5072	1779020	14379	2123357	9128	2330139
西部地区	**11819**	**4115453**	**68414**	**9945767**	**32634**	**9791800**
内蒙古	568	54480	4501	414738	1907	305719
广 西	2334	288653	7788	875701	3498	798628
重 庆	2028	1498400	8477	1336209	3970	1179835
四 川	3210	1302451	20337	2677004	8609	2415440
贵 州	240	52665	3294	689213	2320	927757
云 南	566	44546	3143	623239	1170	827978
西 藏						
陕 西	951	57576	3858	1060407	920	70316
甘 肃	679	264963	7524	521925	1469	383304
青 海	24	681	185	15405	75	1850
宁 夏	473	196928	3553	366123	3432	761913
新 疆	746	354110	5754	1365803	5264	2119060

2-12 续表 2

地区	饮料类		烟酒类		服装、鞋帽、针纺织品类	
	摊位数（个）	成交额（万元）	摊位数（个）	成交额（万元）	摊位数（个）	成交额（万元）
全　国	**48620**	**10253173**	**44881**	**10038560**	**977742**	**166315228**
东部地区	**25444**	**6506525**	**23951**	**5471116**	**511021**	**120084977**
北　京	1385	539232	1596	950063	26673	848795
天　津	499	118195	443	163650	10009	650495
河　北	2962	213687	3839	401261	50409	9088847
上　海	759	77000	889	131561	10935	874954
江　苏	3845	1680528	3381	1201758	92633	42682487
浙　江	5950	1798263	2886	921688	141746	40017654
福　建	2540	496707	509	219176	14286	2677522
山　东	5882	1301619	9317	1127630	86691	10453606
广　东	1473	277779	942	350939	76550	12739859
海　南	149	3515	149	3390	1089	50758
东北地区	**2138**	**612247**	**2388**	**833348**	**115597**	**14392339**
辽　宁	1018	190057	937	188977	76382	12397260
吉　林	445	13580	642	10380	16126	621778
黑龙江	675	408610	809	633991	23089	1373301
中部地区	**11417**	**1890212**	**11554**	**2717623**	**167387**	**14417927**
山　西	184	14500	425	340716	12338	1024031
安　徽	2191	538263	1775	456102	25002	2288717
江　西	1052	239374	1302	382064	16107	2844205
河　南	2330	315477	2504	219948	38335	2558329
湖　北	1807	318878	503	256542	20317	2451141
湖　南	3853	463720	5045	1062251	55288	3251504
西部地区	**9621**	**1244189**	**6988**	**1016473**	**183737**	**17419985**
内蒙古	211	51819	255	56805	12126	386436
广　西	754	149534	561	51785	25128	850861
重　庆	1591	362348	1828	349083	21332	5706185
四　川	1511	121622	1593	183264	44727	4444177
贵　州	774	191683	548	185595	11538	1044110
云　南	1397	95414	363	7233	27868	2324257
西　藏						
陕　西	2004	87092	95	2215	11276	748003
甘　肃	381	55724	546	102436	7213	513655
青　海	14	436	11	261	2054	88725
宁　夏	252	62635	233	8930	6092	226799
新　疆	732	65882	955	68866	14383	1086777

2-12 续表 3

地区	服装类		鞋帽类		针纺织品类	
	摊位数（个）	成交额（万元）	摊位数（个）	成交额（万元）	摊位数（个）	成交额（万元）
全　国	**595427**	**72918153**	**144147**	**16424524**	**238168**	**76972551**
东部地区	**290717**	**42862921**	**68555**	**9045976**	**151749**	**68176080**
北　京	19103	606540	3976	101298	3594	140957
天　津	6978	423696	1992	148342	1039	78457
河　北	35540	5880234	6709	776172	8160	2432441
上　海	8006	745209	1062	28263	1867	101482
江　苏	44743	12169486	14242	2673205	33648	27839796
浙　江	65522	11439671	14519	1989165	61705	26588818
福　建	11205	2022467	1802	167675	1279	487380
山　东	55935	5468537	15113	2079024	15643	2906045
广　东	42728	4057814	9036	1081702	24786	7600343
海　南	957	49267	104	1130	28	361
东北地区	**68004**	**9483570**	**17721**	**1352568**	**29872**	**3556201**
辽　宁	43939	8074246	11977	1164205	20466	3158809
吉　林	12644	527169	1770	45373	1712	49236
黑龙江	11421	882155	3974	142990	7694	348156
中部地区	**112579**	**9800343**	**28322**	**2397117**	**26486**	**2220467**
山　西	9305	776432	2130	177526	903	70073
安　徽	13860	1377608	4928	382700	6214	528409
江　西	10462	1745036	3084	488956	2561	610213
河　南	24430	1649580	6431	487784	7474	420965
湖　北	15519	2036641	2444	242813	2354	171687
湖　南	39003	2215046	9305	617338	6980	419120
西部地区	**124127**	**10771319**	**29549**	**3628863**	**30061**	**3019803**
内蒙古	7530	249772	2539	86420	2057	50244
广　西	17202	617321	3309	94944	4617	138596
重　庆	12926	2689417	4484	1650047	3922	1366721
四　川	30433	2817963	7697	961460	6597	664754
贵　州	8955	812253	1851	157888	732	73969
云　南	18446	1607600	3389	263825	6033	452832
西　藏						
陕　西	7965	480014	1771	182880	1540	85109
甘　肃	5692	459776	763	22290	758	31589
青　海	1099	55469	479	20346	476	12910
宁　夏	3492	131828	1097	29230	1503	65741
新　疆	10387	849906	2170	159533	1826	77338

2-12　续表 4

地　区	化妆品类		金银珠宝类		日用品类	
	摊位数（个）	成交额（万元）	摊位数（个）	成交额（万元）	摊位数（个）	成交额（万元）
全　国	**29845**	**3281358**	**22224**	**5826747**	**186194**	**32099049**
东部地区	**12667**	**1766500**	**13807**	**4815784**	**116379**	**23646247**
北　京	914	53095	1079	246793	8892	843679
天　津	338	22478	63	52849	1932	162669
河　北	1402	373144	892	132664	16386	3640463
上　海	54	5627	42	5176	1741	2349971
江　苏	1762	302945	1706	877996	21148	4253055
浙　江	2496	474033	1786	1917432	24145	6016601
福　建	141	25355	1908	903571	1683	268108
山　东	2955	353474	1746	425976	21905	3174233
广　东	2555	154986	4585	253327	18495	2935978
海　南	50	1363			52	1490
东北地区	**2581**	**419808**	**2490**	**119301**	**15014**	**2532738**
辽　宁	1652	393181	2382	104249	12027	2382543
吉　林	330	8624	56	10766	1576	76761
黑 龙 江	599	18003	52	4286	1411	73434
中部地区	**8711**	**625671**	**2235**	**510121**	**27247**	**3445937**
山　西	290	7010	4	65	1907	536971
安　徽	806	87894	1661	341196	5879	366249
江　西	799	85556	66	9369	3629	664428
河　南	4755	159719	215	99463	5118	377889
湖　北	414	122562	108	38267	3131	541857
湖　南	1647	162930	181	21761	7583	958543
西部地区	**5886**	**469379**	**3692**	**381541**	**27554**	**2474127**
内 蒙 古	406	7504	1730	112253	730	36435
广　西	573	22885	61	1203	2483	147760
重　庆	820	167189	41	12663	5472	856584
四　川	1314	76249	264	17083	4090	470565
贵　州	246	23960	6	408	2258	284858
云　南	804	38695	455	95685	6319	266076
西　藏						
陕　西	147	4403	50	1100	1018	36714
甘　肃	388	63507	36	5664	1373	192528
青　海	189	8297	3	180	130	1040
宁　夏	311	16216	56	5292	778	31637
新　疆	688	40474	990	130010	2903	149930

2-12 续表 5

地区	#儿童玩具类		五金、电料类		体育、娱乐用品类	
	摊位数（个）	成交额（万元）	摊位数（个）	成交额（万元）	摊位数（个）	成交额（万元）
全　国	**30946**	**3816183**	**115595**	**22411945**	**13894**	**1973252**
东部地区	**19876**	**2769910**	**69665**	**15764039**	**7814**	**1586547**
北　京	1007	63721	2121	183726	857	136149
天　津	71	4931	3122	922875	89	11263
河　北	7216	852828	5224	1528525	1935	572224
上　海	54	31499	4333	304112	251	41807
江　苏	3189	724575	15285	3733691	905	192385
浙　江	3620	548222	18680	4948770	1270	285692
福　建	145	10190	721	91829	157	63340
山　东	3205	329207	13682	2769004	1465	179841
广　东	1361	204612	6316	1254287	882	103756
海　南	8	125	181	27220	3	90
东北地区	**2326**	**168834**	**7207**	**447682**	**620**	**24275**
辽　宁	1501	137429	3295	302464	498	14499
吉　林	491	4549	3484	103928	33	1333
黑龙江	334	26856	428	41290	89	8443
中部地区	**4501**	**442623**	**19732**	**3915320**	**3100**	**161487**
山　西	381	2542	725	220955	57	2068
安　徽	562	73626	4010	498431	277	14136
江　西	471	36209	1578	461817	152	12416
河　南	1356	77899	3548	724975	1590	68174
湖　北	358	51590	3461	420365	76	16859
湖　南	1373	200757	6410	1588777	948	47834
西部地区	**4243**	**434816**	**18991**	**2284904**	**2360**	**200943**
内蒙古	88	1958	526	133933	67	1966
广　西	646	37055	1750	192353	308	17840
重　庆	748	205527	5826	945986	320	65579
四　川	1132	74710	3818	647582	300	33747
贵　州	60	5129	1313	61062	221	6249
云　南	711	44839	460	25811	252	23387
西　藏						
陕　西	117	1808	1083	41107	109	2956
甘　肃	152	43210	881	35282	294	24438
青　海	4	130	178	2336	98	642
宁　夏	114	5940	95	2398	38	821
新　疆	471	14510	3061	197054	353	23318

2-12 续表 6

地区	#照相器材类		书报杂志类		电子出版物及音像制品类	
	摊位数（个）	成交额（万元）	摊位数（个）	成交额（万元）	摊位数（个）	成交额（万元）
全国	**634**	**64288**	**4792**	**670305**	**8873**	**1973089**
东部地区	**475**	**54679**	**1974**	**243479**	**4682**	**1542181**
北京	3	438	249	28600	66	15115
天津			22	278	24	1699
河北	68	270	183	23986	2469	1273532
上海	175	34112	29	1099	14	3340
江苏	81	2538	422	67960	650	66919
浙江			226	53772	85	22569
福建	12	9620	24	391	49	4446
山东	42	3054	691	40412	756	43933
广东	94	4647	128	26981	569	110628
海南						
东北地区	**6**	**116**	**225**	**16111**	**540**	**95771**
辽宁			148	15128	315	81340
吉林	4	66	42	594	167	12882
黑龙江	2	50	35	389	58	1549
中部地区	**69**	**4266**	**1782**	**380925**	**2551**	**273121**
山西					8	86
安徽	14	408	105	88954	224	6966
江西	1	46	108	7180	229	31145
河南	12	120	734	143677	723	38353
湖北	1	16	313	65375	105	11304
湖南	41	3676	522	75739	1262	185267
西部地区	**84**	**5227**	**811**	**29790**	**1100**	**62016**
内蒙古			27	144	53	1099
广西	2	10	17	279	200	17020
重庆	5	60	92	3716	80	11585
四川	2	150	178	12448	67	4886
贵州	6	1260	10	533	27	933
云南			9	93	131	2557
西藏						
陕西			6	55	104	9446
甘肃	11	426	273	955	141	4120
青海			1	64	21	147
宁夏	19	75	33	8579	103	2538
新疆	39	3246	165	2924	173	7685

2-12 续表 7

地　区	家用电器和音像器材类		中西药品类		#西药类	
	摊位数（个）	成交额（万元）	摊位数（个）	成交额（万元）	摊位数（个）	成交额（万元）
全　国	**35444**	**7127944**	**29492**	**13391941**	**1106**	**370417**
东部地区	**14424**	**2610250**	**10917**	**2186712**	**468**	**206508**
北　京	1231	147628	43	6720	33	5421
天　津	103	10030	17	174	11	116
河　北	1040	123599	7101	1408941	67	7810
上　海	333	51283	186	52042	5	1581
江　苏	2189	638242	216	256386	165	170883
浙　江	3324	430819	1324	241548	6	258
福　建	547	100297	98	25905	4	439
山　东	3635	886847	1080	71816	143	12738
广　东	2016	221136	850	123079	32	7161
海　南	6	369	2	101	2	101
东北地区	**2367**	**581889**	**2009**	**1712100**	**81**	**22711**
辽　宁	1563	372945	513	1029835	52	15886
吉　林	597	85839	1474	671277	19	986
黑 龙 江	207	123105	22	10988	10	5839
中部地区	**11416**	**2761099**	**11598**	**4566527**	**335**	**103018**
山　西	115	8956				
安　徽	2679	898656	5930	2988326	35	38496
江　西	1678	381334	484	289381	33	10133
河　南	2304	550675	2946	373927	152	5920
湖　北	1205	80242	43	16765	6	12370
湖　南	3435	841236	2195	898128	109	36099
西部地区	**7237**	**1174706**	**4968**	**4926602**	**222**	**38180**
内 蒙 古	245	31129	223	46765	21	631
广　西	529	22536	1160	761633	27	7134
重　庆	874	335788	90	21433	35	12646
四　川	846	213120	2021	3753561	8	692
贵　州	785	102907	6	642	1	420
云　南	1594	104184	497	200026	33	3509
西　藏						
陕　西	386	27672	450	64312		
甘　肃	537	173290	163	18991	12	1481
青　海	113	1864	52	40150	1	90
宁　夏	72	4240	11	70	9	68
新　疆	1256	157976	295	19019	75	11509

2-12 续表 8

地区	#中草药及中成药类		文化办公用品类		#计算机及其配套产品	
	摊位数（个）	成交额（万元）	摊位数（个）	成交额（万元）	摊位数（个）	成交额（万元）
全　国	**27616**	**12925905**	**67271**	**9928368**	**28920**	**3954306**
东部地区	**10308**	**1934600**	**37198**	**5727258**	**13199**	**1903819**
北　京	10	1299	4517	921253	30	3918
天　津	3	25	507	43998	7	12
河　北	7023	1400883	4100	823511	187	14298
上　海	181	50461	957	195943	647	154439
江　苏	48	68476	4063	971593	1532	398907
浙　江	1236	217552	10906	1537831	3299	568424
福　建	83	23636	963	134320	632	107831
山　东	920	57380	5014	593930	2100	287710
广　东	804	114888	5891	481046	4615	357024
海　南			280	23833	150	11256
东北地区	**1918**	**1684460**	**6978**	**843947**	**3760**	**576286**
辽　宁	459	1013930	3353	279637	758	38881
吉　林	1450	665681	982	170108	538	157238
黑龙江	9	4849	2643	394202	2464	380167
中部地区	**10928**	**4431576**	**11821**	**1949768**	**6086**	**621223**
山　西			622	27501	420	20000
安　徽	5796	2943960	557	67378	48	2665
江　西	376	265049	1146	274171	230	21790
河　南	2778	367616	4484	309828	3138	229772
湖　北	3	302	1942	496540	908	39748
湖　南	1975	854649	3070	774350	1342	307248
西部地区	**4462**	**4875269**	**11274**	**1407395**	**5875**	**852978**
内蒙古	199	45848	417	28163	1	10
广　西	1069	753448	927	121959	742	108265
重　庆	42	6161	2431	376193	1602	246593
四　川	1999	3750217	2096	225340	1390	131060
贵　州	5	22	800	135231	271	81021
云　南	464	196517	482	37097		
西　藏						
陕　西	450	64312	1128	163522	972	158329
甘　肃	148	17000	494	68222	13	1148
青　海	51	40060	374	10782		
宁　夏	2	2	397	36166		
新　疆	33	1682	1728	204720	884	126552

2-12 续表 9

地区	家具类		通讯器材类		煤炭及制品类	
	摊位数（个）	成交额（万元）	摊位数（个）	成交额（万元）	摊位数（个）	成交额（万元）
全　国	**99983**	**20777558**	**23311**	**3041673**	**2163**	**5782485**
东部地区	**55975**	**13362323**	**13803**	**1515039**	**1251**	**5025548**
北　京	4432	823915	1107	234859	1	2
天　津	998	38509	84	33766	809	2552970
河　北	8889	3692890	1179	197129	155	136174
上　海	2186	195751	140	10048	1	565
江　苏	15304	2696844	1645	138255	156	636923
浙　江	13929	2629676	2758	315185	72	1688077
福　建	825	1073479	185	27393		
山　东	8546	2126304	1132	149234	57	10837
广　东	866	84955	5573	409170		
海　南						
东北地区	**8498**	**989088**	**1919**	**127969**	**3**	**200**
辽　宁	6005	671434	998	45615	3	200
吉　林	1523	152394	802	67126		
黑龙江	970	165260	119	15228		
中部地区	**15203**	**3250734**	**3103**	**817520**	**162**	**164365**
山　西	1415	64772			6	55117
安　徽	3055	1365400	53	7963	7	2662
江　西	3193	368404	126	56448	16	1000
河　南	2444	531745	841	351621	85	1350
湖　北	1870	284274	1215	312818	4	101516
湖　南	3226	636139	868	88670	44	2720
西部地区	**20307**	**3175413**	**4486**	**581145**	**747**	**592372**
内蒙古	1323	210476	20	579	31	382493
广　西	1007	175166	60	3560		
重　庆	3748	1665920	1256	439431	3	450
四　川	6019	486655	75	6265		
贵　州	1130	62604	80	3595		
云　南	874	112027	912	21239	3	20
西　藏						
陕　西	581	23583	1160	62680		
甘　肃	1219	75677	35	8298	6	662
青　海	1	390	4	140		
宁　夏	1087	52877	10	21	547	192360
新　疆	3318	310038	874	35337	157	16387

2-12 续表 10

地 区	木材及制品类		石油及制品类		化工材料及制品类	
	摊位数（个）	成交额（万元）	摊位数（个）	成交额（万元）	摊位数（个）	成交额（万元）
全 国	**31968**	**10228924**	**1867**	**15390879**	**46893**	**35635498**
东部地区	**22533**	**8128765**	**419**	**9125092**	**40192**	**34025170**
北 京	390	32204			173	26295
天 津	62	12499			315	333574
河 北	422	258524	26	7513	18015	2793117
上 海	1364	431753	160	6138000	837	872730
江 苏	7469	1479250	22	15586	8699	13934612
浙 江	4969	1347348	70	2100453	4228	8917291
福 建	510	95027	4	118	310	75027
山 东	5259	3451593	129	863141	3760	2645544
广 东	2088	1020567	8	281	3855	4426980
海 南						
东北地区	**1986**	**162184**	**190**	**6130000**	**1438**	**104072**
辽 宁	1439	119738	190	6130000	627	49393
吉 林	435	19653			760	31459
黑龙江	112	22793			51	23220
中部地区	**4104**	**1089589**	**1213**	**118746**	**2743**	**567013**
山 西	140	11000			5	1000
安 徽	1134	497774	2	175	622	213314
江 西	432	37485			306	40696
河 南	253	206174	981	100922	579	56839
湖 北	960	214907	4	982	182	51663
湖 南	1185	122249	226	16667	1049	203501
西部地区	**3345**	**848386**	**45**	**17041**	**2520**	**939243**
内蒙古	406	360917			44	28839
广 西	391	84420			171	75384
重 庆	616	220175	12	120	262	77549
四 川	836	78293			469	262923
贵 州	109	3633			48	4845
云 南	159	12460			301	13947
西 藏						
陕 西					24	170000
甘 肃	60	65953			76	2413
青 海						
宁 夏	3	39	7	1136	29	1976
新 疆	765	22496	26	15785	1096	301367

2-12 续表 11

地　区	#化肥类		金属材料类		建筑及装潢材料类	
	摊位数(个)	成交额(万元)	摊位数(个)	成交额(万元)	摊位数(个)	成交额(万元)
全　国	**3765**	**1023715**	**99146**	**212475263**	**277368**	**49521663**
东部地区	**1092**	**442201**	**61865**	**166746429**	**138081**	**28449381**
北　京	1	8	333	39776	4983	779707
天　津	6	2583	1700	4198744	1391	194088
河　北	278	125823	13799	3337977	10110	1457015
上　海			3931	62362938	13036	2351288
江　苏	319	180777	15445	45912858	44438	8135195
浙　江	2	2477	15827	22401259	28904	5541930
福　建			326	2308807	3206	1688521
山　东	484	130516	7945	20598803	26111	7037500
广　东	2	17	2559	5585267	5397	1019137
海　南					505	245000
东北地区	**808**	**50282**	**8789**	**5309236**	**15414**	**1893991**
辽　宁	8	775	6468	3856526	7116	1198688
吉　林	749	26287	1329	172610	3382	272701
黑龙江	51	23220	992	1280100	4916	422602
中部地区	**631**	**124548**	**12302**	**17561129**	**59933**	**11230132**
山　西			207	640739	2360	750690
安　徽	22	3985	1991	4836828	12778	2059791
江　西	41	9112	1483	129788	10260	1565341
河　南	443	52702	3298	6336473	7204	1989073
湖　北	35	18548	3246	2872113	9832	2026138
湖　南	90	40201	2077	2745188	17499	2839099
西部地区	**1234**	**406684**	**16190**	**22858469**	**63940**	**7948159**
内蒙古	42	28000	568	531831	1351	457175
广　西	93	68013	1171	3797388	4233	436227
重　庆	96	19412	5145	7404801	9821	2370227
四　川	68	2110	2461	3614732	19555	2369857
贵　州			1996	311152	3942	347054
云　南	112	5373	160	56631	2577	453163
西　藏						
陕　西			55	280000	3485	196892
甘　肃	30	193	1671	1255667	1545	181560
青　海			22	30271		
宁　夏	24	1730	1721	684355	1641	60530
新　疆	769	281853	1220	4891641	15790	1075474

2-12 续表 12

地 区	机电产品及设备类		#农机类		汽车类	
	摊位数（个）	成交额（万元）	摊位数（个）	成交额（万元）	摊位数（个）	成交额（万元）
全 国	**55333**	**14224665**	**5607**	**2103103**	**78000**	**64810493**
东部地区	**28291**	**8486258**	**3168**	**1235232**	**40093**	**41743631**
北 京	356	153552			4390	8882289
天 津	744	388548	1	26	1880	1758958
河 北	3685	977763	1453	758977	4674	1878920
上 海	567	97055	20	2900	2261	3423972
江 苏	7229	2395511	768	153904	4922	5945780
浙 江	8911	2387960	11	4300	12242	11151991
福 建	111	10542			359	285387
山 东	5316	1586841	735	270315	5150	3210227
广 东	1272	465486	180	44810	4215	5206107
海 南	100	23000				
东北地区	**1330**	**142949**	**87**	**17471**	**7676**	**5856409**
辽 宁	969	118676			3227	2793702
吉 林	322	23573	87	17471	3182	3025150
黑龙江	39	700			1267	37557
中部地区	**10227**	**2459747**	**1527**	**633213**	**16421**	**10545836**
山 西	211	93458			437	427237
安 徽	2137	622094	563	276985	1752	791558
江 西	836	443726	465	199924	2341	1722870
河 南	2511	156071	324	76253	1976	1476652
湖 北	672	68278	2	98	3138	3167619
湖 南	3860	1076120	173	79953	6777	2959900
西部地区	**15485**	**3135711**	**825**	**217187**	**13810**	**6664617**
内蒙古	129	126860	103	117091	40	44222
广 西	759	148580	2	10	1124	323605
重 庆	4504	1328145	59	835	5907	2879955
四 川	4475	871439	89	3801	686	401676
贵 州	681	13850	1	1000	1090	701626
云 南	519	24647	172	8841	1110	633678
西 藏						
陕 西	790	161000			1864	718900
甘 肃	164	32777				
青 海					1	14
宁 夏	389	59774	169	31639	851	28289
新 疆	3075	368639	230	53970	1137	932652

2-12 续表 13

地　区	种子饲料类		棉麻类		其他类	
	摊位数（个）	成交额（万元）	摊位数（个）	成交额（万元）	摊位数（个）	成交额（万元）
全　国	**8661**	**1393843**	**4736**	**4563906**	**206924**	**31961463**
东部地区	**4478**	**698661**	**3915**	**4451621**	**108393**	**21923469**
北　京	5	237	65	759	6866	369891
天　津	8	1450			1262	98754
河　北	2613	91733	822	43021	31616	6231001
上　海	12	733	101	9113	3845	905320
江　苏	395	76148	1135	1512467	13511	4997158
浙　江	179	41121	196	643100	28257	5281584
福　建	211	302366			2651	384888
山　东	1021	184016	1596	2243161	12135	2227579
广　东	34	857			8182	1425186
海　南					68	2108
东北地区	**554**	**47605**	**214**	**2667**	**19098**	**1255247**
辽　宁	231	9345	3	63	12206	614239
吉　林	221	6641	203	2320	4396	316463
黑龙江	102	31619	8	284	2496	324545
中部地区	**1382**	**203170**	**372**	**102206**	**44711**	**3724193**
山　西					1190	64272
安　徽	227	20622	45	29424	12694	714429
江　西	139	18956	79	3210	4088	163551
河　南	562	44598	115	58805	19971	1188877
湖　北	80	7216	48	1236	1656	934259
湖　南	374	111778	85	9531	5112	658805
西部地区	**2247**	**444407**	**235**	**7412**	**34722**	**5058554**
内蒙古	160	47720	12	360	8341	1408005
广　西	620	110877	41	861	2699	351160
重　庆	428	188599	13	1737	5219	1580303
四　川	370	8027	55	2320	4189	341209
贵　州	7	37	49	495	824	13231
云　南	181	6472			4129	514746
西　藏						
陕　西	5	79			400	40752
甘　肃	11	1881	5	48	1379	60775
青　海					1118	67885
宁　夏	52	7475	41	1093	259	31092
新　疆	413	73240	19	498	6165	649396

（三）36城市

2-13 商品交易市场总体情况

地区	市场数量（个）	总摊位数（个）	年末出租摊位数（个）	营业面积（平方米）	成交额（万元）
36 城 市	**1926**	**1589110**	**1403452**	**117280105**	**473918302**
北 京	131	122894	108167	6927201	33902706
天 津	65	46402	41839	4585667	17909279
石 家 庄	54	69298	63238	5429982	13214352
太 原	12	6378	5864	754003	613716
呼和浩特	8	4185	4185	204600	381503
沈 阳	56	59711	51693	2760058	12924013
大 连	41	33111	31919	1680113	13047116
长 春	28	30843	27565	2135573	5153089
哈 尔 滨	44	37814	34454	2118374	7617234
上 海	158	73532	69274	7826105	89167969
南 京	44	37450	36286	2639352	10345132
杭 州	184	97589	91102	4379585	35970715
宁 波	137	77603	71023	4536260	30806054
合 肥	34	27492	22797	2976166	9202132
福 州	51	14960	14586	1339256	7666503
厦 门	19	6544	6488	448032	1748286
南 昌	32	28100	27099	1444586	9347918
济 南	34	22095	21145	1904556	4359533
青 岛	63	61911	58494	5642048	12153273
郑 州	39	60629	56426	3594931	12292071
武 汉	51	30475	29020	2330927	9263246
长 沙	62	46261	44722	5029345	16817837
广 州	146	105065	89104	8775687	24613182
深 圳	33	54684	34912	1653638	5573570
南 宁	34	25563	22108	2006323	4804480
海 口	4	1789	1789	751138	339544
重 庆	149	109363	101736	8060986	34063093
成 都	47	114018	72976	8856721	20322525
贵 阳	20	13858	13528	1318267	4048377
昆 明	29	56485	48209	2950919	5857018
拉 萨					
西 安	35	25641	23646	1491081	3217820
兰 州	26	17999	16276	1341001	3819296
西 宁	5	4125	4115	241368	210926
银 川	21	17771	14836	1864532	2064813
乌鲁木齐	30	47472	42831	7281724	11079981

2-14 商品交易市场情况(按市场类别分)

(综合市场)

地 区	市场数量(个)	总摊位数(个)	年末出租摊位数(个)	营业面积(平方米)	成交额(万元)
36 城 市	**445**	**496313**	**451283**	**27111580**	**103729885**
北 京	37	51352	47794	3035798	16633534
天 津	20	22168	19847	1377319	4775003
石 家 庄	13	29708	27770	1991224	5890126
太 原	2	2850	2480	271500	264065
呼和浩特	1	580	580	96000	182176
沈 阳	7	5031	4787	77853	333390
大 连	18	22115	21609	943548	4577343
长 春	8	8899	8885	280272	333220
哈 尔 滨	11	8989	8453	489800	2769859
上 海	40	24925	23635	1611791	5480627
南 京	14	13026	12772	798349	4336423
杭 州	49	26030	24576	1051364	5540873
宁 波	48	28144	24404	1026608	5236604
合 肥	5	4395	3633	474480	1951994
福 州	18	5254	5032	348876	405962
厦 门	7	3265	3209	219226	320219
南 昌	8	14507	14005	356571	5452437
济 南	5	5460	5424	297000	414860
青 岛	9	8712	8074	646160	2341015
郑 州	2	24450	24100	686000	470700
武 汉	7	6099	5990	644882	921992
长 沙	11	17776	17488	1871247	8755757
广 州	17	13770	12563	450891	1452535
深 圳	12	41160	22805	1269235	4427739
南 宁	5	2965	2247	139100	647685
海 口					
重 庆	46	58878	55434	2991855	12129604
成 都	7	12687	10913	1298575	4269553
贵 阳	2	1447	1341	46000	791822
昆 明	1	782	670	11772	14760
拉 萨					
西 安	2	1273	1210	38300	36190
兰 州	4	3688	3645	254000	531776
西 宁					
银 川	4	2758	2758	108670	193542
乌鲁木齐	5	23170	23150	1907314	1846500

2-14 续表 1

(生产资料综合市场)

地 区	市场数量(个)	总摊位数(个)	年末出租摊位数(个)	营业面积(平方米)	成交额(万元)
36 城 市	**18**	**23650**	**23362**	**2709040**	**4344921**
北 京					
天 津					
石家庄	2	2030	1750	520000	687181
太 原					
呼和浩特					
沈 阳					
大 连	1	610	610	11990	100000
长 春					
哈尔滨					
上 海	2	6959	6959	608000	1211741
南 京					
杭 州	2	1350	1350	104087	437997
宁 波	4	1218	1212	100622	543657
合 肥					
福 州					
厦 门					
南 昌					
济 南					
青 岛	1	110	108	30000	16500
郑 州					
武 汉	1	3533	3533	519100	332681
长 沙					
广 州					
深 圳	1	1328	1328	31860	47147
南 宁					
海 口					
重 庆	2	2200	2200	278261	684080
成 都	1	1566	1566	100000	256000
贵 阳					
昆 明					
拉 萨					
西 安					
兰 州					
西 宁					
银 川					
乌鲁木齐	1	2746	2746	405120	27937

2-14 续表 2

(工业消费品综合市场)

地　区	市场数量 (个)	总摊位数 (个)	年末出租摊位数 (个)	营业面积 (平方米)	成交额 (万元)
36 城市	**112**	**189260**	**163731**	**8088426**	**30731272**
北　京	12	13232	12475	207442	883831
天　津	4	8026	7519	145071	538588
石家庄	6	15669	14814	1068424	4351147
太　原	1	1500	1130	51500	16679
呼和浩特					
沈　阳	1	1457	1293	14193	54541
大　连	10	10032	9720	292319	697401
长　春	3	5340	5339	166489	214561
哈尔滨	3	2401	2401	43800	140772
上　海	2	1846	1774	42478	68294
南　京	3	1964	1964	62679	227471
杭　州	8	7062	6884	170216	957194
宁　波	7	9142	8020	447973	1592271
合　肥	1	1700	938	200000	37980
福　州	3	844	844	278491	120000
厦　门					
南　昌	4	11199	11104	235980	3387135
济　南	3	3200	3173	117000	50380
青　岛	4	5399	5156	450160	1719720
郑　州	1	1450	1100	36000	135800
武　汉	2	524	503	22000	25279
长　沙	4	11215	11082	853101	5392419
广　州	9	7501	6899	283948	1086082
深　圳	4	32900	14575	938260	1401335
南　宁					
海　口					
重　庆	12	31413	30815	1646902	7049202
成　都					
贵　阳					
昆　明					
拉　萨					
西　安	1	980	975	30000	23795
兰　州	3	2788	2758	244000	513603
西　宁					
银　川	1	476	476	40000	45792
乌鲁木齐					

2-14 续表 3

(农产品综合市场)

地 区	市场数量(个)	总摊位数(个)	年末出租摊位数(个)	营业面积(平方米)	成交额(万元)
36 城 市	**232**	**176159**	**160496**	**10461777**	**53639289**
北 京	21	30243	28059	2556818	13952209
天 津	6	4733	4102	377739	2577100
石家庄	5	12009	11206	402800	851798
太 原	1	1350	1350	220000	247386
呼和浩特	1	580	580	96000	182176
沈 阳	4	2445	2365	38360	227468
大 连	3	2072	2072	82980	372621
长 春	1	420	407	2195	13442
哈尔滨	7	4588	4052	431000	2598785
上 海	29	13379	12161	847610	3814217
南 京	7	5844	5818	538670	3214622
杭 州	30	11629	10490	320075	1309370
宁 波	35	17289	14677	449693	3028384
合 肥	2	2057	2057	206480	1877726
福 州	13	4001	3820	60389	251306
厦 门	4	1593	1539	45516	172393
南 昌	3	2570	2365	108905	1709538
济 南	2	2260	2251	180000	364480
青 岛	2	1628	1500	116000	529352
郑 州					
武 汉	4	2042	1954	103782	564032
长 沙	2	5026	5026	874000	3072504
广 州	7	5759	5258	162963	348743
深 圳	5	5710	5710	276065	2944568
南 宁	5	2965	2247	139100	647685
海 口					
重 庆	20	16475	13982	470006	3508687
成 都	5	10923	9168	1178575	3950353
贵 阳	1	1124	1018	18000	774211
昆 明	1	782	670	11772	14760
拉 萨					
西 安	1	293	235	8300	12395
兰 州	1	900	887	10000	18173
西 宁					
银 川	2	1522	1522	31020	37345
乌鲁木齐	2	1948	1948	96964	451460

2-14 续表 4

(其他综合市场)

地　区	市场数量(个)	总摊位数(个)	年末出租摊位数(个)	营业面积(平方米)	成交额(万元)
36 城 市	**83**	**107244**	**103694**	**5852337**	**15014403**
北　京	4	7877	7260	271538	1797494
天　津	10	9409	8226	854509	1659315
石家庄					
太　原					
呼和浩特					
沈　阳	2	1129	1129	25300	51381
大　连	4	9401	9207	556259	3407321
长　春	4	3139	3139	111588	105217
哈尔滨	1	2000	2000	15000	30302
上　海	7	2741	2741	113703	386375
南　京	4	5218	4990	197000	894330
杭　州	9	5989	5852	456986	2836312
宁　波	2	495	495	28320	72292
合　肥	2	638	638	68000	36288
福　州	2	409	368	9996	34656
厦　门	3	1672	1670	173710	147826
南　昌	1	738	536	11686	355764
济　南					
青　岛	2	1575	1310	50000	75443
郑　州	1	23000	23000	650000	334900
武　汉					
长　沙	5	1535	1380	144146	290834
广　州	1	510	406	3980	17710
深　圳	2	1222	1192	23050	34689
南　宁					
海　口					
重　庆	12	8790	8437	596686	887635
成　都	1	198	179	20000	63200
贵　阳	1	323	323	28000	17611
昆　明					
拉　萨					
西　安					
兰　州					
西　宁					
银　川	1	760	760	37650	110405
乌鲁木齐	2	18476	18456	1405230	1367103

2-14　续表 5

(专业市场)

地　区	市场数量(个)	总摊位数(个)	年末出租摊位数(个)	营业面积(平方米)	成交额(万元)
36 城 市	**1481**	**1092797**	**952169**	**90168525**	**370188417**
北　京	94	71542	60373	3891403	17269172
天　津	45	24234	21992	3208348	13134276
石家庄	41	39590	35468	3438758	7324226
太　原	10	3528	3384	482503	349651
呼和浩特	7	3605	3605	108600	199327
沈　阳	49	54680	46906	2682205	12590623
大　连	23	10996	10310	736565	8469773
长　春	20	21944	18680	1855301	4819869
哈尔滨	33	28825	26001	1628574	4847375
上　海	118	48607	45639	6214314	83687342
南　京	30	24424	23514	1841003	6008709
杭　州	135	71559	66526	3328221	30429842
宁　波	89	49459	46619	3509652	25569450
合　肥	29	23097	19164	2501686	7250138
福　州	33	9706	9554	990380	7260541
厦　门	12	3279	3279	228806	1428067
南　昌	24	13593	13094	1088015	3895481
济　南	29	16635	15721	1607556	3944673
青　岛	54	53199	50420	4995888	9812258
郑　州	37	36179	32326	2908931	11821371
武　汉	44	24376	23030	1686045	8341254
长　沙	51	28485	27234	3158098	8062080
广　州	129	91295	76541	8324796	23160647
深　圳	21	13524	12107	384403	1145831
南　宁	29	22598	19861	1867223	4156795
海　口	4	1789	1789	751138	339544
重　庆	103	50485	46302	5069131	21933489
成　都	40	101331	62063	7558146	16052972
贵　阳	18	12411	12187	1272267	3256555
昆　明	28	55703	47539	2939147	5842258
拉　萨					
西　安	33	24368	22436	1452781	3181630
兰　州	22	14311	12631	1087001	3287520
西　宁	5	4125	4115	241368	210926
银　川	17	15013	12078	1755862	1871271
乌鲁木齐	25	24302	19681	5374410	9233481

2-14 续表 6

(生产资料市场)

地　区	市场数量(个)	总摊位数(个)	年末出租摊位数(个)	营业面积(平方米)	成交额(万元)
36 城 市	**283**	**156276**	**127280**	**28913540**	**171551188**
北　京	12	4286	4063	358269	690258
天　津	15	5204	4391	769032	7117791
石家庄	3	917	916	395716	148071
太　原	1	160	86	80001	78000
呼和浩特					
沈　阳	10	6723	6156	719014	3479548
大　连	4	606	549	114300	6362842
长　春	5	4194	4178	616000	313216
哈尔滨	6	4736	4630	898000	1743820
上　海	30	7175	6743	3545405	70585100
南　京	5	9903	9898	548266	2617368
杭　州	22	6655	5812	297396	10915176
宁　波	28	11923	10987	1916021	19871783
合　肥	6	2848	2756	445819	4254450
福　州	6	1159	1159	436274	3242026
厦　门	1	294	294	48000	35714
南　昌	4	2798	2673	161645	674536
济　南	5	1182	1072	209000	359194
青　岛	8	2585	1837	1700960	2154314
郑　州	2	206	119	633288	146080
武　汉	7	2924	2863	269177	2164113
长　沙	13	5201	4734	1283577	2852470
广　州	8	3152	2838	812186	5055491
深　圳	1	102	102	50000	13600
南　宁	7	3159	2870	363391	2570931
海　口	1	780	780	680000	295000
重　庆	30	13025	12134	1883503	9597295
成　都	14	34335	16273	4334924	5670282
贵　阳	6	1845	1780	236700	361165
昆　明	4	991	866	151775	91768
拉　萨					
西　安	5	2198	1988	278500	665691
兰　州	4	1691	1690	229066	1349248
西　宁					
银　川	5	2801	2229	479941	762982
乌鲁木齐	5	10518	7814	3968394	5311865

2-14 续表 7

(农业生产用具市场)

地 区	市场数量（个）	总摊位数（个）	年末出租摊位数（个）	营业面积（平方米）	成交额（万元）
36 城 市	**6**	**1443**	**1305**	**237144**	**538883**
北 京					
天 津					
石 家 庄	1	7	6	4000	13926
太 原					
呼和浩特					
沈 阳					
大 连					
长 春					
哈 尔 滨					
上 海					
南 京					
杭 州					
宁 波					
合 肥	1	556	556	80000	275000
福 州					
厦 门					
南 昌	1	457	332	8000	125874
济 南					
青 岛	2	240	228	129000	75700
郑 州					
武 汉					
长 沙					
广 州					
深 圳					
南 宁					
海 口					
重 庆					
成 都					
贵 阳					
昆 明					
拉 萨					
西 安					
兰 州					
西 宁					
银 川	1	183	183	16144	48383
乌鲁木齐					

2-14 续表 8

(农用生产资料市场)

地 区	市场数量 (个)	总摊位数 (个)	年末出租摊位数 (个)	营业面积 (平方米)	成交额 (万元)
36 城 市	**7**	**1704**	**1576**	**109065**	**468321**
北 京					
天 津					
石 家 庄					
太 原					
呼和浩特					
沈 阳					
大 连					
长 春					
哈 尔 滨	1	39	39	1000	15220
上 海					
南 京					
杭 州					
宁 波	1	185	145	6880	34942
合 肥					
福 州					
厦 门					
南 昌					
济 南					
青 岛					
郑 州					
武 汉					
长 沙					
广 州					
深 圳					
南 宁	3	784	776	58900	226659
海 口					
重 庆	1	380	300	35017	180000
成 都					
贵 阳					
昆 明	1	316	316	7268	11500
拉 萨					
西 安					
兰 州					
西 宁					
银 川					
乌鲁木齐					

2-14 续表 9

(煤炭市场)

地 区	市场数量 (个)	总摊位数 (个)	年末出租摊位数 (个)	营业面积 (平方米)	成交额 (万元)
36 城 市	**4**	**1091**	**863**	**606400**	**4219752**
北 京					
天 津	3	1036	808	201400	2552950
石 家 庄					
太 原					
呼和浩特					
沈 阳					
大 连					
长 春					
哈 尔 滨					
上 海					
南 京					
杭 州					
宁 波	1	55	55	405000	1666802
合 肥					
福 州					
厦 门					
南 昌					
济 南					
青 岛					
郑 州					
武 汉					
长 沙					
广 州					
深 圳					
南 宁					
海 口					
重 庆					
成 都					
贵 阳					
昆 明					
拉 萨					
西 安					
兰 州					
西 宁					
银 川					
乌鲁木齐					

2-14 续表 10

(木材市场)

地 区	市场数量(个)	总摊位数(个)	年末出租摊位数(个)	营业面积(平方米)	成交额(万元)
36 城 市	**17**	**4230**	**4156**	**1554896**	**1622518**
北 京					
天 津	1	300	300	20000	10341
石家庄					
太 原					
呼和浩特					
沈 阳					
大 连	1	200	200	2800	37840
长 春					
哈尔滨	1	168	152	225000	12005
上 海					
南 京	5	331	331	117396	211119
杭 州					
宁 波	2	285	280	53000	65100
合 肥	1	800	790	143000	147388
福 州					
厦 门	1	424	424	199980	120601
南 昌					
济 南					
青 岛					
郑 州	1	200	180	399960	70156
武 汉					
长 沙					
广 州					
深 圳	1	900	900	123500	750000
南 宁	1	102	102	50000	13600
海 口					
重 庆					
成 都	2	520	497	220260	184368
贵 阳					
昆 明					
拉 萨					
西 安					
兰 州					
西 宁					
银 川					
乌鲁木齐					

2-14　续表 11

(建材市场)

地　区	市场数量 (个)	总摊位数 (个)	年末出租摊位数 (个)	营业面积 (平方米)	成交额 (万元)
36 城 市	**80**	**71924**	**50691**	**14134254**	**10273466**
北　京	8	3070	2962	260600	415976
天　津	3	2367	2059	253000	175288
石家庄					
太　原					
呼和浩特					
沈　阳	2	618	437	79171	454887
大　连					
长　春					
哈尔滨	1	3600	3600	450000	300000
上　海	8	1580	1552	2779460	837602
南　京	4	9203	9198	248266	570368
杭　州	2	275	272	12285	48681
宁　波	5	1859	1778	221246	791070
合　肥	3	1051	975	114481	79450
福　州	2	428	428	105158	972357
厦　门	1	294	294	48000	35714
南　昌	2	1662	1662	107624	509659
济　南	1	460	460	40000	170000
青　岛	2	1015	857	262000	407272
郑　州	1	150	74	500000	11080
武　汉	1	280	275	5000	13500
长　沙	7	1868	1837	99780	395957
广　州	1	887	748	163786	198485
深　圳					
南　宁	1	1119	846	130000	27172
海　口	1	780	780	680000	295000
重　庆	8	2735	2417	453031	946178
成　都	8	27642	10311	3094000	1830000
贵　阳	2	326	261	45200	46456
昆　明	1	150	150	15000	14898
拉　萨					
西　安	3	1188	1119	93300	54691
兰　州	1	32	32	11066	30116
西　宁					
银　川					
乌鲁木齐	1	7285	5307	3862800	641609

2-14 续表 12

(化工材料及制品市场)

地　区	市场数量(个)	总摊位数(个)	年末出租摊位数(个)	营业面积(平方米)	成交额(万元)
36 城 市	**12**	**5928**	**5350**	**585298**	**8868914**
北　京					
天　津	1	311	306	9638	327230
石家庄					
太　原					
呼和浩特					
沈　阳					
大　连	1	116	116	4300	14210
长　春					
哈尔滨					
上　海	1	495	495	13000	530900
南　京					
杭　州	1	90	90	2000	184789
宁　波	3	3055	2917	411800	7337700
合　肥					
福　州	1	85	85	12500	35252
厦　门					
南　昌					
济　南					
青　岛					
郑　州					
武　汉					
长　沙	2	1169	734	60600	128313
广　州	1	241	241	6000	50520
深　圳					
南　宁					
海　口					
重　庆					
成　都	1	366	366	65460	260000
贵　阳					
昆　明					
拉　萨					
西　安					
兰　州					
西　宁					
银　川					
乌鲁木齐					

2-14　续表 13

(金属材料市场)

地　区	市场数量 (个)	总摊位数 (个)	年末出租摊位数 (个)	营业面积 (平方米)	成交额 (万元)
36 城 市	**116**	**47788**	**43071**	**9883960**	**127072343**
北　京	1	269	269	23600	31984
天　津	8	1490	1218	304994	4062323
石家庄	1	110	110	201716	47033
太　原	1	160	86	80001	78000
呼和浩特					
沈　阳	6	5357	5009	633500	2966821
大　连	1	175	118	80000	194474
长　春	2	2429	2429	141000	199263
哈尔滨	3	947	869	327000	1342600
上　海	13	4342	3967	627141	62483253
南　京	1	700	700	300000	2047000
杭　州	12	3743	3350	193608	9935041
宁　波	14	5334	4902	700995	7726806
合　肥	2	1241	1225	251338	3900000
福　州	2	222	222	118636	2113816
厦　门					
南　昌	1	679	679	46021	39003
济　南	4	722	612	169000	189194
青　岛	3	1130	572	910000	1601186
郑　州	1	56	45	133288	135000
武　汉	6	2644	2588	264177	2150613
长　沙	1	1074	1074	1080000	2100000
广　州	4	787	612	506200	4009286
深　圳					
南　宁	2	756	748	144491	2217000
海　口					
重　庆	11	5068	4637	793425	7460845
成　都	2	2150	1589	901464	2760282
贵　阳	4	1519	1519	191500	314709
昆　明	1	60	10	66000	50370
拉　萨					
西　安	1	210	79	5200	450000
兰　州	3	1659	1658	218000	1319132
西　宁					
银　川	3	2322	1750	429071	686256
乌鲁木齐	2	433	425	42594	4461053

2-14 续表 14

(机械设备市场)

地区	市场数量(个)	总摊位数(个)	年末出租摊位数(个)	营业面积(平方米)	成交额(万元)
36 城市	**23**	**14344**	**13661**	**1162516**	**2769662**
北京	1	377	262	33000	135000
天津					
石家庄	1	800	800	190000	87112
太原					
呼和浩特					
沈阳					
大连					
长春					
哈尔滨					
上海	1	187	158	5000	84226
南京					
杭州	4	2062	1817	31503	468302
宁波					
合肥					
福州					
厦门					
南昌					
济南					
青岛					
郑州					
武汉					
长沙	2	424	424	19080	208200
广州	1	337	337	12700	47200
深圳					
南宁	1	500	500	30000	100100
海口					
重庆	5	2719	2680	240000	575179
成都	3	4177	4007	274000	820000
贵阳					
昆明	1	465	390	63507	15000
拉萨					
西安	1	800	790	180000	161000
兰州					
西宁					
银川	1	296	296	34726	28343
乌鲁木齐	1	1200	1200	49000	40000

2-14　续表 15

(其他生产资料市场)

地　区	市场数量（个）	总摊位数（个）	年末出租摊位数（个）	营业面积（平方米）	成交额（万元）
36 城 市	**18**	**7824**	**6607**	**640007**	**15717329**
北　京	1	270	270	21069	96957
天　津					
石家庄					
太　原					
呼和浩特					
沈　阳	1	548	510	3543	20000
大　连	2	315	315	30000	6154158
长　春	2	1597	1597	250000	101948
哈尔滨	1	150	122	120000	86000
上　海	2	240	240	3408	6438000
南　京					
杭　州	1	200	3	5000	213263
宁　波	3	635	400	27100	2167075
合　肥					
福　州					
厦　门					
南　昌					
济　南					
青　岛					
郑　州					
武　汉					
长　沙	1	666	665	24117	20000
广　州					
深　圳					
南　宁					
海　口					
重　庆	3	1603	1603	141770	250725
成　都					
贵　阳					
昆　明					
拉　萨					
西　安					
兰　州					
西　宁					
银　川					
乌鲁木齐	1	1600	882	14000	169203

2-14 续表 16

(农产品市场)

地 区	市场数量(个)	总摊位数(个)	年末出租摊位数(个)	营业面积(平方米)	成交额(万元)
36 城 市	**312**	**210200**	**181250**	**13572068**	**65584461**
北 京	18	20657	11161	932739	4335688
天 津	11	8234	7662	926928	2976959
石 家 庄	13	4983	4762	243228	566803
太 原	2	205	205	27000	100000
呼和浩特	1	120	120	10000	12698
沈 阳	8	4145	2687	422000	1647266
大 连	4	680	680	94700	402668
长 春	3	2234	2234	230501	908620
哈 尔 滨	6	1467	1441	86198	512960
上 海	30	11907	10896	982039	5064805
南 京	8	3647	2869	358715	1137845
杭 州	32	18290	15816	604899	6328266
宁 波	16	22442	21667	362104	2275371
合 肥	6	3331	1963	279398	490890
福 州	4	1374	1313	116479	1938771
厦 门	9	2866	2866	146806	1155846
南 昌	4	1468	1468	95400	1104183
济 南	8	6582	6579	262500	1458310
青 岛	21	33212	32041	2033856	4173162
郑 州	10	8445	7208	1095618	7852301
武 汉	5	3396	3395	271070	2179354
长 沙	6	2773	2613	238040	1166008
广 州	20	6592	5607	538535	4174198
深 圳	8	3246	3079	71633	392735
南 宁	4	3725	3659	134726	479769
海 口					
重 庆	19	10788	9014	620439	4071821
成 都	5	4371	3711	158282	920620
贵 阳	1	281	281	8900	1026489
昆 明	4	2492	2492	271603	1677301
拉 萨					
西 安	6	3629	3212	190380	630053
兰 州	7	4198	2668	189200	1061348
西 宁	1	356	350	116203	31023
银 川	4	4724	2468	551721	791506
乌鲁木齐	8	3340	3063	900228	2538824

2-14 续表 17

(粮油市场)

地 区	市场数量（个）	总摊位数（个）	年末出租摊位数（个）	营业面积（平方米）	成交额（万元）
36 城 市	**42**	**15998**	**13177**	**1257570**	**8952475**
北 京	3	2188	2056	200000	1781730
天 津	3	1640	1640	174410	607135
石 家 庄	1	200	175	30000	56330
太 原	1	145	145	17000	80000
呼和浩特					
沈 阳	1	288	288	37000	258292
大 连					
长 春					
哈 尔 滨	1	79	79	13358	198626
上 海	6	859	859	30540	252980
南 京	2	150	150	11000	224222
杭 州	3	2866	1812	133000	1326889
宁 波	1	272	86	23000	153238
合 肥					
福 州	1	268	260	30900	54100
厦 门					
南 昌					
济 南					
青 岛	3	343	323	225171	300698
郑 州	3	2630	1499	113500	1348000
武 汉					
长 沙	1	600	500	11900	10350
广 州	3	980	889	68600	279863
深 圳					
南 宁					
海 口					
重 庆	1	1000	1000	8000	86335
成 都	1	217	190	15000	148000
贵 阳	1	281	281	8900	1026489
昆 明	1	22	22	4931	227263
拉 萨					
西 安	1	232	232	5496	274987
兰 州	2	465	460	63000	207521
西 宁					
银 川	1	65	58	7864	13827
乌鲁木齐	1	208	173	25000	35600

2-14 续表 18

(肉禽蛋市场)

地　区	市场数量（个）	总摊位数（个）	年末出租摊位数（个）	营业面积（平方米）	成交额（万元）
36 城 市	**42**	**16330**	**13935**	**1368700**	**6365151**
北　京	2	169	169	11500	36501
天　津					
石家庄	3	770	735	36826	142696
太　原					
呼和浩特	1	120	120	10000	12698
沈　阳	2	1988	530	42000	84813
大　连					
长　春					
哈尔滨	1	27	27	7340	152900
上　海	5	855	703	22950	814555
南　京	1	71	68	1500	16600
杭　州	5	1225	1210	63277	954664
宁　波	1	760	760	17900	106867
合　肥	1	483	483	61748	221280
福　州					
厦　门	1	85	85	3200	105603
南　昌	3	648	648	52400	702963
济　南					
青　岛	1	32	32	1000	10800
郑　州					
武　汉					
长　沙					
广　州	5	1147	856	85655	533352
深　圳	1	440	440	7000	9550
南　宁	1	3000	2939	66000	331494
海　口					
重　庆	3	1501	1325	98770	1858078
成　都	1	1504	1504	55880	12800
贵　阳					
昆　明					
拉　萨					
西　安	1	1200	1006	31526	17032
兰　州					
西　宁					
银　川					
乌鲁木齐	3	305	295	692228	239905

2-14　续表 19

(水产品市场)

地　区	市场数量(个)	总摊位数(个)	年末出租摊位数(个)	营业面积(平方米)	成交额(万元)
36 城 市	**59**	**61451**	**58381**	**2474020**	**18417527**
北　京	3	2303	2010	75830	1043013
天　津	1	220	142	8000	471000
石 家 庄	1	300	300	8000	30133
太　原					
呼和浩特					
沈　阳	3	1049	1049	99000	713643
大　连	2	233	233	63200	360705
长　春	1	1205	1205	120601	634000
哈 尔 滨					
上　海	5	2659	2582	225640	1886044
南　京	2	2305	1701	285000	753553
杭　州	2	2559	2380	123568	899172
宁　波	8	19353	18764	146971	1179414
合　肥					
福　州	2	795	742	81579	1865110
厦　门	3	983	983	26800	459707
南　昌	1	820	820	43000	401220
济　南	2	1270	1270	38000	650000
青　岛	4	17639	17077	607952	1843262
郑　州	3	1125	1119	70800	1191000
武　汉	2	2320	2320	233468	2057225
长　沙	1	313	305	13340	461653
广　州	6	1222	838	55899	574321
深　圳	2	850	775	33000	222980
南　宁	1	406	401	2106	17483
海　口					
重　庆	2	714	557	88066	671000
成　都					
贵　阳					
昆　明					
拉　萨					
西　安	1	720	720	23000	21319
兰　州	1	88	88	1200	10570
西　宁					
银　川					
乌鲁木齐					

2-14 续表 20

(蔬菜市场)

地　区	市场数量(个)	总摊位数(个)	年末出租摊位数(个)	营业面积(平方米)	成交额(万元)
36 城市	**72**	**57238**	**45562**	**3816724**	**9599253**
北　京	4	9096	1768	172400	157731
天　津	5	4680	4386	448292	590786
石家庄	5	3138	3126	149402	232778
太　原					
呼和浩特					
沈　阳	1	320	320	94000	134868
大　连					
长　春	1	300	300	45000	250000
哈尔滨	1	310	300	1000	14500
上　海	4	1124	1102	336082	770728
南　京	2	226	192	48000	89663
杭　州	5	3819	3753	53200	505988
宁　波	3	868	868	104933	431834
合　肥	2	777	538	76000	72248
福　州					
厦　门	2	710	710	84706	384015
南　昌					
济　南	4	2475	2472	111500	594542
青　岛	8	12498	12166	889342	1040692
郑　州	2	1000	900	231318	770301
武　汉	1	191	190	12827	20744
长　沙	2	1280	1280	135200	648305
广　州	3	2062	1843	88096	249807
深　圳					
南　宁	1	220	220	46620	120000
海　口					
重　庆	7	4545	3129	285076	639092
成　都	1	212	212	28000	118320
贵　阳					
昆　明	1	970	970	106672	348903
拉　萨					
西　安	2	1147	1129	92058	278815
兰　州	2	2590	1065	49000	145789
西　宁					
银　川	1	1100	1100	35000	211962
乌鲁木齐	2	1580	1523	93000	776842

2-14　续表 21

(干鲜果品市场)

地　区	市场数量(个)	总摊位数(个)	年末出租摊位数(个)	营业面积(平方米)	成交额(万元)
36 城 市	**38**	**19935**	**15227**	**2195187**	**8601492**
北　京	3	2819	1191	270774	158332
天　津					
石家庄	3	575	426	19000	104866
太　原	1	60	60	10000	20000
呼和浩特					
沈　阳	1	500	500	150000	455650
大　连	1	296	296	27000	25141
长　春					
哈尔滨					
上　海	3	205	205	145927	185596
南　京					
杭　州	5	1838	1592	121989	979483
宁　波	1	500	500	53000	207840
合　肥	1	390	390	33350	75200
福　州					
厦　门	1	160	160	16000	69867
南　昌					
济　南	1	2200	2200	110000	180000
青　岛	2	603	448	128600	280655
郑　州	1	700	700	20000	43000
武　汉	1	365	365	12775	39852
长　沙	2	580	528	77600	45700
广　州	3	1181	1181	240285	2536855
深　圳					
南　宁					
海　口					
重　庆	2	1168	1168	60787	474410
成　都	1	950	320	24000	11500
贵　阳					
昆　明	1	600	600	100000	800000
拉　萨					
西　安	1	330	125	38300	37900
兰　州	1	415	415	34800	134858
西　宁					
银　川	1	2300	832	471000	300580
乌鲁木齐	1	1200	1025	30000	1434207

2-14 续表 22

(棉麻土畜、烟叶市场)

地　区	市场数量(个)	总摊位数(个)	年末出租摊位数(个)	营业面积(平方米)	成交额(万元)
36 城 市	**1**	**261**	**261**	**10000**	**182079**
北　京					
天　津					
石家庄					
太　原					
呼和浩特					
沈　阳					
大　连					
长　春					
哈尔滨					
上　海					
南　京					
杭　州					
宁　波	1	261	261	10000	182079
合　肥					
福　州					
厦　门					
南　昌					
济　南					
青　岛					
郑　州					
武　汉					
长　沙					
广　州					
深　圳					
南　宁					
海　口					
重　庆					
成　都					
贵　阳					
昆　明					
拉　萨					
西　安					
兰　州					
西　宁					
银　川					
乌鲁木齐					

2-14 续表 23

(其他农产品市场)

地区	市场数量 (个)	总摊位数 (个)	年末出租摊位数 (个)	营业面积 (平方米)	成交额 (万元)
36 城市	**58**	**38987**	**34707**	**2449867**	**13466484**
北 京	3	4082	3967	202235	1158381
天 津	2	1694	1494	296226	1308038
石家庄					
太 原					
呼和浩特					
沈 阳					
大 连	1	151	151	4500	16822
长 春	1	729	729	64900	24620
哈尔滨	3	1051	1035	64500	146934
上 海	7	6205	5445	220900	1154902
南 京	1	895	758	13215	53807
杭 州	12	5983	5069	109865	1662070
宁 波	1	428	428	6300	14099
合 肥	2	1681	552	108300	122162
福 州	1	311	311	4000	19561
厦 门	2	928	928	16100	136654
南 昌					
济 南	1	637	637	3000	33768
青 岛	3	2097	1995	181791	697055
郑 州	1	2990	2990	660000	4500000
武 汉	1	520	520	12000	61533
长 沙					
广 州					
深 圳	5	1956	1864	31633	160205
南 宁	1	99	99	20000	10792
海 口					
重 庆	4	1860	1835	79740	342906
成 都	1	1488	1485	35402	630000
贵 阳					
昆 明	1	900	900	60000	301135
拉 萨					
西 安					
兰 州	1	640	640	41200	562610
西 宁	1	356	350	116203	31023
银 川	1	1259	478	37857	265137
乌鲁木齐	1	47	47	60000	52270

2-14 续表 24

(食品、饮料及烟酒市场)

地　区	市场数量(个)	总摊位数(个)	年末出租摊位数(个)	营业面积(平方米)	成交额(万元)
36 城 市	**40**	**26130**	**23973**	**1345689**	**5847922**
北　京	1	150	150	7000	23585
天　津	3	2387	2376	273300	551618
石家庄					
太　原					
呼和浩特					
沈　阳	1	1978	1380	30128	350201
大　连	1	1484	1484	38950	242023
长　春	1	101	101	1300	15449
哈尔滨	1	1862	1862	20000	1164300
上　海	2	652	648	38000	57699
南　京					
杭　州	3	732	730	55500	339305
宁　波	3	2171	2160	182000	618280
合　肥	1	565	358	45000	167300
福　州					
厦　门					
南　昌	1	734	734	7600	152814
济　南	2	800	800	90000	181000
青　岛	1	360	256	17000	260000
郑　州					
武　汉	2	385	325	18000	40730
长　沙					
广　州	3	763	763	80000	104454
深　圳	1	1553	1553	36895	27282
南　宁	3	2140	1349	42520	169462
海　口	1	394	394	57800	12151
重　庆	3	1572	1572	27066	151819
成　都	1	1125	756	78750	301100
贵　阳	1	940	940	21256	517646
昆　明	2	716	716	61624	75914
拉　萨					
西　安	1	1616	1616	51000	73090
兰　州	1	950	950	65000	250700
西　宁					
银　川					
乌鲁木齐					

2-14 续表 25

(食品饮料市场)

地　区	市场数量（个）	总摊位数（个）	年末出租摊位数（个）	营业面积（平方米）	成交额（万元）
36 城 市	**14**	**11994**	**10176**	**366909**	**1938903**
北　京					
天　津	1	212	212	500	25867
石家庄					
太　原					
呼和浩特					
沈　阳	1	1978	1380	30128	350201
大　连	1	1484	1484	38950	242023
长　春					
哈尔滨					
上　海					
南　京					
杭　州	1	212	212	19000	188050
宁　波	1	665	665	40000	402831
合　肥					
福　州					
厦　门					
南　昌	1	734	734	7600	152814
济　南					
青　岛					
郑　州					
武　汉	1	250	190	8000	27043
长　沙					
广　州	1	309	309	50000	12388
深　圳	1	1553	1553	36895	27282
南　宁	1	1900	1109	30020	57485
海　口					
重　庆	3	1572	1572	27066	151819
成　都	1	1125	756	78750	301100
贵　阳					
昆　明					
拉　萨					
西　安					
兰　州					
西　宁					
银　川					
乌鲁木齐					

2-14 续表 26

(茶叶市场)

地　区	市场数量(个)	总摊位数(个)	年末出租摊位数(个)	营业面积(平方米)	成交额(万元)
36 城 市	**15**	**5283**	**5277**	**336624**	**780273**
北　京	1	150	150	7000	23585
天　津					
石家庄					
太　原					
呼和浩特					
沈　阳					
大　连					
长　春					
哈尔滨					
上　海	2	652	648	38000	57699
南　京					
杭　州	2	520	518	36500	151255
宁　波					
合　肥					
福　州					
厦　门					
南　昌					
济　南	2	800	800	90000	181000
青　岛					
郑　州					
武　汉	1	135	135	10000	13687
长　沙					
广　州	2	454	454	30000	92066
深　圳					
南　宁	2	240	240	12500	111977
海　口					
重　庆					
成　都					
贵　阳					
昆　明	2	716	716	61624	75914
拉　萨					
西　安	1	1616	1616	51000	73090
兰　州					
西　宁					
银　川					
乌鲁木齐					

2-14 续表 27

(烟酒市场)

地 区	市场数量(个)	总摊位数(个)	年末出租摊位数(个)	营业面积(平方米)	成交额(万元)
36 城 市	**2**	**760**	**645**	**137000**	**340461**
北 京					
天 津					
石 家 庄					
太 原					
呼和浩特					
沈 阳					
大 连					
长 春					
哈 尔 滨					
上 海					
南 京					
杭 州					
宁 波	1	400	389	120000	80461
合 肥					
福 州					
厦 门					
南 昌					
济 南					
青 岛	1	360	256	17000	260000
郑 州					
武 汉					
长 沙					
广 州					
深 圳					
南 宁					
海 口					
重 庆					
成 都					
贵 阳					
昆 明					
拉 萨					
西 安					
兰 州					
西 宁					
银 川					
乌鲁木齐					

2-14 续表 28

(其他食品饮料及烟酒市场)

地　区	市场数量(个)	总摊位数(个)	年末出租摊位数(个)	营业面积(平方米)	成交额(万元)
36 城 市	**9**	**8093**	**7875**	**505156**	**2788285**
北 京					
天 津	2	2175	2164	272800	525751
石家庄					
太 原					
呼和浩特					
沈 阳					
大 连					
长 春	1	101	101	1300	15449
哈尔滨	1	1862	1862	20000	1164300
上 海					
南 京					
杭 州					
宁 波	1	1106	1106	22000	134988
合 肥	1	565	358	45000	167300
福 州					
厦 门					
南 昌					
济 南					
青 岛					
郑 州					
武 汉					
长 沙					
广 州					
深 圳					
南 宁					
海 口	1	394	394	57800	12151
重 庆					
成 都					
贵 阳	1	940	940	21256	517646
昆 明					
拉 萨					
西 安					
兰 州	1	950	950	65000	250700
西 宁					
银 川					
乌鲁木齐					

2-14 续表 29

(纺织、服装、鞋帽市场)

地 区	市场数量（个）	总摊位数（个）	年末出租摊位数（个）	营业面积（平方米）	成交额（万元）
36 城 市	**229**	**348775**	**318436**	**13368536**	**42793616**
北 京	13	15968	15747	456073	460022
天 津	3	3144	3144	115300	256331
石 家 庄	5	27243	23343	1243700	5157108
太 原	1	560	560	30000	13120
呼和浩特	3	2650	2650	41000	106068
沈 阳	9	26293	23281	636130	4414174
大 连	5	4575	4466	74234	346999
长 春	4	6427	6155	164000	286516
哈 尔 滨	12	16785	14181	305817	811234
上 海	10	9971	9505	160384	805213
南 京	2	3986	3986	82000	615346
杭 州	23	24049	23087	594857	5001494
宁 波	6	5026	5002	229346	856553
合 肥	2	5600	5550	205000	556150
福 州	7	3021	2993	189654	670094
厦 门					
南 昌	2	1008	994	39734	39003
济 南	3	3868	3868	249941	484080
青 岛	5	9602	9408	289190	2295612
郑 州	6	8794	8521	196485	510811
武 汉	12	11021	10411	487206	1630996
长 沙	8	6804	6784	180500	274755
广 州	46	52403	41534	3281459	8613861
深 圳					
南 宁	6	7735	7538	188619	270084
海 口	1	335	335	2838	8560
重 庆	6	3748	3476	241177	1494723
成 都	7	11104	10557	492000	1431872
贵 阳	1	6900	6757	266411	517697
昆 明	3	39366	35975	1603897	2770573
拉 萨					
西 安	7	9678	9121	502482	692763
兰 州	2	5159	5019	425000	411000
西 宁	2	3107	3107	105000	107341
银 川	2	4859	4859	100000	177807
乌鲁木齐	5	7986	6522	189102	705656

2-14 续表 30

(布料及纺织品市场)

地　区	市场数量(个)	总摊位数(个)	年末出租摊位数(个)	营业面积(平方米)	成交额(万元)
36 城 市	**21**	**39952**	**30453**	**2927601**	**8921614**
北　京					
天　津					
石 家 庄	1	1487	1487	8000	319640
太　原					
呼和浩特					
沈　阳					
大　连					
长　春					
哈 尔 滨	3	3440	3115	98137	73258
上　海					
南　京					
杭　州	5	4571	4401	207290	2635118
宁　波	1	1680	1680	35700	297100
合　肥	1	2600	2550	60000	85000
福　州					
厦　门					
南　昌					
济　南					
青　岛	1	358	358	20000	242300
郑　州	2	1281	1158	69300	49400
武　汉	2	265	265	6174	24896
长　沙					
广　州	3	22703	14459	2363000	5123902
深　圳					
南　宁					
海　口					
重　庆					
成　都	1	567	280	40000	35000
贵　阳					
昆　明					
拉　萨					
西　安	1	1000	700	20000	36000
兰　州					
西　宁					
银　川					
乌鲁木齐					

2-14　续表 31

(服装市场)

地　区	市场数量(个)	总摊位数(个)	年末出租摊位数(个)	营业面积(平方米)	成交额(万元)
36 城 市	**162**	**226361**	**211471**	**8370666**	**23908630**
北　京	12	15268	15047	436073	422292
天　津	2	2802	2802	76300	215131
石 家 庄	4	25756	21856	1235700	4837468
太　原					
呼和浩特	1	1780	1780	30000	84121
沈　阳	6	8059	7833	272630	433470
大　连	3	3385	3276	46200	325756
长　春	3	5897	5897	145000	271609
哈 尔 滨	6	5855	4976	133680	245981
上　海	8	7510	7044	143224	673842
南　京	1	1904	1904	7000	282160
杭　州	16	17959	17282	348363	2328340
宁　波	4	2991	2967	189846	524011
合　肥	1	3000	3000	145000	471150
福　州	7	3021	2993	189654	670094
厦　门					
南　昌	1	508	508	17234	17970
济　南	1	3078	3078	200000	303000
青　岛	2	8074	7895	236690	1958517
郑　州	3	7093	7093	119985	448411
武　汉	8	10036	9446	431032	1551985
长　沙	8	6804	6784	180500	274755
广　州	36	23706	21768	690675	2629465
深　圳					
南　宁	5	6845	6648	151838	242318
海　口	1	335	335	2838	8560
重　庆	2	1178	1078	101391	156736
成　都	6	10537	10277	452000	1396872
贵　阳	1	6900	6757	266411	517697
昆　明	2	16366	13294	1175000	1072000
拉　萨					
西　安	5	6569	6312	332300	428263
兰　州	2	5159	5019	425000	411000
西　宁					
银　川					
乌鲁木齐	5	7986	6522	189102	705656

2-14 续表 32

(鞋帽市场)

地　区	市场数量(个)	总摊位数(个)	年末出租摊位数(个)	营业面积(平方米)	成交额(万元)
36 城 市	**22**	**18331**	**15195**	**708207**	**2428392**
北　京					
天　津	1	342	342	39000	41200
石家庄					
太　原	1	560	560	30000	13120
呼和浩特					
沈　阳	2	2750	1900	16500	54422
大　连					
长　春					
哈尔滨	2	3300	1900	24000	53705
上　海					
南　京					
杭　州					
宁　波					
合　肥					
福　州					
厦　门					
南　昌	1	500	486	22500	21033
济　南	2	790	790	49941	181080
青　岛	1	310	295	11000	69103
郑　州	1	420	270	7200	13000
武　汉	2	720	700	50000	54115
长　沙					
广　州	7	5994	5307	227784	860494
深　圳					
南　宁					
海　口					
重　庆	1	536	536	80100	838620
成　都					
贵　阳					
昆　明					
拉　萨					
西　安	1	2109	2109	150182	228500
兰　州					
西　宁					
银　川					
乌鲁木齐					

2-14　续表 33

(其他纺织服装鞋帽市场)

地　区	市场数量（个）	总摊位数（个）	年末出租摊位数（个）	营业面积（平方米）	成交额（万元）
36 城 市	**24**	**64131**	**61317**	**1362062**	**7534980**
北　京	1	700	700	20000	37730
天　津					
石家庄					
太　原					
呼和浩特	2	870	870	11000	21947
沈　阳	1	15484	13548	347000	3926282
大　连	2	1190	1190	28034	21243
长　春	1	530	258	19000	14907
哈尔滨	1	4190	4190	50000	438290
上　海	2	2461	2461	17160	131371
南　京	1	2082	2082	75000	333186
杭　州	2	1519	1404	39204	38036
宁　波	1	355	355	3800	35442
合　肥					
福　州					
厦　门					
南　昌					
济　南					
青　岛	1	860	860	21500	25692
郑　州					
武　汉					
长　沙					
广　州					
深　圳					
南　宁	1	890	890	36781	27766
海　口					
重　庆	3	2034	1862	59686	499367
成　都					
贵　阳					
昆　明	1	23000	22681	428897	1698573
拉　萨					
西　安					
兰　州					
西　宁	2	3107	3107	105000	107341
银　川	2	4859	4859	100000	177807
乌鲁木齐					

2-14 续表 34

(日用品及文化用品市场)

地　区	市场数量 (个)	总摊位数 (个)	年末出租摊位数 (个)	营业面积 (平方米)	成交额 (万元)
36 城 市	**51**	**37745**	**32847**	**1593061**	**5979416**
北　京	5	7852	7656	151643	483044
天　津					
石家庄					
太　原					
呼和浩特					
沈　阳	2	2795	2300	115000	27824
大　连	1	39	39	7000	13000
长　春					
哈尔滨					
上　海	1	48	48	5000	2050000
南　京	1	86	84	5000	30560
杭　州	3	791	770	38773	60099
宁　波					
合　肥					
福　州	1	55	55	5000	42406
厦　门					
南　昌					
济　南					
青　岛	2	1605	1600	47324	40900
郑　州	4	5168	3126	122000	167101
武　汉	5	1660	1446	163776	628552
长　沙	3	598	596	44100	136106
广　州	18	15351	13674	852644	2054095
深　圳	1	230	230	1940	25800
南　宁					
海　口					
重　庆	3	1107	958	27861	208879
成　都					
贵　阳					
昆　明					
拉　萨					
西　安					
兰　州					
西　宁					
银　川					
乌鲁木齐	1	360	265	6000	11050

2-14 续表 35

(小商品市场)

地 区	市场数量 (个)	总摊位数 (个)	年末出租摊位数 (个)	营业面积 (平方米)	成交额 (万元)
36 城 市	**22**	**22333**	**19116**	**562362**	**861872**
北 京	3	6707	6639	96562	300647
天 津					
石 家 庄					
太 原					
呼和浩特					
沈 阳	1	1300	805	70000	10533
大 连					
长 春					
哈 尔 滨					
上 海					
南 京					
杭 州					
宁 波					
合 肥					
福 州	1	55	55	5000	42406
厦 门					
南 昌					
济 南					
青 岛	1	1400	1400	38000	22000
郑 州	1	4723	2700	95000	18800
武 汉					
长 沙	1	110	110	18000	19700
广 州	13	7678	7142	233800	436736
深 圳					
南 宁					
海 口					
重 庆					
成 都					
贵 阳					
昆 明					
拉 萨					
西 安					
兰 州					
西 宁					
银 川					
乌鲁木齐	1	360	265	6000	11050

2-14 续表 36

(箱包市场)

地 区	市场数量(个)	总摊位数(个)	年末出租摊位数(个)	营业面积(平方米)	成交额(万元)
36 城 市	**3**	**4930**	**4107**	**552000**	**1565800**
北 京					
天 津					
石 家 庄					
太 原					
呼和浩特					
沈 阳					
大 连					
长 春					
哈 尔 滨					
上 海					
南 京					
杭 州					
宁 波					
合 肥					
福 州					
厦 门					
南 昌					
济 南					
青 岛					
郑 州	1	170	156	5000	15800
武 汉	1	530	318	47000	180000
长 沙					
广 州	1	4230	3633	500000	1370000
深 圳					
南 宁					
海 口					
重 庆					
成 都					
贵 阳					
昆 明					
拉 萨					
西 安					
兰 州					
西 宁					
银 川					
乌鲁木齐					

2-14 续表 37

(文具市场)

地 区	市场数量 (个)	总摊位数 (个)	年末出租摊位数 (个)	营业面积 (平方米)	成交额 (万元)
36 城 市	**3**	**1345**	**1197**	**68881**	**202960**
北 京	1	944	843	43081	158460
天 津					
石家庄					
太 原					
呼和浩特					
沈 阳					
大 连					
长 春					
哈尔滨					
上 海					
南 京					
杭 州					
宁 波					
合 肥					
福 州					
厦 门					
南 昌					
济 南					
青 岛					
郑 州					
武 汉					
长 沙	1	65	65	13000	26500
广 州	1	336	289	12800	18000
深 圳					
南 宁					
海 口					
重 庆					
成 都					
贵 阳					
昆 明					
拉 萨					
西 安					
兰 州					
西 宁					
银 川					
乌鲁木齐					

2-14 续表 38

(图书、报刊杂志市场)

地 区	市场数量（个）	总摊位数（个）	年末出租摊位数（个）	营业面积（平方米）	成交额（万元）
36 城 市	**9**	**1574**	**1508**	**89513**	**355129**
北 京	1	201	174	12000	23937
天 津					
石 家 庄					
太 原					
呼和浩特					
沈 阳					
大 连	1	39	39	7000	13000
长 春					
哈 尔 滨					
上 海					
南 京	1	86	84	5000	30560
杭 州	1	91	70	10000	14490
宁 波					
合 肥					
福 州					
厦 门					
南 昌					
济 南					
青 岛	1	205	200	9324	18900
郑 州	1	155	150	16000	120501
武 汉	1	277	277	4100	18335
长 沙	1	423	421	13100	89906
广 州	1	97	93	12989	25500
深 圳					
南 宁					
海 口					
重 庆					
成 都					
贵 阳					
昆 明					
拉 萨					
西 安					
兰 州					
西 宁					
银 川					
乌鲁木齐					

2-14 续表 39

(其他日用品及文化用品市场)

地区	市场数量(个)	总摊位数(个)	年末出租摊位数(个)	营业面积(平方米)	成交额(万元)
36 城市	**14**	**7563**	**6919**	**320305**	**2993655**
北京					
天津					
石家庄					
太原					
呼和浩特					
沈阳	1	1495	1495	45000	17291
大连					
长春					
哈尔滨					
上海	1	48	48	5000	2050000
南京					
杭州	2	700	700	28773	45609
宁波					
合肥					
福州					
厦门					
南昌					
济南					
青岛					
郑州	1	120	120	6000	12000
武汉	3	853	851	112676	430217
长沙					
广州	2	3010	2517	93055	203859
深圳	1	230	230	1940	25800
南宁					
海口					
重庆	3	1107	958	27861	208879
成都					
贵阳					
昆明					
拉萨					
西安					
兰州					
西宁					
银川					
乌鲁木齐					

2-14 续表 40

(黄金、珠宝、玉器等首饰市场)

地 区	市场数量(个)	总摊位数(个)	年末出租摊位数(个)	营业面积(平方米)	成交额(万元)
36 城 市	**12**	**5973**	**5525**	**357836**	**2170860**
北 京	3	1165	1088	33677	230922
天 津					
石 家 庄					
太 原					
呼和浩特					
沈 阳					
大 连					
长 春					
哈 尔 滨					
上 海					
南 京					
杭 州	1	360	360	20000	960000
宁 波					
合 肥					
福 州	4	1279	1267	27580	589083
厦 门					
南 昌					
济 南					
青 岛	2	1869	1679	258579	291426
郑 州	1	100	100	8000	24520
武 汉					
长 沙					
广 州	1	1200	1031	10000	74909
深 圳					
南 宁					
海 口					
重 庆					
成 都					
贵 阳					
昆 明					
拉 萨					
西 安					
兰 州					
西 宁					
银 川					
乌鲁木齐					

2-14 续表 41

（电器、通讯器材、电子设备市场）

地 区	市场数量（个）	总摊位数（个）	年末出租摊位数（个）	营业面积（平方米）	成交额（万元）
36 城 市	**99**	**49697**	**43721**	**2585825**	**6485474**
北 京	8	4229	3968	136730	850195
天 津					
石 家 庄	2	359	359	54000	51013
太 原	2	440	420	13000	20000
呼和浩特					
沈 阳	1	728	500	24000	16584
大 连					
长 春	2	1096	1096	4930	232648
哈 尔 滨	3	2547	2459	102559	380080
上 海	6	1349	1090	56050	250827
南 京	1	235	209	3916	50400
杭 州	7	1681	1606	83821	240601
宁 波	3	1085	1045	42000	139957
合 肥	1	3902	2236	875253	1020135
福 州	3	1100	1100	58000	177753
厦 门					
南 昌	3	1339	1279	58694	85425
济 南	1	160	112	5500	12000
青 岛	2	733	500	45000	86123
郑 州	2	3370	3310	276600	271218
武 汉	5	2073	1692	72000	258830
长 沙	5	1952	1682	50750	358630
广 州	8	2997	2688	90064	330311
深 圳	7	8082	6835	104935	240352
南 宁	1	732	707	20678	90000
海 口	1	280	280	10500	23833
重 庆	10	3150	2965	186385	692922
成 都	4	1493	1433	40713	123266
贵 阳	2	260	260	19000	30660
昆 明					
拉 萨					
西 安	5	2940	2560	115699	278987
兰 州					
西 宁					
银 川	1	327	314	9000	33103
乌鲁木齐	3	1058	1016	26048	139621

2-14　续表 42

(家电市场)

地　区	市场数量 (个)	总摊位数 (个)	年末出租摊位数 (个)	营业面积 (平方米)	成交额 (万元)
36 城 市	**18**	**9055**	**6779**	**1118086**	**1495991**
北　京					
天　津					
石家庄					
太　原					
呼和浩特					
沈　阳	1	728	500	24000	16584
大　连					
长　春					
哈尔滨					
上　海	1	180	180	18000	36638
南　京					
杭　州	3	355	306	40628	98474
宁　波					
合　肥	1	3902	2236	875253	1020135
福　州					
厦　门					
南　昌	2	1239	1207	53994	73970
济　南					
青　岛	1	140	120	9000	13123
郑　州					
武　汉	1	285	200	7000	14250
长　沙					
广　州	3	906	837	35500	118189
深　圳	2	1023	896	18012	33699
南　宁					
海　口					
重　庆	1	25	25	15000	42829
成　都					
贵　阳	1	112	112	16000	14500
昆　明					
拉　萨					
西　安	1	160	160	5699	13600
兰　州					
西　宁					
银　川					
乌鲁木齐					

2-14　续表 43

(通讯器材市场)

地　区	市场数量(个)	总摊位数(个)	年末出租摊位数(个)	营业面积(平方米)	成交额(万元)
36 城 市	**19**	**9193**	**7952**	**248467**	**857346**
北　京					
天　津					
石家庄	2	359	359	54000	51013
太　原					
呼和浩特					
沈　阳					
大　连					
长　春	1	398	398	2130	12560
哈尔滨					
上　海	1	27	15	5000	24010
南　京					
杭　州	1	300	300	11003	24042
宁　波					
合　肥					
福　州					
厦　门					
南　昌					
济　南					
青　岛					
郑　州	1	360	300	7000	52000
武　汉	1	435	435	25000	193720
长　沙	2	291	255	2750	30767
广　州	2	1319	1203	27506	78025
深　圳	4	3682	2840	32078	49653
南　宁					
海　口					
重　庆	3	1222	1047	77000	330556
成　都					
贵　阳					
昆　明					
拉　萨					
西　安	1	800	800	5000	11000
兰　州					
西　宁					
银　川					
乌鲁木齐					

2-14 续表 44

(照相、摄像器材市场)

地 区	市场数量(个)	总摊位数(个)	年末出租摊位数(个)	营业面积(平方米)	成交额(万元)
36 城 市	**2**	**562**	**490**	**20866**	**71768**
北 京	1	315	315	13066	37656
天 津					
石家庄					
太 原					
呼和浩特					
沈 阳					
大 连					
长 春					
哈尔滨					
上 海	1	247	175	7800	34112
南 京					
杭 州					
宁 波					
合 肥					
福 州					
厦 门					
南 昌					
济 南					
青 岛					
郑 州					
武 汉					
长 沙					
广 州					
深 圳					
南 宁					
海 口					
重 庆					
成 都					
贵 阳					
昆 明					
拉 萨					
西 安					
兰 州					
西 宁					
银 川					
乌鲁木齐					

2-14 续表 45

(计算机及辅助设备市场)

地 区	市场数量（个）	总摊位数（个）	年末出租摊位数（个）	营业面积（平方米）	成交额（万元）
36 城 市	**55**	**29450**	**27124**	**1141706**	**3816720**
北 京	5	3214	3001	106464	692356
天 津					
石家庄					
太 原	2	440	420	13000	20000
呼和浩特					
沈 阳					
大 连					
长 春	1	698	698	2800	220088
哈尔滨	3	2547	2459	102559	380080
上 海	3	895	720	25250	156067
南 京	1	235	209	3916	50400
杭 州	3	1026	1000	32190	118085
宁 波	3	1085	1045	42000	139957
合 肥					
福 州	3	1100	1100	58000	177753
厦 门					
南 昌	1	100	72	4700	11455
济 南	1	160	112	5500	12000
青 岛	1	593	380	36000	73000
郑 州	1	3010	3010	269600	219218
武 汉	3	1353	1057	40000	50860
长 沙	3	1661	1427	48000	327863
广 州	3	772	648	27058	134097
深 圳	1	3377	3099	54845	157000
南 宁	1	732	707	20678	90000
海 口					
重 庆	5	1773	1763	74385	253007
成 都	4	1493	1433	40713	123266
贵 阳	1	148	148	3000	16160
昆 明					
拉 萨					
西 安	3	1980	1600	105000	254387
兰 州					
西 宁					
银 川					
乌鲁木齐	3	1058	1016	26048	139621

2-14 续表 46

(其他电器、通讯器材、电子设备市场)

地区	市场数量(个)	总摊位数(个)	年末出租摊位数(个)	营业面积(平方米)	成交额(万元)
36 城市	**5**	**1437**	**1376**	**56700**	**243649**
北京	2	700	652	17200	120183
天津					
石家庄					
太原					
呼和浩特					
沈阳					
大连					
长春					
哈尔滨					
上海					
南京					
杭州					
宁波					
合肥					
福州					
厦门					
南昌					
济南					
青岛					
郑州					
武汉					
长沙					
广州					
深圳					
南宁					
海口	1	280	280	10500	23833
重庆	1	130	130	20000	66530
成都					
贵阳					
昆明					
拉萨					
西安					
兰州					
西宁					
银川	1	327	314	9000	33103
乌鲁木齐					

2-14 续表 47

(医药、医疗用品及器材市场)

地　区	市场数量(个)	总摊位数(个)	年末出租摊位数(个)	营业面积(平方米)	成交额(万元)
36 城 市	**6**	**41718**	**22572**	**1209971**	**6344854**
北　京					
天　津					
石家庄					
太　原					
呼和浩特					
沈　阳					
大　连					
长　春					
哈尔滨					
上　海	1	190	180	8000	50000
南　京					
杭　州					
宁　波					
合　肥					
福　州					
厦　门					
南　昌					
济　南					
青　岛					
郑　州					
武　汉					
长　沙					
广　州	1	438	390	4971	12387
深　圳					
南　宁					
海　口					
重　庆					
成　都	1	40550	21502	1175000	6178155
贵　阳					
昆　明					
拉　萨					
西　安	2	490	450	14000	64312
兰　州					
西　宁	1	50	50	8000	40000
银　川					
乌鲁木齐					

2-14 续表 48

(中药材市场)

地　区	市场数量（个）	总摊位数（个）	年末出租摊位数（个）	营业面积（平方米）	成交额（万元）
36 城 市	**6**	**41718**	**22572**	**1209971**	**6344854**
北　京					
天　津					
石家庄					
太　原					
呼和浩特					
沈　阳					
大　连					
长　春					
哈尔滨					
上　海	1	190	180	8000	50000
南　京					
杭　州					
宁　波					
合　肥					
福　州					
厦　门					
南　昌					
济　南					
青　岛					
郑　州					
武　汉					
长　沙					
广　州	1	438	390	4971	12387
深　圳					
南　宁					
海　口					
重　庆					
成　都	1	40550	21502	1175000	6178155
贵　阳					
昆　明					
拉　萨					
西　安	2	490	450	14000	64312
兰　州					
西　宁	1	50	50	8000	40000
银　川					
乌鲁木齐					

2-14 续表 49

(家具、五金及装饰材料市场)

地　区	市场数量(个)	总摊位数(个)	年末出租摊位数(个)	营业面积(平方米)	成交额(万元)
36 城 市	**250**	**123571**	**117044**	**15961611**	**16704845**
北　京	17	7766	7451	771890	1204413
天　津	6	1979	1718	716928	438114
石家庄	15	5518	5518	1261114	841946
太　原	3	1757	1707	262502	128531
呼和浩特	3	835	835	57600	80561
沈　阳	8	5858	5454	378843	624451
大　连	6	3157	2917	281381	136466
长　春	3	2466	2466	257000	131200
哈尔滨	4	1166	1166	196000	219119
上　海	20	13405	12752	1117109	1232957
南　京	9	6199	6143	770906	1028439
杭　州	23	10870	10501	1173743	1704686
宁　波	18	4077	3638	515604	554817
合　肥	7	3401	2851	435653	337413
福　州	5	1313	1267	118410	458027
厦　门					
南　昌	3	2680	2680	458442	92141
济　南	5	1730	1498	316777	191716
青　岛	10	2855	2724	524979	247721
郑　州	4	3823	3777	398020	640857
武　汉	4	1626	1612	206616	160371
长　沙	10	4996	4710	611701	975075
广　州	6	3466	3274	364066	247756
深　圳	1	196	196	26000	14062
南　宁	5	4277	2925	540993	270637
海　口					
重　庆	23	10350	9889	1484450	2572373
成　都	6	7580	7452	1176370	1122652
贵　阳	3	1227	1227	247000	178650
昆　明	8	2994	2892	530674	514775
拉　萨					
西　安	3	1817	1625	194180	57834
兰　州	7	2217	2213	168295	186934
西　宁	1	612	608	12165	32562
银　川	4	1358	1358	386200	77589
乌鲁木齐					

2-14 续表 50

(家具市场)

地　区	市场数量（个）	总摊位数（个）	年末出租摊位数（个）	营业面积（平方米）	成交额（万元）
36 城 市	**74**	**30311**	**28870**	**5334739**	**4507839**
北　京	7	3705	3646	428237	496541
天　津	1	382	381	51309	27650
石家庄	3	1688	1688	342000	265350
太　原	2	707	707	142502	50031
呼和浩特	2	630	630	45600	64665
沈　阳	2	931	918	150343	112925
大　连	3	1220	1010	106700	54510
长　春	2	1100	1100	97000	113200
哈尔滨	2	627	627	145000	80089
上　海	4	726	643	201117	93170
南　京	3	1197	1141	195088	188666
杭　州	5	1046	985	288177	139538
宁　波	9	1671	1446	280704	135403
合　肥					
福　州	1	310	307	53000	12500
厦　门					
南　昌	2	706	706	180000	70798
济　南	3	1215	988	184277	152476
青　岛	3	785	785	177471	83378
郑　州	1	1667	1654	300000	284897
武　汉	1	185	185	52722	47245
长　沙	2	438	438	65000	44912
广　州	1	512	508	64892	19876
深　圳	1	196	196	26000	14062
南　宁	1	550	238	61333	26588
海　口					
重　庆	3	2329	2323	565000	1389907
成　都	3	3360	3272	506370	362452
贵　阳					
昆　明	3	849	849	302517	105901
拉　萨					
西　安	1	675	595	151180	14200
兰　州	1	147	147	25000	10731
西　宁					
银　川	2	757	757	146200	46178
乌鲁木齐					

2-14　续表 51

(装饰材料市场)

地　　区	市场数量（个）	总摊位数（个）	年末出租摊位数（个）	营业面积（平方米）	成交额（万元）
36 城 市	**99**	**47373**	**45694**	**5281547**	**6105738**
北　　京	6	1880	1827	152991	309345
天　　津	2	416	416	40800	40164
石 家 庄	9	2730	2730	581114	473982
太　　原	1	1050	1000	120000	78500
呼和浩特	1	205	205	12000	15896
沈　　阳	4	2091	1796	137500	266325
大　　连	2	1780	1750	118581	71000
长　　春					
哈 尔 滨	1	76	76	30000	20030
上　　海	8	6254	6082	545904	817687
南　　京	3	1418	1418	154342	89357
杭　　州	8	3543	3365	381775	386341
宁　　波	5	732	584	149955	162030
合　　肥	4	2116	2001	282653	249021
福　　州	2	703	660	39100	324960
厦　　门					
南　　昌	1	1974	1974	278442	21343
济　　南	1	335	335	64500	24090
青　　岛	3	819	765	171600	44749
郑　　州	1	1321	1321	42000	191460
武　　汉	2	890	890	118000	88126
长　　沙	5	2606	2600	238577	618560
广　　州	4	2554	2475	286174	206728
深　　圳					
南　　宁	1	740	740	100000	17760
海　　口					
重　　庆	16	6516	6064	719539	891651
成　　都	1	1800	1800	120000	160000
贵　　阳	2	971	971	180000	151350
昆　　明	2	964	964	138000	289942
拉　　萨					
西　　安					
兰　　州	4	889	885	78000	95341
西　　宁					
银　　川					
乌鲁木齐					

2-14 续表 52

(灯具市场)

地　区	市场数量(个)	总摊位数(个)	年末出租摊位数(个)	营业面积(平方米)	成交额(万元)
36 城 市	**12**	**4199**	**4032**	**712192**	**636426**
北　京	1	237	237	40000	10506
天　津					
石家庄					
太　原					
呼和浩特					
沈　阳	1	276	180	54000	66150
大　连	1	157	157	56100	10956
长　春					
哈尔滨					
上　海					
南　京					
杭　州	1	980	980	48000	13413
宁　波					
合　肥					
福　州					
厦　门					
南　昌					
济　南	1	180	175	68000	15150
青　岛	1	120	120	50000	28000
郑　州					
武　汉					
长　沙					
广　州					
深　圳					
南　宁					
海　口					
重　庆	3	909	906	149911	236172
成　都	1	600	560	220000	180200
贵　阳					
昆　明	1	510	487	16181	53245
拉　萨					
西　安	1	230	230	10000	22634
兰　州					
西　宁					
银　川					
乌鲁木齐					

2-14 续表 53

(厨具、盥洗设备市场)

地 区	市场数量(个)	总摊位数(个)	年末出租摊位数(个)	营业面积(平方米)	成交额(万元)
36 城 市	**3**	**2677**	**1603**	**239268**	**158019**
北 京					
天 津					
石 家 庄					
太 原					
呼和浩特					
沈 阳					
大 连					
长 春					
哈 尔 滨					
上 海					
南 京					
杭 州					
宁 波	1	500	500	13000	118090
合 肥					
福 州					
厦 门					
南 昌					
济 南					
青 岛	1	366	332	21608	22536
郑 州					
武 汉					
长 沙					
广 州					
深 圳					
南 宁	1	1811	771	204660	17393
海 口					
重 庆					
成 都					
贵 阳					
昆 明					
拉 萨					
西 安					
兰 州					
西 宁					
银 川					
乌鲁木齐					

2-14 续表 54

(五金材料市场)

地　区	市场数量(个)	总摊位数(个)	年末出租摊位数(个)	营业面积(平方米)	成交额(万元)
36 城 市	**27**	**19366**	**18247**	**2228850**	**2810969**
北　京	1	550	483	8794	14606
天　津	3	1181	921	624819	370300
石家庄					
太　原					
呼和浩特					
沈　阳					
大　连					
长　春	1	1366	1366	160000	18000
哈尔滨					
上　海	3	3700	3559	194379	211424
南　京	1	994	994	200000	97908
杭　州	4	2323	2309	93620	817920
宁　波	2	1134	1068	68000	101465
合　肥					
福　州	1	213	213	3900	45346
厦　门					
南　昌					
济　南					
青　岛	1	215	192	24300	19058
郑　州	2	835	802	56020	164500
武　汉	1	551	537	35894	25000
长　沙	2	1876	1596	288124	299647
广　州	1	400	291	13000	21152
深　圳					
南　宁	1	700	700	45000	109000
海　口					
重　庆	1	596	596	50000	54643
成　都	1	1820	1820	330000	420000
贵　阳					
昆　明					
拉　萨					
西　安	1	912	800	33000	21000
兰　州					
西　宁					
银　川					
乌鲁木齐					

2-14 续表 55

(其他装修市场)

地 区	市场数量(个)	总摊位数(个)	年末出租摊位数(个)	营业面积(平方米)	成交额(万元)
36 城 市	**35**	**19645**	**18598**	**2165015**	**2485854**
北 京	2	1394	1258	141868	373415
天 津					
石 家 庄	3	1100	1100	338000	102614
太 原					
呼和浩特					
沈 阳	1	2560	2560	37000	179051
大 连					
长 春					
哈 尔 滨	1	463	463	21000	119000
上 海	5	2725	2468	175709	110676
南 京	2	2590	2590	221476	652508
杭 州	5	2978	2862	362171	347474
宁 波	1	40	40	3945	37829
合 肥	3	1285	850	153000	88392
福 州	1	87	87	22410	75221
厦 门					
南 昌					
济 南					
青 岛	1	550	530	80000	50000
郑 州					
武 汉					
长 沙	1	76	76	20000	11956
广 州					
深 圳					
南 宁	1	476	476	130000	99896
海 口					
重 庆					
成 都					
贵 阳	1	256	256	67000	27300
昆 明	2	671	592	73976	65687
拉 萨					
西 安					
兰 州	2	1181	1181	65295	80862
西 宁	1	612	608	12165	32562
银 川	2	601	601	240000	31411
乌鲁木齐					

2-14 续表 56

(汽车、摩托车及零配件市场)

地　区	市场数量(个)	总摊位数(个)	年末出租摊位数(个)	营业面积(平方米)	成交额(万元)
36 城 市	**153**	**58255**	**51730**	**8041076**	**42453262**
北　京	14	4768	4390	904725	8882289
天　津	4	1921	1865	337860	1745638
石家庄	3	570	570	241000	559285
太　原	1	406	406	70000	10000
呼和浩特					
沈　阳	5	3020	2519	283790	1715935
大　连	2	455	175	126000	965775
长　春	2	5426	2450	581570	2932220
哈尔滨					
上　海	13	2326	2261	225057	3423972
南　京	4	368	325	72200	528751
杭　州	18	6070	5851	343370	4494923
宁　波	9	1438	825	191616	601733
合　肥	4	1759	1759	109663	295100
福　州	1	200	200	7128	37396
厦　门	2	119	119	34000	236507
南　昌	6	2816	2516	251500	1729205
济　南	4	1113	1036	237838	1232773
青　岛	3	378	375	79000	263000
郑　州	4	1496	1495	85800	1311483
武　汉	4	1291	1286	198200	1278308
长　沙	5	5733	5687	670354	2110986
广　州	15	2847	2733	353677	1851689
深　圳	2	115	112	93000	432000
南　宁	3	830	813	576296	305912
海　口					
重　庆	9	6745	6294	598250	3143657
成　都	1	285	201	82107	230000
贵　阳	4	958	942	473000	624248
昆　明	3	1022	1019	213457	223538
拉　萨					
西　安	4	2000	1864	106540	718900
兰　州	1	96	91	10440	28290
西　宁					
银　川	1	944	850	229000	28284
乌鲁木齐	2	740	701	254638	511465

2-14 续表 57

(汽车市场)

地 区	市场数量(个)	总摊位数(个)	年末出租摊位数(个)	营业面积(平方米)	成交额(万元)
36 城 市	**529**	**178141**	**156707**	**29580804**	**146076752**
北 京	9	1562	1402	683245	8264850
天 津	4	1921	1865	337860	1745638
石家庄	2	70	70	141000	257755
太 原					
呼和浩特					
沈 阳	2	1452	1452	117790	1152441
大 连	2	455	175	126000	965775
长 春	2	5426	2450	581570	2932220
哈尔滨					
上 海	9	568	553	132178	2490147
南 京	4	368	325	72200	528751
杭 州	14	3469	3271	168845	3364217
宁 波	8	962	349	158616	592133
合 肥	1	70	70	50000	88500
福 州					
厦 门	2	119	119	34000	236507
南 昌	3	1164	1164	143000	279392
济 南	1	70	70	130000	753073
青 岛	1	60	60	30000	66000
郑 州	1	36	35	40786	660000
武 汉	3	391	386	187000	1263229
长 沙	1	210	185	397554	1772500
广 州	6	318	242	192876	1485826
深 圳	2	115	112	93000	432000
南 宁	3	830	813	576296	305912
海 口					
重 庆	7	5011	4752	436250	2563401
成 都	1	285	201	82107	230000
贵 阳	3	696	680	430000	597668
昆 明	1	112	112	53333	111568
拉 萨					
西 安	2	1050	970	85140	521900
兰 州					
西 宁					
银 川	1	944	850	229000	28284
乌鲁木齐	2	740	701	254638	511465

2-14 续表 58

(摩托车市场)

地　　区	市场数量(个)	总摊位数(个)	年末出租摊位数(个)	营业面积(平方米)	成交额(万元)
36 城 市	**4**	**1053**	**993**	**69240**	**583046**
北　　京					
天　　津					
石 家 庄					
太　　原					
呼和浩特					
沈　　阳					
大　　连					
长　　春					
哈 尔 滨					
上　　海					
南　　京					
杭　　州					
宁　　波					
合　　肥	1	150	150	16000	53000
福　　州					
厦　　门					
南　　昌					
济　　南					
青　　岛					
郑　　州					
武　　汉					
长　　沙	1	127	112	2800	21756
广　　州					
深　　圳					
南　　宁					
海　　口					
重　　庆	1	680	640	40000	480000
成　　都					
贵　　阳					
昆　　明					
拉　　萨					
西　　安					
兰　　州	1	96	91	10440	28290
西　　宁					
银　　川					
乌鲁木齐					

2-14　续表 59

(机动车零配件市场)

地　区	市场数量(个)	总摊位数(个)	年末出租摊位数(个)	营业面积(平方米)	成交额(万元)
36 城 市	**52**	**28728**	**27303**	**2007552**	**7669064**
北　京	5	3206	2988	221480	617439
天　津					
石 家 庄	1	500	500	100000	301530
太　原	1	406	406	70000	10000
呼和浩特					
沈　阳	3	1568	1067	166000	563494
大　连					
长　春					
哈 尔 滨					
上　海	4	1758	1708	92879	933825
南　京					
杭　州	4	2601	2580	174525	1130706
宁　波	1	476	476	33000	9600
合　肥	2	1539	1539	43663	153600
福　州	1	200	200	7128	37396
厦　门					
南　昌	3	1652	1352	108500	1449813
济　南	3	1043	966	107838	479700
青　岛	2	318	315	49000	197000
郑　州	3	1460	1460	45014	651483
武　汉	1	900	900	11200	15079
长　沙	3	5396	5390	270000	316730
广　州	9	2529	2491	160801	365863
深　圳					
南　宁					
海　口					
重　庆	1	1054	902	122000	100256
成　都					
贵　阳	1	262	262	43000	26580
昆　明	2	910	907	160124	111970
拉　萨					
西　安	2	950	894	21400	197000
兰　州					
西　宁					
银　川					
乌鲁木齐					

2-14 续表 60

(花鸟鱼虫市场)

地　　区	市场数量（个）	总摊位数（个）	年末出租摊位数（个）	营业面积（平方米）	成交额（万元）
36 城 市	**19**	**13928**	**12951**	**2452409**	**1821589**
北　　京					
天　　津	2	1185	686	61000	36825
石 家 庄					
太　　原					
呼和浩特					
沈　　阳	1	540	540	9300	10764
大　　连					
长　　春					
哈 尔 滨	1	262	262	20000	15862
上　　海	2	626	594	54070	31520
南　　京					
杭　　州	2	1461	1393	59208	315241
宁　　波					
合　　肥	2	1691	1691	105900	128700
福　　州	2	205	200	31855	104985
厦　　门					
南　　昌					
济　　南					
青　　岛					
郑　　州	1	2000	2000	50000	160000
武　　汉					
长　　沙	1	428	428	79076	188050
广　　州	2	1742	1706	1918000	340242
深　　圳					
南　　宁					
海　　口					
重　　庆					
成　　都	1	488	178	20000	75025
贵　　阳					
昆　　明	1	3000	2973	14000	399375
拉　　萨					
西　　安					
兰　　州					
西　　宁					
银　　川					
乌鲁木齐	1	300	300	30000	15000

2-14　续表 61

(花卉市场)

地　区	市场数量 (个)	总摊位数 (个)	年末出租摊位数 (个)	营业面积 (平方米)	成交额 (万元)
36 城 市	**15**	**12510**	**11570**	**2393754**	**1663347**
北　京					
天　津	2	1185	686	61000	36825
石 家 庄					
太　原					
呼和浩特					
沈　阳					
大　连					
长　春					
哈 尔 滨	1	262	262	20000	15862
上　海	1	178	178	16470	10790
南　京					
杭　州	1	1161	1093	53828	281441
宁　波					
合　肥	2	1691	1691	105900	128700
福　州	1	75	75	25480	12037
厦　门					
南　昌					
济　南					
青　岛					
郑　州	1	2000	2000	50000	160000
武　汉					
长　沙	1	428	428	79076	188050
广　州	2	1742	1706	1918000	340242
深　圳					
南　宁					
海　口					
重　庆					
成　都	1	488	178	20000	75025
贵　阳					
昆　明	1	3000	2973	14000	399375
拉　萨					
西　安					
兰　州					
西　宁					
银　川					
乌鲁木齐	1	300	300	30000	15000

2-14 续表 62

(其他花鸟鱼虫市场)

地 区	市场数量(个)	总摊位数(个)	年末出租摊位数(个)	营业面积(平方米)	成交额(万元)
36 城 市	**4**	**1418**	**1381**	**58655**	**158242**
北 京					
天 津					
石 家 庄					
太 原					
呼和浩特					
沈 阳	1	540	540	9300	10764
大 连					
长 春					
哈 尔 滨					
上 海	1	448	416	37600	20730
南 京					
杭 州	1	300	300	5380	33800
宁 波					
合 肥					
福 州	1	130	125	6375	92948
厦 门					
南 昌					
济 南					
青 岛					
郑 州					
武 汉					
长 沙					
广 州					
深 圳					
南 宁					
海 口					
重 庆					
成 都					
贵 阳					
昆 明					
拉 萨					
西 安					
兰 州					
西 宁					
银 川					
乌鲁木齐					

2-14 续表 63

(旧货市场)

地　区	市场数量（个）	总摊位数（个）	年末出租摊位数（个）	营业面积（平方米）	成交额（万元）
36 城 市	**10**	**7016**	**6891**	**173708**	**587528**
北　京	1	4520	4520	26000	57917
天　津					
石家庄					
太　原					
呼和浩特					
沈　阳					
大　连					
长　春					
哈尔滨					
上　海					
南　京					
杭　州					
宁　波	5	1117	1115	70161	442143
合　肥					
福　州					
厦　门					
南　昌	1	750	750	15000	18174
济　南					
青　岛					
郑　州	1	507	400	13120	10000
武　汉					
长　沙					
广　州					
深　圳					
南　宁					
海　口					
重　庆					
成　都					
贵　阳					
昆　明	2	122	106	49427	59294
拉　萨					
西　安					
兰　州					
西　宁					
银　川					
乌鲁木齐					

2-14 续表 64

（古玩、古董、字画市场）

地　区	市场数量（个）	总摊位数（个）	年末出租摊位数（个）	营业面积（平方米）	成交额（万元）
36 城 市	**1**	**507**	**400**	**13120**	**10000**
北　京					
天　津					
石 家 庄					
太　原					
呼和浩特					
沈　阳					
大　连					
长　春					
哈 尔 滨					
上　海					
南　京					
杭　州					
宁　波					
合　肥					
福　州					
厦　门					
南　昌					
济　南					
青　岛					
郑　州	1	507	400	13120	10000
武　汉					
长　沙					
广　州					
深　圳					
南　宁					
海　口					
重　庆					
成　都					
贵　阳					
昆　明					
拉　萨					
西　安					
兰　州					
西　宁					
银　川					
乌鲁木齐					

2-14 续表 65

(其他旧货市场)

地 区	市场数量(个)	总摊位数(个)	年末出租摊位数(个)	营业面积(平方米)	成交额(万元)
36 城 市	**9**	**6509**	**6491**	**160588**	**577528**
北 京	1	4520	4520	26000	57917
天 津					
石 家 庄					
太 原					
呼和浩特					
沈 阳					
大 连					
长 春					
哈 尔 滨					
上 海					
南 京					
杭 州					
宁 波	5	1117	1115	70161	442143
合 肥					
福 州					
厦 门					
南 昌	1	750	750	15000	18174
济 南					
青 岛					
郑 州					
武 汉					
长 沙					
广 州					
深 圳					
南 宁					
海 口					
重 庆					
成 都					
贵 阳					
昆 明	2	122	106	49427	59294
拉 萨					
西 安					
兰 州					
西 宁					
银 川					
乌鲁木齐					

2-14 续表 66

(其他专业市场)

地　区	市场数量(个)	总摊位数(个)	年末出租摊位数(个)	营业面积(平方米)	成交额(万元)
36 城 市	**17**	**13513**	**7949**	**593195**	**1863402**
北　京	2	181	179	112657	50839
天　津	1	180	150	8000	11000
石家庄					
太　原					
呼和浩特					
沈　阳	4	2600	2089	64000	303876
大　连					
长　春					
哈尔滨					
上　海	3	958	922	23200	135249
南　京					
杭　州	1	600	600	56654	70051
宁　波	1	180	180	800	208813
合　肥					
福　州					
厦　门					
南　昌					
济　南	1	1200	756	236000	25600
青　岛					
郑　州	2	2270	2270	30000	727000
武　汉					
长　沙					
广　州	1	344	303	19194	301254
深　圳					
南　宁					
海　口					
重　庆					
成　都					
贵　阳					
昆　明	1	5000	500	42690	29720
拉　萨					
西　安					
兰　州					
西　宁					
银　川					
乌鲁木齐					

2-15 商品交易市场情况(按营业状态分)

(常年营业)

地　区	市场数量(个)	总摊位数(个)	年末出租摊位数(个)	营业面积(平方米)	成交额(万元)
36 城 市	**1910**	**1580058**	**1397197**	**116458213**	**473013774**
北　京	128	118738	105653	6648201	33754691
天　津	64	45797	41733	4545667	17885479
石家庄	53	68896	62851	5408182	13202375
太　原	12	6378	5864	754003	613716
呼和浩特	8	4185	4185	204600	381503
沈　阳	56	59711	51693	2760058	12924013
大　连	41	33111	31919	1680113	13047116
长　春	28	30843	27565	2135573	5153089
哈尔滨	44	37814	34454	2118374	7617234
上　海	156	73130	69087	7713449	88966262
南　京	44	37450	36286	2639352	10345132
杭　州	183	97421	90989	4376085	35937225
宁　波	136	76761	70181	4382674	30604926
合　肥	33	27102	22407	2942816	9126932
福　州	51	14960	14586	1339256	7666503
厦　门	19	6544	6488	448032	1748286
南　昌	32	28100	27099	1444586	9347918
济　南	33	21785	20838	1885556	4330453
青　岛	59	60256	57207	5489048	12025404
郑　州	39	60629	56426	3594931	12292071
武　汉	51	30475	29020	2330927	9263246
长　沙	62	46261	44722	5029345	16817837
广　州	146	105065	89104	8775687	24613182
深　圳	33	54684	34912	1653638	5573570
南　宁	33	25441	21986	2000323	4752218
海　口	4	1789	1789	751138	339544
重　庆	149	109363	101736	8060986	34063093
成　都	47	114018	72976	8856721	20322525
贵　阳	20	13858	13528	1318267	4048377
昆　明	29	56485	48209	2950919	5857018
拉　萨					
西　安	35	25641	23646	1491081	3217820
兰　州	26	17999	16276	1341001	3819296
西　宁	5	4125	4115	241368	210926
银　川	21	17771	14836	1864532	2064813
乌鲁木齐	30	47472	42831	7281724	11079981

2-15 续表 1

(季节性营业)

地区	市场数量(个)	总摊位数(个)	年末出租摊位数(个)	营业面积(平方米)	成交额(万元)
36 城市	**13**	**8248**	**5681**	**687436**	**690844**
北京	3	4156	2514	279000	148015
天津	1	605	106	40000	23800
石家庄					
太原					
呼和浩特					
沈阳					
大连					
长春					
哈尔滨					
上海					
南京					
杭州	1	168	113	3500	33490
宁波	1	842	842	153586	201128
合肥	1	390	390	33350	75200
福州					
厦门					
南昌					
济南	1	310	307	19000	29080
青岛	4	1655	1287	153000	127869
郑州					
武汉					
长沙					
广州					
深圳					
南宁	1	122	122	6000	52262
海口					
重庆					
成都					
贵阳					
昆明					
拉萨					
西安					
兰州					
西宁					
银川					
乌鲁木齐					

2-15 续表 2

(其他)

地 区	市场数量（个）	总摊位数（个）	年末出租摊位数（个）	营业面积（平方米）	成交额（万元）
36 城 市	**3**	**804**	**574**	**134456**	**213684**
北 京					
天 津					
石 家 庄	1	402	387	21800	11977
太 原					
呼和浩特					
沈 阳					
大 连					
长 春					
哈 尔 滨					
上 海	2	402	187	112656	201707
南 京					
杭 州					
宁 波					
合 肥					
福 州					
厦 门					
南 昌					
济 南					
青 岛					
郑 州					
武 汉					
长 沙					
广 州					
深 圳					
南 宁					
海 口					
重 庆					
成 都					
贵 阳					
昆 明					
拉 萨					
西 安					
兰 州					
西 宁					
银 川					
乌鲁木齐					

2-16 商品交易市场情况(按经营方式分)

(批发为主)

地 区	市场数量(个)	总摊位数(个)	年末出租摊位数(个)	营业面积(平方米)	成交额(万元)
36 城 市	**1140**	**1166483**	**1014349**	**91328898**	**410278768**
北 京	57	73359	61297	4440024	21824695
天 津	46	32790	29831	3719991	17011471
石 家 庄	36	51411	46226	4351858	11973533
太 原	7	4181	3737	478501	465185
呼和浩特	4	1313	1313	126000	220855
沈 阳	34	38709	34325	2016414	11246724
大 连	19	14497	14216	937220	11605978
长 春	13	15786	14881	1370971	3064533
哈 尔 滨	17	22921	20854	1294835	5031444
上 海	83	47440	44881	6525473	84023024
南 京	16	22006	20976	1616981	7761997
杭 州	101	64523	60157	2858825	30108156
宁 波	71	52674	50187	3367554	27864239
合 肥	22	21790	17672	2421337	8640386
福 州	21	5740	5669	816892	6525435
厦 门	7	2088	2088	153152	1105819
南 昌	20	20198	19516	988901	8544368
济 南	26	17555	16859	1417279	3341890
青 岛	45	50981	48277	4909767	11012778
郑 州	33	53354	49259	3217425	10583393
武 汉	38	25271	24441	1859101	8202924
长 沙	34	32581	31660	3836871	13619915
广 州	113	91122	77038	8046581	22207586
深 圳	19	46271	27980	1344774	4852075
南 宁	23	17584	14732	1051831	3859543
海 口	3	1509	1509	740638	315711
重 庆	85	80602	75344	6136874	29936323
成 都	35	104855	64303	7775531	19138464
贵 阳	14	12117	11803	668267	3275749
昆 明	19	52686	44560	2370017	5294621
拉 萨					
西 安	19	13055	12070	723719	1519710
兰 州	22	15865	14172	1241001	3707605
西 宁	2	2956	2950	216203	111023
银 川	12	11662	8834	1179312	1858619
乌鲁木齐	24	45031	40732	7108778	10422997

2-16 续表

(零售为主)

地 区	市场数量（个）	总摊位数（个）	年末出租摊位数（个）	营业面积（平方米）	成交额（万元）
36 城 市	**786**	**422627**	**389103**	**25951207**	**63639534**
北 京	74	49535	46870	2487177	12078011
天 津	19	13612	12008	865676	897808
石 家 庄	18	17887	17012	1078124	1240819
太 原	5	2197	2127	275502	148531
呼和浩特	4	2872	2872	78600	160648
沈 阳	22	21002	17368	743644	1677289
大 连	22	18614	17703	742893	1441138
长 春	15	15057	12684	764602	2088556
哈 尔 滨	27	14893	13600	823539	2585790
上 海	75	26092	24393	1300632	5144945
南 京	28	15444	15310	1022371	2583135
杭 州	83	33066	30945	1520760	5862559
宁 波	66	24929	20836	1168706	2941815
合 肥	12	5702	5125	554829	561746
福 州	30	9220	8917	522364	1141068
厦 门	12	4456	4400	294880	642467
南 昌	12	7902	7583	455685	803550
济 南	8	4540	4286	487277	1017643
青 岛	18	10930	10217	732281	1140495
郑 州	6	7275	7167	377506	1708678
武 汉	13	5204	4579	471826	1060322
长 沙	28	13680	13062	1192474	3197922
广 州	33	13943	12066	729106	2405596
深 圳	14	8413	6932	308864	721495
南 宁	11	7979	7376	954492	944937
海 口	1	280	280	10500	23833
重 庆	64	28761	26392	1924112	4126770
成 都	12	9163	8673	1081190	1184061
贵 阳	6	1741	1725	650000	772628
昆 明	10	3799	3649	580902	562397
拉 萨					
西 安	16	12586	11576	767362	1698110
兰 州	4	2134	2104	100000	111691
西 宁	3	1169	1165	25165	99903
银 川	9	6109	6002	685220	206194
乌鲁木齐	6	2441	2099	172946	656984

2-17 商品交易市场情况(按经营环境分)

(露天式)

地　区	市场数量(个)	总摊位数(个)	年末出租摊位数(个)	营业面积(平方米)	成交额(万元)
36 城 市	**258**	**177652**	**151786**	**20636165**	**67209733**
北　京	20	23886	14816	2559901	13991368
天　津	18	12009	9783	1616459	2605222
石家庄	9	8602	8545	442783	365236
太　原	1	160	86	80001	78000
呼和浩特	2	325	325	22000	28594
沈　阳	14	9690	8860	989300	4689761
大　连	3	1647	1310	190980	351971
长　春	2	897	881	289900	36625
哈尔滨	4	4486	4441	772000	1457820
上　海	11	3492	3057	669981	2119575
南　京	5	1713	1672	112200	492895
杭　州	16	3500	2992	228822	2445433
宁　波	13	21872	21803	777322	4657311
合　肥	4	2514	2275	328380	2058522
福　州					
厦　门	5	954	954	58000	449883
南　昌	6	3409	3284	234384	2546523
济　南	8	4482	4337	340938	839522
青　岛	18	6849	5777	2006803	2451845
郑　州	8	5179	5173	276317	1972072
武　汉	10	5223	5115	379021	3147301
长　沙	5	3083	3075	1301560	3263307
广　州	9	3583	3337	256054	627930
深　圳	3	2334	2334	81350	1029538
南　宁	6	2531	1976	754337	2641472
海　口	2	1174	1174	737800	307151
重　庆	11	8609	7948	534616	3057631
成　都	6	7798	6883	1619987	4059320
贵　阳	3	728	712	520000	384672
昆　明	6	6934	2256	276561	503047
拉　萨					
西　安	9	5268	4679	278864	1146389
兰　州	9	6624	5085	386800	1888652
西　宁	1	356	350	116203	31023
银　川	4	3589	3100	533071	535677
乌鲁木齐	7	4152	3391	863470	948445

2-17 续表 1

(封闭式)

地 区	市场数量（个）	总摊位数（个）	年末出租摊位数（个）	营业面积（平方米）	成交额（万元）
36 城 市	**1459**	**1251665**	**1107610**	**75797221**	**343566658**
北 京	102	84816	79836	3838086	16576325
天 津	42	32770	30471	2802902	14830354
石 家 庄	32	51099	46110	3930463	11516861
太 原	9	3668	3648	502502	440537
呼和浩特	6	3860	3860	182600	352909
沈 阳	41	49821	42633	1765758	8141093
大 连	35	25552	24791	1191133	9589732
长 春	21	24749	21487	1377673	4832197
哈 尔 滨	40	33328	30013	1346374	6159414
上 海	113	55082	51625	3220332	76986258
南 京	38	35032	33909	2472152	9460594
杭 州	153	87861	82010	3824512	25341302
宁 波	113	52597	46246	3547836	24871758
合 肥	20	15310	13771	1141304	5212473
福 州	42	12487	12113	1164752	5402844
厦 门	10	3534	3490	294322	927911
南 昌	25	24473	23597	1192202	6368854
济 南	22	15543	15212	1142118	2635153
青 岛	38	44596	42581	2723604	8288713
郑 州	23	46286	45537	2863606	8920398
武 汉	40	24701	23368	1916012	6090945
长 沙	48	32114	30960	2565991	9635454
广 州	129	97306	81874	6190784	20874459
深 圳	24	46845	27489	1480993	4131517
南 宁	22	20935	18234	1138080	1530510
海 口	2	615	615	13338	32393
重 庆	123	88443	81901	6473850	25253620
成 都	36	99660	59572	6789574	14013927
贵 阳	13	11197	11054	718167	1809094
昆 明	22	48951	45353	2574358	4553971
拉 萨					
西 安	22	18590	17247	1122517	1916241
兰 州	14	10788	10604	870840	1797563
西 宁	4	3769	3765	125165	179903
银 川	16	11882	10904	860461	1228556
乌鲁木齐	19	33405	31730	2432860	3662825

2-17 续表 2

(其他)

地　区	市场数量(个)	总摊位数(个)	年末出租摊位数(个)	营业面积(平方米)	成交额(万元)
36 城 市	**209**	**159793**	**144056**	**20846719**	**63141911**
北　京	9	14192	13515	529214	3335013
天　津	5	1623	1585	166306	473703
石家庄	13	9597	8583	1056736	1332255
太　原	2	2550	2130	171500	95179
呼和浩特					
沈　阳	1	200	200	5000	93159
大　连	3	5912	5818	298000	3105413
长　春	5	5197	5197	468000	284267
哈尔滨					
上　海	34	14958	14592	3935792	10062136
南　京	1	705	705	55000	391643
杭　州	15	6228	6100	326251	8183980
宁　波	11	3134	2974	211102	1276985
合　肥	10	9668	6751	1506482	1931137
福　州	9	2473	2473	174504	2263659
厦　门	4	2056	2044	95710	370492
南　昌	1	218	218	18000	432541
济　南	4	2070	1596	421500	884858
青　岛	7	10466	10136	911641	1412715
郑　州	8	9164	5716	455008	1399601
武　汉	1	551	537	35894	25000
长　沙	9	11064	10687	1161794	3919076
广　州	8	4176	3893	2328849	3110793
深　圳	6	5505	5089	91295	412515
南　宁	6	2097	1898	113906	632498
海　口					
重　庆	15	12311	11887	1052520	5751842
成　都	5	6560	6521	447160	2249278
贵　阳	4	1933	1762	80100	1854611
昆　明	1	600	600	100000	800000
拉　萨					
西　安	4	1783	1720	89700	155190
兰　州	3	587	587	83361	133081
西　宁					
银　川	1	2300	832	471000	300580
乌鲁木齐	4	9915	7710	3985394	6468711

2-18 商品交易市场成交情况(按摊位分)

地 区	粮油、食品类		#粮油		#肉禽蛋类	
	摊位数（个）	成交额（万元）	摊位数（个）	成交额（万元）	摊位数（个）	成交额（万元）
36 城 市	**345214**	**120116201**	**34602**	**16202885**	**46861**	**15500508**
北 京	35443	17638372	2951	2246797	4976	2097848
天 津	15418	6136766	2712	1242358	1106	632706
石 家 庄	13735	1545795	1923	134011	1734	211683
太 原	1585	348026	550	125056		
呼和浩特	606	148448	30	29050	290	60318
沈 阳	6778	2171974	819	313806	1151	137650
大 连	6573	2210699	695	143478	1116	368961
长 春	2898	777832	168	25393	376	15475
哈 尔 滨	7261	3125275	946	311379	1328	447060
上 海	20310	8274788	2753	731871	4080	2045051
南 京	8446	3391462	1511	1317596	1478	155046
杭 州	25646	8210566	2199	1668179	5047	1599590
宁 波	36344	5456060	981	506853	3037	560417
合 肥	4525	2388203	360	350583	996	496319
福 州	4873	2215655	722	108134	923	81091
厦 门	4806	1347684	256	33139	896	244758
南 昌	4755	3251828	473	392399	964	957874
济 南	8014	1758211	339	65510	366	78271
青 岛	31356	4627299	955	480043	2082	305860
郑 州	8056	7818151	1399	1222980	72	50000
武 汉	5724	2756771	644	305804	308	21817
长 沙	9331	5004915	758	270048	711	485628
广 州	10206	4391825	1432	290013	2251	640013
深 圳	9435	3070390	1302	279653	1632	422146
南 宁	4794	1150765	465	219324	999	472140
海 口	97	3007	97	3007		
重 庆	24005	6691349	2862	626121	3852	1729607
成 都	13298	5055949	1884	784111	2596	481887
贵 阳	1497	1869507	325	1058568	106	42117
昆 明	2578	1650404	329	310323	268	21305
拉 萨						
西 安	3218	636646	404	287235	969	69888
兰 州	3501	1143894	994	258927	493	227716
西 宁	114	1175	2	155	5	109
银 川	3308	822000	147	17837	186	68046
乌鲁木齐	6680	3024510	215	43144	467	272111

2-18 续表 1

地区	#水产品类		#蔬菜类		#干鲜果品类	
	摊位数(个)	成交额(万元)	摊位数(个)	成交额(万元)	摊位数(个)	成交额(万元)
36 城市	**70481**	**28442437**	**116354**	**28131851**	**59672**	**28129977**
北京	4090	2392681	10621	4865013	8770	5218722
天津	1499	1756096	7248	1367498	2742	1107847
石家庄	629	60511	6599	517110	2335	376115
太原			532	113000	503	109970
呼和浩特	30	1120	230	56644	26	1316
沈阳	1703	780377	1133	194495	1199	520425
大连	1127	720628	1860	409433	1295	299904
长春	716	441618	727	268212	111	4480
哈尔滨	1884	856175	1903	671150	1180	835496
上海	4339	2785772	6988	1554359	2096	1105127
南京	1630	927637	2891	572052	890	413984
杭州	4210	1873282	9619	909202	3720	2068552
宁波	21560	2243883	7449	1392406	1849	615571
合肥	697	565865	1264	417428	1101	548213
福州	1781	1952173	994	46411	441	24010
厦门	1262	495411	1906	485121	486	89254
南昌	504	345054	1555	675491	1116	831685
济南	1491	670901	3191	737858	2621	204660
青岛	7111	1580288	17681	1526697	3066	625250
郑州	2557	1636020	2127	2560501	1901	2347750
武汉	1880	1587872	1404	595075	841	184670
长沙	605	590320	2810	1026800	2388	1740353
广州	1486	632921	3863	1106480	940	1657299
深圳	1632	413903	2855	1080577	2014	871502
南宁	696	30724	1848	263565	786	165012
海口						
重庆	2028	1498400	8477	1336209	3970	1179835
成都	1421	833841	2179	1394010	4777	1490920
贵阳	15	35479	349	375987	619	351587
昆明	121	3506	616	318540	746	811730
拉萨						
西安	606	19018	849	206269	344	53516
兰州	420	250090	811	140408	783	266218
西宁	12	136	43	295	52	480
银川	345	180479	1579	222961	1013	331762
乌鲁木齐	394	280256	2153	724594	2951	1676762

2-18　续表 2

地　　区	饮料类		烟酒类		服装、鞋帽、针纺织品类	
	摊位数（个）	成交额（万元）	摊位数（个）	成交额（万元）	摊位数（个）	成交额（万元）
36 城 市	**16515**	**3837123**	**16222**	**5229315**	**406905**	**54748787**
北　　京	1385	539232	1596	950063	26673	848795
天　　津	499	118195	443	163650	10009	650495
石 家 庄	1221	31531	2148	45466	24461	4761315
太　　原			2	50	785	14904
呼和浩特	106	47001	1	23	2056	91477
沈　　阳	104	42147	109	24212	22258	3783989
大　　连	317	113747	233	136015	12220	1643225
长　　春	116	3895	176	4269	8979	353446
哈 尔 滨	483	385999	588	604599	14930	848556
上　　海	759	77000	889	131561	10935	874954
南　　京	365	447423	243	552989	6689	763353
杭　　州	1044	312879	596	236748	25706	5523979
宁　　波	251	117333	679	173536	8518	1544140
合　　肥	131	77929	264	86504	6979	942986
福　　州	131	3523	87	6198	3412	636417
厦　　门	51	18250	62	11100	163	6347
南　　昌	105	38668	216	77794	7457	1970748
济　　南	812	182003	106	4735	4269	500064
青　　岛	78	42212	1507	303231	14836	2774497
郑　　州	632	9410	402	5190	10051	555412
武　　汉	358	45563	20	4725	10772	1643099
长　　沙	487	117926	1894	765373	7396	543395
广　　州	499	113393	194	62037	43581	8693789
深　　圳	327	22241	141	150850	6118	242024
南　　宁	277	112987	29	582	8854	271441
海　　口	100	3000	85	2720	341	8716
重　　庆	1591	362348	1828	349083	21332	5706185
成　　都	146	22824	212	83000	28620	3712457
贵　　阳	462	129507	285	151936	5268	473655
昆　　明	1045	87335	22	1400	26032	2263625
拉　　萨						
西　　安	1918	79384	93	2129	8471	664331
兰　　州	268	47332	378	93639	5760	444623
西　　宁	2	129	1	65	1783	79086
银　　川	138	59116	42	3729	5117	198251
乌鲁木齐	307	25661	651	40114	6074	715011

2-18 续表 3

地　区	服装类		鞋帽类		针纺织品类	
	摊位数(个)	成交额(万元)	摊位数(个)	成交额(万元)	摊位数(个)	成交额(万元)
36 城 市	**275430**	**32698560**	**54774**	**6863674**	**76701**	**15186553**
北　京	19103	606540	3976	101298	3594	140957
天　津	6978	423696	1992	148342	1039	78457
石家庄	21526	3874386	1520	123706	1415	763223
太　原	136	816	591	13268	58	820
呼和浩特	1533	71535	158	9373	365	10569
沈　阳	12439	2592732	3836	247579	5983	943678
大　连	7231	876428	2277	292035	2712	474762
长　春	6993	300697	1072	30263	914	22486
哈尔滨	6413	479819	2527	85318	5990	283419
上　海	8006	745209	1062	28263	1867	101482
南　京	4146	552504	1042	105430	1501	105419
杭　州	17669	2681150	2238	79537	5799	2763292
宁　波	5584	839921	1002	349046	1932	355173
合　肥	3747	656865	394	97018	2838	189103
福　州	3075	561255	194	36175	143	38987
厦　门	116	3936	36	2196	11	215
南　昌	5250	1493325	1466	277348	741	200075
济　南	3081	274384	1056	217605	132	8075
青　岛	10608	1687943	1972	356832	2256	729722
郑　州	7935	458089	426	14874	1690	82449
武　汉	9126	1516796	1018	76465	628	49838
长　沙	6209	417599	780	98164	407	27632
广　州	23203	2661216	5401	872815	14977	5159758
深　圳	3582	120072	1325	46760	1211	75192
南　宁	6516	213948	989	22442	1349	35051
海　口	335	8560			6	156
重　庆	12926	2689417	4484	1650047	3922	1366721
成　都	20679	2377353	4443	822089	3498	513015
贵　阳	4220	361901	895	88747	153	23007
昆　明	17475	1570524	2811	248445	5746	444656
拉　萨						
西　安	5952	418198	1311	169567	1208	76566
兰　州	4984	420009	380	7828	396	16786
西　宁	921	47830	422	19246	440	12010
银　川	2982	115364	831	23280	1304	59607
乌鲁木齐	4751	578543	847	102273	476	34195

2-18 续表 4

地区	化妆品类		金银珠宝类		日用品类	
	摊位数（个）	成交额（万元）	摊位数（个）	成交额（万元）	摊位数（个）	成交额（万元）
36城市	**13517**	**1267284**	**8335**	**2604071**	**79389**	**14218092**
北京	914	53095	1079	246793	8892	843679
天津	338	22478	63	52849	1932	162669
石家庄	684	296204	502	115395	3965	1684475
太原	22	1000			180	2030
呼和浩特	166	1712	4	1777	173	6681
沈阳	102	15126			5188	849085
大连	580	114835	164	24670	1720	524190
长春	141	3946	21	5707	655	22835
哈尔滨	181	5688	40	676	722	47882
上海	54	5627	42	5176	1741	2349971
南京	76	10878	33	5938	2273	377141
杭州	258	10486	366	960563	5108	711582
宁波	162	30569	101	2570	2676	381472
合肥	15	300	1	60	944	62406
福州	71	12213	1281	592891	311	57714
厦门	8	6500	36	6994	320	22819
南昌	330	49629			2505	564378
济南	36	1558	130	2320	831	32007
青岛	281	46752	1098	241248	1463	228116
郑州	3403	36091	121	26900	1340	195610
武汉	14	520	71	2630	136	43398
长沙	258	43985	2	10	1019	506434
广州	2041	115377	847	62136	14962	2593895
深圳	148	2805	790	40274	1392	32838
南宁	265	15177	19	256	790	19545
海口					30	870
重庆	820	167189	41	12663	5472	856584
成都	343	44680	220	12300	1197	265088
贵阳	40	16985			1256	174362
昆明	779	37584	426	90870	5949	257794
拉萨						
西安	96	2483	50	1100	963	36053
兰州	251	53769	12	1793	606	168036
西宁	180	7912			120	800
银川	229	14055	41	2037	609	29627
乌鲁木齐	231	20076	734	85475	1949	106026

2-18 续表 5

地区	#儿童玩具类		五金、电料类		体育、娱乐用品类	
	摊位数（个）	成交额（万元）	摊位数（个）	成交额（万元）	摊位数（个）	成交额（万元）
36 城市	**6694**	**861483**	**46609**	**8657995**	**4836**	**635304**
北京	1007	63721	2121	183726	857	136149
天津	71	4931	3122	922875	89	11263
石家庄	130	9675	1619	441949	356	121733
太原	28	220	177	4400	30	720
呼和浩特	21	454	17	436	16	230
沈阳	775	99526	923	24716		
大连	145	4970	793	202447	101	1999
长春	106	2630	2496	53924	22	1002
哈尔滨	175	20061	107	4166	33	1589
上海	54	31499	4333	304112	251	41807
南京	222	30403	919	238519	42	5102
杭州	170	15904	4269	1508885	69	12231
宁波	347	6111	2467	438723	89	3083
合肥	1	70	301	22436	25	4710
福州	34	4655	292	74754	28	6420
厦门	7	248	33	4252	1	20
南昌	151	17059	470	228149		
济南	73	3549	439	4629	50	2759
青岛	159	96124	1077	601192	130	71885
郑州	63	13220	1036	171670	850	17800
武汉	9	3402	1275	90475		
长沙	155	78012	2262	970194	46	1791
广州	66	2214	2281	301228	112	16424
深圳	399	11869	1367	83507	358	40625
南宁	133	3711	776	110943	56	2938
海口			175	27000	3	90
重庆	748	205527	5826	945986	320	65579
成都	320	34358	2704	561262	55	930
贵阳	9	2211				
昆明	649	42687	408	22183	252	23387
拉萨						
西安	92	1565	901	26548	80	1750
兰州	99	40697	309	19139	189	21988
西宁			158	1016	94	552
银川	80	5359	54	2210	14	545
乌鲁木齐	196	4841	1102	60344	218	18203

2-18 续表 6

地 区	#照相器材类		书报杂志类		电子出版物及音像制品类	
	摊位数（个）	成交额（万元）	摊位数（个）	成交额（万元）	摊位数（个）	成交额（万元）
36 城 市	**278**	**40814**	**1941**	**373092**	**3763**	**1403135**
北 京	3	438	249	28600	66	15115
天 津			22	278	24	1699
石家庄	2	20	72	21944	2244	1262882
太 原					1	5
呼和浩特			23	105	22	115
沈 阳					5	27
大 连			80	13356	46	2091
长 春	2	62	11	290	85	5094
哈尔滨			30	298	47	1278
上 海	175	34112	29	1099	14	3340
南 京			95	40566	16	6511
杭 州			72	14496	2	27
宁 波			5	18		
合 肥	2	80	1	30	1	40
福 州	2	300	13	187	36	4124
厦 门	1	20				
南 昌					65	6783
济 南			20	230	10	150
青 岛			184	13059	39	4536
郑 州			150	120113	27	5201
武 汉			202	13788	62	3562
长 沙			328	65064	114	26632
广 州	70	3162	105	25667	9	541
深 圳					415	27697
南 宁			2	30		
海 口						
重 庆	5	60	92	3716	80	11585
成 都					46	1170
贵 阳						
昆 明			6	32	58	463
拉 萨						
西 安			3	40	103	9440
兰 州					19	580
西 宁					18	75
银 川			30	8574	88	2363
乌鲁木齐	16	2560	117	1512	1	9

2-18 续表 7

地区	家用电器和音像器材类		中西药品类		#西药类	
	摊位数(个)	成交额(万元)	摊位数(个)	成交额(万元)	摊位数(个)	成交额(万元)
36 城市	**16199**	**3010097**	**3769**	**4139633**	**204**	**56132**
北京	1231	147628	43	6720	33	5421
天津	103	10030	17	174	11	116
石家庄	622	41352	25	1826	22	1580
太原	55	950				
呼和浩特	33	620				
沈阳	500	16584				
大连	508	172839	11	462	10	452
长春	426	75131	28	5821	19	986
哈尔滨	97	117256	2	21	2	21
上海	333	51283	186	52042	5	1581
南京	69	14813				
杭州	416	122994	14	634	3	168
宁波	243	38304				
合肥	997	613411	5	550	4	500
福州	176	63892	5	236	1	36
厦门	5	135	1	35		
南昌	1183	150305				
济南	460	2363				
青岛	256	34358	5	56	5	56
郑州	603	29235				
武汉	564	17798	3	252	1	16
长沙	1101	353969	252	170579	36	30367
广州	1077	152539	428	13898	7	885
深圳	640	29987	2	44	2	44
南宁	6	80	5	1896	4	1096
海口	3	99	2	101	2	101
重庆	874	335788	90	21433	35	12646
成都	273	47470	1995	3750000		
贵阳	462	42503				
昆明	1518	102230	13	3660	2	60
拉萨						
西安	182	14346	450	64312		
兰州	442	162829				
西宁	109	1769	50	40000		
银川	19	320				
乌鲁木齐	613	44887	137	4881		

2-18 续表 8

地区	#中草药及中成药类		文化办公用品类		#计算机及其配套产品	
	摊位数（个）	成交额（万元）	摊位数（个）	成交额（万元）	摊位数（个）	成交额（万元）
36 城市	**3385**	**4070650**	**39753**	**5927060**	**23284**	**2928119**
北京	10	1299	4517	921253	30	3918
天津	3	25	507	43998	7	12
石家庄	3	246	259	113563	2	22
太原			585	23500	420	20000
呼和浩特			47	1017		
沈阳						
大连			1405	201240	362	10129
长春	5	565	606	158926	538	157238
哈尔滨			2531	384755	2459	380080
上海	181	50461	957	195943	647	154439
南京			341	70925	209	50400
杭州	1	98	2325	272721	1147	142768
宁波			1448	195025	1035	146860
合肥	1	50	183	1480	1	170
福州	1	20	785	116826	632	107831
厦门			3	380		
南昌			796	247157	226	21498
济南			460	16795	112	12000
青岛			619	136902	380	73000
郑州			3495	236083	3010	219218
武汉			1728	434457	907	39700
长沙	210	140000	1702	583887	1096	285143
广州	421	13013	1738	194141	1206	149247
深圳			3598	220890	3178	187636
南宁	1	800	735	91970	707	90000
海口			280	23833	150	11256
重庆	42	6161	2431	376193	1602	246593
成都	1995	3750000	1464	146968	1308	120848
贵阳			309	25859	148	16160
昆明	11	3600	477	37026		
拉萨						
西安	450	64312	1070	161661	970	158313
兰州			281	63601	5	720
西宁	50	40000	368	10462		
银川			389	36051		
乌鲁木齐			1314	181572	790	122920

2-18 续表 9

地区	家具类		通讯器材类		煤炭及制品类	
	摊位数（个）	成交额（万元）	摊位数（个）	成交额（万元）	摊位数（个）	成交额（万元）
36 城市	**42417**	**7058941**	**15141**	**1838012**	**902**	**4222291**
北京	4432	823915	1107	234859	1	2
天津	998	38509	84	33766	809	2552970
石家庄	3140	576976	588	66438	10	300
太原	797	53531				
呼和浩特	630	64665				
沈阳	2011	216034	2	169		
大连	1162	84885	515	10043		
长春	1296	137435	456	15856		
哈尔滨	834	153757	42	2670		
上海	2186	195751	140	10048	1	565
南京	1656	384373	2	25		
杭州	1359	207094	727	122768		
宁波	2044	310899			55	1666802
合肥	452	30030	2	30		
福州	309	13249	169	26280		
厦门	106	19445	2	756		
南昌	633	62676	58	45385	16	1000
济南	998	152676	215	2361		
青岛	1463	324080	54	6568	2	97
郑州	1292	186764	537	58135		
武汉	557	80915	587	204995	1	16
长沙	1328	355031	519	64214	1	69
广州	357	19304	651	65310		
深圳	269	24960	4768	314396		
南宁	556	76628	3	90		
海口						
重庆	3748	1665920	1256	439431	3	450
成都	2736	347052	6	18		
贵阳	129	11500				
昆明	835	102599	907	21197	3	20
拉萨						
西安	345	9230	1157	62605		
兰州	876	49890	23	7371		
西宁						
银川	997	50932				
乌鲁木齐	1886	228236	564	22228		

2-18 续表 10

地　区	木材及制品类		石油及制品类		化工材料及制品类	
	摊位数（个）	成交额（万元）	摊位数（个）	成交额（万元）	摊位数（个）	成交额（万元）
36 城 市	**8944**	**2696250**	**645**	**14377407**	**8390**	**10809948**
北　京	390	32204			173	26295
天　津	62	12499			315	333574
石家庄	173	251938	7	621	98	118337
太　原	140	11000				
呼和浩特						
沈　阳	291	54502			511	20232
大　连	424	20127	190	6130000	107	14000
长　春	152	12005				
哈尔滨	91	12508			51	23220
上　海	1364	431753	160	6138000	837	872730
南　京	755	217851				
杭　州	403	129220	3	213263	206	400991
宁　波	795	172261	65	1886705	3310	7958561
合　肥	56	13327			3	380
福　州	269	72600			85	35252
厦　门	202	21749			4	3124
南　昌	165	17043			102	11782
济　南						
青　岛	302	83582				
郑　州	1	160			6	820
武　汉	312	35241			163	46421
长　沙	360	15897	208	8698	685	124501
广　州	1084	777342			267	58623
深　圳	50	6800			392	197753
南　宁					38	45627
海　口						
重　庆	616	220175	12	120	262	77549
成　都	2	360			366	260000
贵　阳						
昆　明					243	8500
拉　萨						
西　安					24	170000
兰　州	60	65953				
西　宁						
银　川					19	574
乌鲁木齐	425	8153			123	1102

2-18 续表 11

地区	#化肥类		金属材料类		建筑及装潢材料类	
	摊位数（个）	成交额（万元）	摊位数（个）	成交额（万元）	摊位数（个）	成交额（万元）
36 城市	**364**	**117514**	**42427**	**126026569**	**129530**	**21318681**
北京	1	8	333	39776	4983	779707
天津	6	2583	1700	4198744	1391	194088
石家庄	18	120	239	53076	4788	900025
太原			86	78000	620	60000
呼和浩特					205	15896
沈阳			4302	2933375	3524	778585
大连			146	196674	1447	100512
长春			1211	139743	1493	105834
哈尔滨	51	23220	764	1217000	3990	370030
上海			3931	62362938	13036	2351288
南京			719	2058212	12598	1158775
杭州	2	2477	3511	10015568	7816	1142613
宁波			4232	7325411	3942	1362026
合肥	3	380	1274	3905081	3003	356739
福州			222	2113816	1222	1387855
厦门			16	9929	336	24205
南昌			774	48518	3551	557290
济南			507	167184	795	194090
青岛			585	1207272	2377	661291
郑州	6	820	45	135000	3395	266540
武汉	35	18548	2631	2152245	2078	210540
长沙	1	47	1105	2102284	5665	1539339
广州			566	4059094	2551	255239
深圳			176	3803	212	27919
南宁	38	45627	750	2217032	1800	96643
海口					505	245000
重庆	96	19412	5145	7404801	9821	2370227
成都			2094	2842882	12677	2010600
贵阳			1452	303309	1426	225006
昆明	88	3700	10	50370	1547	354828
拉萨						
西安			55	280000	1591	78584
兰州			1598	1253179	1223	160640
西宁						
银川	19	572	1696	684046	545	42963
乌鲁木齐			552	4468207	13377	933764

2-18 续表 12

地 区	机电产品及设备类		#农机类		汽车类	
	摊位数（个）	成交额（万元）	摊位数（个）	成交额（万元）	摊位数（个）	成交额（万元）
36 城 市	**25045**	**6046030**	**1632**	**535841**	**51821**	**42576578**
北 京	356	153552			4390	8882289
天 津	744	388548	1	26	1880	1758958
石 家 庄	1214	116063	11	14181	570	559285
太 原					406	10000
呼和浩特						
沈 阳	359	18676			2519	1715935
大 连	610	100000			175	965775
长 春	235	6102			2686	2974788
哈 尔 滨						
上 海	567	97055	20	2900	2261	3423972
南 京	45	7570	21	3660	325	528751
杭 州	2420	805958			5851	4494923
宁 波	145	64241			826	605386
合 肥	706	328000	556	275000	1609	242100
福 州					200	37396
厦 门					119	236507
南 昌	476	251025	332	125874	2316	1715036
济 南	143	23698	38	1688	1036	1232773
青 岛	237	77374	228	75700	375	263000
郑 州	1501	42090	1	90	1495	1311483
武 汉	75	11236			1286	1278308
长 沙	1424	598083	39	2548	5935	2450983
广 州	370	52908			2734	1854646
深 圳	168	84665			112	432000
南 宁	500	100100			1104	312605
海 口	100	23000				
重 庆	4504	1328145	59	835	5907	2879955
成 都	4143	852490			201	230000
贵 阳					942	624248
昆 明	470	23563	160	8200	1044	226227
拉 萨						
西 安	790	161000			1864	718900
兰 州	149	30970				
西 宁						
银 川	386	53274	166	25139	850	28284
乌鲁木齐	2208	246644			803	582065

2-18 续表 13

地区	种子饲料类		棉麻类		其他类	
	摊位数（个）	成交额（万元）	摊位数（个）	成交额（万元）	摊位数（个）	成交额（万元）
36 城市	**1415**	**354460**	**548**	**18119**	**73260**	**10407827**
北京	5	237	65	759	6866	369891
天津	8	1450			1262	98754
石家庄	7	583	9	188	482	85092
太原					393	5600
呼和浩特					80	1300
沈阳	223	8996			1984	249649
大连					2392	63285
长春			203	2320	3173	286888
哈尔滨	80	26000			1550	284011
上海	12	733	101	9113	3845	905320
南京					579	63955
杭州	1	15			2914	539511
宁波	145	34942			2481	1037987
合肥					1320	125400
福州	3	165			606	188840
厦门	6	228			208	7827
南昌			39	1055	1087	51669
济南					1814	78927
青岛	13	286			157	404380
郑州	3	1560			17985	1062653
武汉	35	5055	48	1236	318	180000
长沙	3	123			1297	404461
广州	12	328			2432	733498
深圳					4034	517102
南宁	320	75480	41	861	388	100804
海口					68	2108
重庆	428	188599	13	1737	5219	1580303
成都					178	75025
贵阳						
昆明	58	2300			3529	489421
拉萨						
西安					222	37278
兰州					331	30070
西宁					1118	67885
银川	27	6916	29	850	209	18096
乌鲁木齐	26	464			2739	260837

（四）三大地带

2-19 商品交易市场总体情况

地 区	市场数量（个）	总摊位数（个）	年末出租摊位数（个）	营业面积（平方米）	成交额（万元）
三大地带	**1874**	**1319560**	**1183229**	**96558860**	**515882340**
环渤海	**410**	**362530**	**326944**	**24369933**	**97540214**
北 京	131	122894	108167	6927201	33902706
天 津	65	46402	41839	4585667	17909279
唐 山	20	16406	13687	870290	3244294
沈 阳	56	59711	51693	2760058	12924013
大 连	41	33111	31919	1680113	13047116
济 南	34	22095	21145	1904556	4359533
青 岛	63	61911	58494	5642048	12153273
长三角	**1177**	**732712**	**675872**	**55097508**	**367127490**
上 海	158	73532	69274	7826105	89167969
南 京	44	37450	36286	2639352	10345132
苏 州	83	82699	76305	5934883	57412543
无 锡	58	45519	40513	5111904	36570796
常 州	57	43087	37534	5242757	19936501
镇 江	14	7199	6893	1030551	4806868
南 通	88	48896	44606	3352611	16708092
扬 州	59	20858	19892	1673570	7340868
泰 州	23	16391	14187	1734531	2931138
杭 州	184	97589	91102	4379585	35970715
宁 波	137	77603	71023	4536260	30806054
嘉 兴	64	53542	49713	3236623	13729696
湖 州	44	23356	21283	1821177	6016945
绍 兴	49	51729	49519	4199533	24638595
舟 山	13	6376	5781	338232	1692477
台 州	102	46886	41961	2039834	9053101
珠三角	**287**	**224318**	**180413**	**17091419**	**51214636**
广 州	146	105065	89104	8775687	24613182
深 圳	33	54684	34912	1653638	5573570
珠 海	10	4704	4327	147359	1673009
佛 山	32	16547	15086	3079911	6305042
江 门	8	3369	3084	157217	905962
东 莞	40	29334	23752	2798527	10310068
中 山	3	2527	2190	60620	61432
惠 州	6	5912	5866	370000	1594601
肇 庆	9	2176	2092	48460	177770

2-20 商品交易市场情况(按市场类别分)

(综合市场)

地　区	市场数量(个)	总摊位数(个)	年末出租摊位数(个)	营业面积(平方米)	成交额(万元)
三大地带	**513**	**414637**	**364211**	**20751792**	**88285175**
环 渤 海	**103**	**122713**	**115319**	**6675938**	**30678739**
北　京	37	51352	47794	3035798	16633534
天　津	20	22168	19847	1377319	4775003
唐　山	7	7875	7784	298260	1603594
沈　阳	7	5031	4787	77853	333390
大　连	18	22115	21609	943548	4577343
济　南	5	5460	5424	297000	414860
青　岛	9	8712	8074	646160	2341015
长 三 角	**355**	**218636**	**197255**	**11263470**	**47860863**
上　海	40	24925	23635	1611791	5480627
南　京	14	13026	12772	798349	4336423
苏　州	23	12192	10739	551128	3929857
无　锡	13	23206	20968	1717954	5188091
常　州	16	10433	7757	1184702	5222872
镇　江	3	2446	2346	512429	478769
南　通	34	20394	19009	490761	2811243
扬　州	6	2194	2167	77454	1213430
泰　州	9	9571	7920	618300	1455409
杭　州	49	26030	24576	1051364	5540873
宁　波	48	28144	24404	1026608	5236604
嘉　兴	18	10072	8509	172996	791331
湖　州	27	12759	11073	679668	1954008
绍　兴	10	5076	4909	289172	1581022
舟　山	6	2930	2369	47515	240909
台　州	39	15238	14102	433279	2399395
珠 三 角	**55**	**73288**	**51637**	**2812384**	**9745573**
广　州	17	13770	12563	450891	1452535
深　圳	12	41160	22805	1269235	4427739
珠　海	3	1667	1585	14659	50151
佛　山	7	4306	3817	159208	823232
江　门	4	2348	2083	79068	116344
东　莞	4	5436	4301	749563	2411656
中　山					
惠　州	1	3249	3207	50000	344952
肇　庆	7	1352	1276	39760	118964

2-20 续表 1

(生产资料综合市场)

地 区	市场数量(个)	总摊位数(个)	年末出租摊位数(个)	营业面积(平方米)	成交额(万元)
三大地带	**18**	**17715**	**17200**	**2320606**	**3221474**
环 渤 海	**2**	**720**	**718**	**41990**	**116500**
北 京					
天 津					
唐 山					
沈 阳					
大 连	1	610	610	11990	100000
济 南					
青 岛	1	110	108	30000	16500
长 三 角	**15**	**15667**	**15154**	**2246756**	**3057827**
上 海	2	6959	6959	608000	1211741
南 京					
苏 州					
无 锡	2	1997	1917	732130	225778
常 州					
镇 江	1	1906	1906	500000	418530
南 通					
扬 州					
泰 州					
杭 州	2	1350	1350	104087	437997
宁 波	4	1218	1212	100622	543657
嘉 兴					
湖 州	3	1357	930	176031	158124
绍 兴					
舟 山	1	880	880	25886	62000
台 州					
珠 三 角	**1**	**1328**	**1328**	**31860**	**47147**
广 州					
深 圳	1	1328	1328	31860	47147
珠 海					
佛 山					
江 门					
东 莞					
中 山					
惠 州					
肇 庆					

2-20 续表 2

(工业消费品综合市场)

地　区	市场数量（个）	总摊位数（个）	年末出租摊位数（个）	营业面积（平方米）	成交额（万元）
三大地带	**94**	**137814**	**114124**	**4977179**	**18441499**
环 渤 海	**35**	**41970**	**39884**	**1234405**	**4257761**
北　京	12	13232	12475	207442	883831
天　津	4	8026	7519	145071	538588
唐　山	1	624	548	8220	313300
沈　阳	1	1457	1293	14193	54541
大　连	10	10032	9720	292319	697401
济　南	3	3200	3173	117000	50380
青　岛	4	5399	5156	450160	1719720
长 三 角	**43**	**50605**	**48026**	**2402888**	**10671216**
上　海	2	1846	1774	42478	68294
南　京	3	1964	1964	62679	227471
苏　州	1	800	461	22000	41262
无　锡	4	13756	13632	645000	3341773
常　州	1	450	420	360000	757236
镇　江					
南　通	5	3538	3138	208564	708370
扬　州	1	1415	1415	40000	1004641
泰　州	1	2466	2466	48000	85097
杭　州	8	7062	6884	170216	957194
宁　波	7	9142	8020	447973	1592271
嘉　兴					
湖　州	3	1520	1471	39189	306264
绍　兴	2	1506	1476	119969	746683
舟　山					
台　州	5	5140	4905	196820	834660
珠 三 角	**16**	**45239**	**26214**	**1339886**	**3512522**
广　州	9	7501	6899	283948	1086082
深　圳	4	32900	14575	938260	1401335
珠　海					
佛　山	2	1589	1533	67678	680153
江　门					
东　莞					
中　山					
惠　州	1	3249	3207	50000	344952
肇　庆					

2-20 续表 3

(农产品综合市场)

地 区	市场数量(个)	总摊位数(个)	年末出租摊位数(个)	营业面积(平方米)	成交额(万元)
三大地带	**321**	**187858**	**167685**	**9468903**	**51023548**
环渤海	**40**	**44361**	**41329**	**3551897**	**18413851**
北 京	21	30243	28059	2556818	13952209
天 津	6	4733	4102	377739	2577100
唐 山	2	980	980	200000	390621
沈 阳	4	2445	2365	38360	227468
大 连	3	2072	2072	82980	372621
济 南	2	2260	2251	180000	364480
青 岛	2	1628	1500	116000	529352
长三角	**253**	**121367**	**106470**	**4599450**	**26602738**
上 海	29	13379	12161	847610	3814217
南 京	7	5844	5818	538670	3214622
苏 州	19	10344	9352	504528	3662988
无 锡	7	7453	5419	340824	1620540
常 州	13	8207	5807	547402	3262088
镇 江	1	290	229	8929	29702
南 通	24	11732	11251	176725	1913919
扬 州	4	440	413	31874	160179
泰 州	6	2476	2195	135300	511828
杭 州	30	11629	10490	320075	1309370
宁 波	35	17289	14677	449693	3028384
嘉 兴	18	10072	8509	172996	791331
湖 州	17	7569	7090	203948	1175391
绍 兴	7	3100	2963	90243	545588
舟 山	5	2050	1489	21629	178909
台 州	31	9493	8607	209004	1383682
珠三角	**28**	**22130**	**19886**	**1317556**	**6006959**
广 州	7	5759	5258	162963	348743
深 圳	5	5710	5710	276065	2944568
珠 海	3	1667	1585	14659	50151
佛 山	4	1967	1592	71530	132573
江 门	2	990	868	30049	53209
东 莞	4	5436	4301	749563	2411656
中 山					
惠 州					
肇 庆	3	601	572	12727	66059

2-20 续表 4

(其他综合市场)

地 区	市场数量（个）	总摊位数（个）	年末出租摊位数（个）	营业面积（平方米）	成交额（万元）
三大地带	**80**	**71250**	**65202**	**3985104**	**15598654**
环渤海	**26**	**35662**	**33388**	**1847646**	**7890627**
北京	4	7877	7260	271538	1797494
天津	10	9409	8226	854509	1659315
唐山	4	6271	6256	90040	899673
沈阳	2	1129	1129	25300	51381
大连	4	9401	9207	556259	3407321
济南					
青岛	2	1575	1310	50000	75443
长三角	**44**	**30997**	**27605**	**2014376**	**7529082**
上海	7	2741	2741	113703	386375
南京	4	5218	4990	197000	894330
苏州	3	1048	926	24600	225607
无锡					
常州	2	1776	1530	277300	1203548
镇江	1	250	211	3500	30537
南通	5	5124	4620	105472	188954
扬州	1	339	339	5580	48610
泰州	2	4629	3259	435000	858484
杭州	9	5989	5852	456986	2836312
宁波	2	495	495	28320	72292
嘉兴					
湖州	4	2313	1582	260500	314229
绍兴	1	470	470	78960	288751
舟山					
台州	3	605	590	27455	181053
珠三角	**10**	**4591**	**4209**	**123082**	**178945**
广州	1	510	406	3980	17710
深圳	2	1222	1192	23050	34689
珠海					
佛山	1	750	692	20000	10506
江门	2	1358	1215	49019	63135
东莞					
中山					
惠州					
肇庆	4	751	704	27033	52905

2-20　续表 5

(专业市场)

地　区	市场数量 (个)	总摊位数 (个)	年末出租摊位数 (个)	营业面积 (平方米)	成交额 (万元)
三大地带	**1361**	**904923**	**819018**	**75807068**	**427597165**
环 渤 海	**307**	**239817**	**211625**	**17693995**	**66861475**
北　京	94	71542	60373	3891403	17269172
天　津	45	24234	21992	3208348	13134276
唐　山	13	8531	5903	572030	1640700
沈　阳	49	54680	46906	2682205	12590623
大　连	23	10996	10310	736565	8469773
济　南	29	16635	15721	1607556	3944673
青　岛	54	53199	50420	4995888	9812258
长 三 角	**822**	**514076**	**478617**	**43834038**	**319266627**
上　海	118	48607	45639	6214314	83687342
南　京	30	24424	23514	1841003	6008709
苏　州	60	70507	65566	5383755	53482686
无　锡	45	22313	19545	3393950	31382705
常　州	41	32654	29777	4058055	14713629
镇　江	11	4753	4547	518122	4328099
南　通	54	28502	25597	2861850	13896849
扬　州	53	18664	17725	1596116	6127438
泰　州	14	6820	6267	1116231	1475729
杭　州	135	71559	66526	3328221	30429842
宁　波	89	49459	46619	3509652	25569450
嘉　兴	46	43470	41204	3063627	12938365
湖　州	17	10597	10210	1141509	4062937
绍　兴	39	46653	44610	3910361	23057573
舟　山	7	3446	3412	290717	1451568
台　州	63	31648	27859	1606555	6653706
珠 三 角	**232**	**151030**	**128776**	**14279035**	**41469063**
广　州	129	91295	76541	8324796	23160647
深　圳	21	13524	12107	384403	1145831
珠　海	7	3037	2742	132700	1622858
佛　山	25	12241	11269	2920703	5481810
江　门	4	1021	1001	78149	789618
东　莞	36	23898	19451	2048964	7898412
中　山	3	2527	2190	60620	61432
惠　州	5	2663	2659	320000	1249649
肇　庆	2	824	816	8700	58806

2-20 续表 6

(生产资料市场)

地　区	市场数量（个）	总摊位数（个）	年末出租摊位数（个）	营业面积（平方米）	成交额（万元）
三大地带	**262**	**116610**	**105074**	**18990552**	**197106598**
环 渤 海	**57**	**21136**	**18603**	**4006641**	**20542904**
北　京	12	4286	4063	358269	690258
天　津	15	5204	4391	769032	7117791
唐　山	3	550	535	136066	378957
沈　阳	10	6723	6156	719014	3479548
大　连	4	606	549	114300	6362842
济　南	5	1182	1072	209000	359194
青　岛	8	2585	1837	1700960	2154314
长 三 角	**184**	**85459**	**78036**	**13017766**	**166372476**
上　海	30	7175	6743	3545405	70585100
南　京	5	9903	9898	548266	2617368
苏　州	19	12215	11656	1076744	21409859
无　锡	16	10373	8297	1615904	25275703
常　州	13	8686	7737	1215677	6229353
镇　江	1	258	257	15196	3440101
南　通	8	1397	860	216703	273942
扬　州	8	2029	1864	355815	576383
泰　州	3	1480	1145	503727	602557
杭　州	22	6655	5812	297396	10915176
宁　波	28	11923	10987	1916021	19871783
嘉　兴	7	3261	3084	408791	720136
湖　州	4	4018	4018	418557	1124071
绍　兴	9	3328	2934	607598	1805596
舟　山	1	1	1	3200	333404
台　州	10	2757	2743	272766	591944
珠 三 角	**21**	**10015**	**8435**	**1966145**	**10191218**
广　州	8	3152	2838	812186	5055491
深　圳	1	102	102	50000	13600
珠　海					
佛　山	6	1350	769	229439	559991
江　门					
东　莞	6	5411	4726	874520	4562136
中　山					
惠　州					
肇　庆					

2-20 续表 7

(农业生产用具市场)

地 区	市场数量 (个)	总摊位数 (个)	年末出租摊位数 (个)	营业面积 (平方米)	成交额 (万元)
三大地带	**4**	**768**	**756**	**262266**	**173460**
环 渤 海	**2**	**240**	**228**	**129000**	**75700**
北 京					
天 津					
唐 山					
沈 阳					
大 连					
济 南					
青 岛	2	240	228	129000	75700
长 三 角	**1**	**348**	**348**	**18251**	**52950**
上 海					
南 京					
苏 州					
无 锡					
常 州	1	348	348	18251	52950
镇 江					
南 通					
扬 州					
泰 州					
杭 州					
宁 波					
嘉 兴					
湖 州					
绍 兴					
舟 山					
台 州					
珠 三 角	**1**	**180**	**180**	**115015**	**44810**
广 州					
深 圳					
珠 海					
佛 山	1	180	180	115015	44810
江 门					
东 莞					
中 山					
惠 州					
肇 庆					

2-20 续表 8

(农用生产资料市场)

地　区	市场数量(个)	总摊位数(个)	年末出租摊位数(个)	营业面积(平方米)	成交额(万元)
三大地带	**3**	**316**	**266**	**60086**	**60897**
环渤海					
北　京					
天　津					
唐　山					
沈　阳					
大　连					
济　南					
青　岛					
长三角	**2**	**315**	**265**	**16130**	**48182**
上　海					
南　京					
苏　州					
无　锡					
常　州					
镇　江					
南　通	1	130	120	9250	13240
扬　州					
泰　州					
杭　州					
宁　波	1	185	145	6880	34942
嘉　兴					
湖　州					
绍　兴					
舟　山					
台　州					
珠三角	**1**	**1**	**1**	**43956**	**12715**
广　州					
深　圳					
珠　海					
佛　山	1	1	1	43956	12715
江　门					
东　莞					
中　山					
惠　州					
肇　庆					

2-20　续表 9

(煤炭市场)

地　区	市场数量(个)	总摊位数(个)	年末出租摊位数(个)	营业面积(平方米)	成交额(万元)
三大地带	**4**	**1091**	**863**	**606400**	**4219752**
环 渤 海	**3**	**1036**	**808**	**201400**	**2552950**
北　京					
天　津	3	1036	808	201400	2552950
唐　山					
沈　阳					
大　连					
济　南					
青　岛					
长 三 角	**1**	**55**	**55**	**405000**	**1666802**
上　海					
南　京					
苏　州					
无　锡					
常　州					
镇　江					
南　通					
扬　州					
泰　州					
杭　州					
宁　波	1	55	55	405000	1666802
嘉　兴					
湖　州					
绍　兴					
舟　山					
台　州					
珠 三 角					
广　州					
深　圳					
珠　海					
佛　山					
江　门					
东　莞					
中　山					
惠　州					
肇　庆					

2-20 续表 10

(木材市场)

地　区	市场数量 (个)	总摊位数 (个)	年末出租摊位数 (个)	营业面积 (平方米)	成交额 (万元)
三大地带	**24**	**12426**	**12249**	**1810545**	**3371517**
环 渤 海	**3**	**700**	**680**	**422760**	**118337**
北　京	1	300	300	20000	10341
天　津					
唐　山					
沈　阳	1	200	200	2800	37840
大　连					
济　南					
青　岛	1	200	180	399960	70156
长 三 角	**18**	**9903**	**9746**	**1134285**	**2258580**
上　海	5	331	331	117396	211119
南　京					
苏　州	1	474	350	32000	36908
无　锡					
常　州	2	3286	3279	262300	548429
镇　江					
南　通	1	120	116	6660	12654
扬　州	1	142	135	30000	95562
泰　州					
杭　州	2	285	280	53000	65100
宁　波	1	800	790	143000	147388
嘉　兴					
湖　州	3	4017	4017	418322	1107071
绍　兴	1	70	70	11607	18899
舟　山					
台　州	1	378	378	60000	15450
珠 三 角	**3**	**1823**	**1823**	**253500**	**994600**
广　州	1	900	900	123500	750000
深　圳	1	102	102	50000	13600
珠　海					
佛　山					
江　门					
东　莞	1	821	821	80000	231000
中　山					
惠　州					
肇　庆					

2-20 续表 11

(建材市场)

地 区	市场数量（个）	总摊位数（个）	年末出租摊位数（个）	营业面积（平方米）	成交额（万元）
三大地带	**63**	**30198**	**28051**	**6075644**	**6156725**
环渤海	**16**	**7530**	**6775**	**894771**	**1623423**
北 京	8	3070	2962	260600	415976
天 津	3	2367	2059	253000	175288
唐 山					
沈 阳	2	618	437	79171	454887
大 连					
济 南	1	460	460	40000	170000
青 岛	2	1015	857	262000	407272
长三角	**45**	**21647**	**20407**	**4973587**	**4263817**
上 海	8	1580	1552	2779460	837602
南 京	4	9203	9198	248266	570368
苏 州	6	2454	2385	201375	331272
无 锡	1	1280	1073	450800	302800
常 州	4	1061	1042	432986	759436
镇 江					
南 通	3	719	349	87833	136119
扬 州	4	1148	1012	223695	108608
泰 州	2	910	608	123727	117900
杭 州	2	275	272	12285	48681
宁 波	5	1859	1778	221246	791070
嘉 兴	2	426	406	131774	51242
湖 州					
绍 兴	2	560	560	45000	162691
舟 山					
台 州	2	172	172	15140	46028
珠三角	**2**	**1021**	**869**	**207286**	**269485**
广 州	1	887	748	163786	198485
深 圳					
珠 海					
佛 山					
江 门					
东 莞	1	134	121	43500	71000
中 山					
惠 州					
肇 庆					

2-20 续表 12

(化工材料及制品市场)

地 区	市场数量 (个)	总摊位数 (个)	年末出租摊位数 (个)	营业面积 (平方米)	成交额 (万元)
三大地带	**21**	**17141**	**15922**	**1629997**	**26783410**
环 渤 海	**2**	**427**	**422**	**13938**	**341440**
北 京					
天 津	1	311	306	9638	327230
唐 山					
沈 阳					
大 连	1	116	116	4300	14210
济 南					
青 岛					
长 三 角	**15**	**12742**	**12073**	**959039**	**22221494**
上 海	1	495	495	13000	530900
南 京					
苏 州	3	6029	5879	78239	7863200
无 锡	2	707	664	42000	3471305
常 州	2	1399	1399	321000	2200000
镇 江					
南 通					
扬 州					
泰 州					
杭 州	1	90	90	2000	184789
宁 波	3	3055	2917	411800	7337700
嘉 兴					
湖 州					
绍 兴	2	633	309	36000	472340
舟 山					
台 州	1	334	320	55000	161260
珠 三 角	**4**	**3972**	**3427**	**657020**	**4220476**
广 州	1	241	241	6000	50520
深 圳					
珠 海					
佛 山					
江 门					
东 莞	3	3731	3186	651020	4169956
中 山					
惠 州					
肇 庆					

2-20 续表 13

（金属材料市场）

地 区	市场数量（个）	总摊位数（个）	年末出租摊位数（个）	营业面积（平方米）	成交额（万元）
三大地带	**114**	**45497**	**38824**	**8145005**	**139361070**
环 渤 海	**26**	**9693**	**8333**	**2257160**	**9424939**
北 京	1	269	269	23600	31984
天 津	8	1490	1218	304994	4062323
唐 山	3	550	535	136066	378957
沈 阳	6	5357	5009	633500	2966821
大 连	1	175	118	80000	194474
济 南	4	722	612	169000	189194
青 岛	3	1130	572	910000	1601186
长 三 角	**79**	**33123**	**28693**	**5211177**	**125334199**
上 海	13	4342	3967	627141	62483253
南 京	1	700	700	300000	2047000
苏 州	7	2408	2192	722130	13078830
无 锡	12	8146	6330	1114104	21329582
常 州	3	1772	880	178140	2515877
镇 江	1	258	257	15196	3440101
南 通	2	128	105	73000	60729
扬 州	3	739	717	102120	372213
泰 州	1	570	537	380000	484657
杭 州	12	3743	3350	193608	9935041
宁 波	14	5334	4902	700995	7726806
嘉 兴	3	1413	1256	197983	416818
湖 州					
绍 兴	3	1883	1813	494600	1130216
舟 山					
台 州	4	1687	1687	112160	313076
珠 三 角	**9**	**2681**	**1798**	**676668**	**4601932**
广 州	4	787	612	506200	4009286
深 圳					
珠 海					
佛 山	4	1169	588	70468	502466
江 门					
东 莞	1	725	598	100000	90180
中 山					
惠 州					
肇 庆					

2-20 续表 14

(机械设备市场)

地　区	市场数量（个）	总摊位数（个）	年末出租摊位数（个）	营业面积（平方米）	成交额（万元）
三大地带	**15**	**4842**	**4282**	**213220**	**1541348**
环 渤 海	**1**	**377**	**262**	**33000**	**135000**
北　京	1	377	262	33000	135000
天　津					
唐　山					
沈　阳					
大　连					
济　南					
青　岛					
长 三 角	**13**	**4128**	**3683**	**167520**	**1359148**
上　海	1	187	158	5000	84226
南　京					
苏　州	1	150	150	25000	19759
无　锡	1	240	230	9000	172016
常　州	1	820	789	3000	152661
镇　江					
南　通	1	300	170	39960	51200
扬　州					
泰　州					
杭　州	4	2062	1817	31503	468302
宁　波					
嘉　兴					
湖　州					
绍　兴	1	182	182	20391	21450
舟　山	1	1	1	3200	333404
台　州	2	186	186	30466	56130
珠 三 角	**1**	**337**	**337**	**12700**	**47200**
广　州	1	337	337	12700	47200
深　圳					
珠　海					
佛　山					
江　门					
东　莞					
中　山					
惠　州					
肇　庆					

2-20 续表 15

(其他生产资料市场)

地 区	市场数量（个）	总摊位数（个）	年末出租摊位数（个）	营业面积（平方米）	成交额（万元）
三大地带	**14**	**4331**	**3861**	**187389**	**15438419**
环 渤 海	**4**	**1133**	**1095**	**54612**	**6271115**
北 京	1	270	270	21069	96957
天 津					
唐 山					
沈 阳	1	548	510	3543	20000
大 连	2	315	315	30000	6154158
济 南					
青 岛					
长 三 角	**10**	**3198**	**2766**	**132777**	**9167304**
上 海	2	240	240	3408	6438000
南 京					
苏 州	1	700	700	18000	79890
无 锡					
常 州					
镇 江					
南 通					
扬 州					
泰 州					
杭 州	1	200	3	5000	213263
宁 波	3	635	400	27100	2167075
嘉 兴	2	1422	1422	79034	252076
湖 州	1	1	1	235	17000
绍 兴					
舟 山					
台 州					
珠 三 角					
广 州					
深 圳					
珠 海					
佛 山					
江 门					
东 莞					
中 山					
惠 州					
肇 庆					

2-20 续表 16

(农产品市场)

地　区	市场数量（个）	总摊位数（个）	年末出租摊位数（个）	营业面积（平方米）	成交额（万元）
三大地带	**325**	**199024**	**171461**	**11662784**	**57957702**
环 渤 海	**73**	**76878**	**61634**	**4844109**	**15252058**
北　京	18	20657	11161	932739	4335688
天　津	11	8234	7662	926928	2976959
唐　山	3	3368	824	171386	258005
沈　阳	8	4145	2687	422000	1647266
大　连	4	680	680	94700	402668
济　南	8	6582	6579	262500	1458310
青　岛	21	33212	32041	2033856	4173162
长 三 角	**196**	**97885**	**88399**	**5084831**	**32898670**
上　海	30	11907	10896	982039	5064805
南　京	8	3647	2869	358715	1137845
苏　州	14	3981	3490	289735	1460739
无　锡	6	2626	2354	214760	1735070
常　州	2	3389	2799	439984	2345767
镇　江	1	388	320	40000	230000
南　通	16	5552	4559	161684	803692
扬　州	23	7280	7011	282790	3519344
泰　州	4	565	559	286800	605903
杭　州	32	18290	15816	604899	6328266
宁　波	16	22442	21667	362104	2275371
嘉　兴	10	3482	3132	480872	2815429
湖　州	3	1142	1108	60600	611141
绍　兴	10	4068	3706	204485	1412365
舟　山	3	1915	1881	111700	981020
台　州	18	7211	6232	203664	1571913
珠 三 角	**56**	**24261**	**21428**	**1733844**	**9806974**
广　州	20	6592	5607	538535	4174198
深　圳	8	3246	3079	71633	392735
珠　海	5	2365	2070	94300	1584674
佛　山	5	4483	4425	486429	1133340
江　门	3	951	951	75000	775318
东　莞	11	5074	3904	433927	1678841
中　山	2	1227	1070	20620	41927
惠　州	1	183	183	8000	10336
肇　庆	1	140	139	5400	15605

2-20　续表 17

(粮油市场)

地　区	市场数量(个)	总摊位数(个)	年末出租摊位数(个)	营业面积(平方米)	成交额(万元)
三大地带	**40**	**13782**	**11097**	**1441210**	**7252897**
环 渤 海	**10**	**4459**	**4307**	**636581**	**2947855**
北　京	3	2188	2056	200000	1781730
天　津	3	1640	1640	174410	607135
唐　山					
沈　阳	1	288	288	37000	258292
大　连					
济　南					
青　岛	3	343	323	225171	300698
长 三 角	**24**	**7335**	**5271**	**615502**	**3514379**
上　海	6	859	859	30540	252980
南　京	2	150	150	11000	224222
苏　州	2	202	196	6150	155483
无　锡	1	542	289	101000	287904
常　州	1	991	428	14000	35473
镇　江					
南　通					
扬　州	1	466	466	6500	263894
泰　州	1	79	77	170000	394560
杭　州	3	2866	1812	133000	1326889
宁　波	1	272	86	23000	153238
嘉　兴	2	449	449	70200	126399
湖　州					
绍　兴	3	359	359	37112	242767
舟　山					
台　州	1	100	100	13000	50570
珠 三 角	**6**	**1988**	**1519**	**189127**	**790663**
广　州	3	980	889	68600	279863
深　圳					
珠　海					
佛　山					
江　门					
东　莞	3	1008	630	120527	510800
中　山					
惠　州					
肇　庆					

2-20 续表 18

(肉禽蛋市场)

地　区	市场数量(个)	总摊位数(个)	年末出租摊位数(个)	营业面积(平方米)	成交额(万元)
三大地带	**52**	**17990**	**14805**	**1064703**	**6896409**
环渤海	**6**	**2457**	**999**	**65486**	**147507**
北　京	2	169	169	11500	36501
天　津					
唐　山	1	268	268	10986	15393
沈　阳	2	1988	530	42000	84813
大　连					
济　南					
青　岛	1	32	32	1000	10800
长三角	**34**	**9838**	**8403**	**401825**	**4644350**
上　海	5	855	703	22950	814555
南　京	1	71	68	1500	16600
苏　州	4	1256	980	99640	698720
无　锡	1	968	968	70994	1117216
常　州					
镇　江					
南　通	12	4022	3036	103184	471923
扬　州	3	210	208	14900	421145
泰　州	1	283	282	4300	21160
杭　州	5	1225	1210	63277	954664
宁　波	1	760	760	17900	106867
嘉　兴					
湖　州					
绍　兴					
舟　山					
台　州	1	188	188	3180	21500
珠三角	**12**	**5695**	**5403**	**597392**	**2104552**
广　州	5	1147	856	85655	533352
深　圳	1	440	440	7000	9550
珠　海					
佛　山	3	3587	3587	429537	1017095
江　门	1	380	380	40000	500000
东　莞	1	1	1	29800	28950
中　山					
惠　州					
肇　庆	1	140	139	5400	15605

2-20　续表 19

(水产品市场)

地　区	市场数量(个)	总摊位数(个)	年末出租摊位数(个)	营业面积(平方米)	成交额(万元)
三大地带	**74**	**63423**	**59315**	**2468958**	**14646750**
环渤海	**16**	**22814**	**21842**	**897382**	**5094923**
北　京	3	2303	2010	75830	1043013
天　津	1	220	142	8000	471000
唐　山	1	100	61	5400	13300
沈　阳	3	1049	1049	99000	713643
大　连	2	233	233	63200	360705
济　南	2	1270	1270	38000	650000
青　岛	4	17639	17077	607952	1843262
长三角	**47**	**37577**	**34921**	**1402677**	**8488776**
上　海	5	2659	2582	225640	1886044
南　京	2	2305	1701	285000	753553
苏　州	5	1367	1246	98145	483737
无　锡	2	213	200	31666	138879
常　州					
镇　江					
南　通	2	1130	1124	40000	293510
扬　州	5	1020	829	108444	280884
泰　州	2	203	200	112500	190183
杭　州	2	2559	2380	123568	899172
宁　波	8	19353	18764	146971	1179414
嘉　兴	1	180	124	20825	45606
湖　州					
绍　兴	1	160	160	7200	200673
舟　山	2	1900	1866	110200	968482
台　州	10	4528	3745	92518	1168639
珠三角	**11**	**3032**	**2552**	**168899**	**1063051**
广　州	6	1222	838	55899	574321
深　圳	2	850	775	33000	222980
珠　海	1	121	100	25000	160000
佛　山	1	489	489	50000	80432
江　门	1	350	350	5000	25318
东　莞					
中　山					
惠　州					
肇　庆					

2-20 续表 20

(蔬菜市场)

地　区	市场数量(个)	总摊位数(个)	年末出租摊位数(个)	营业面积(平方米)	成交额(万元)
三大地带	**57**	**45807**	**34798**	**2940464**	**7708089**
环 渤 海	**23**	**32069**	**21607**	**1870534**	**2747931**
北　京	4	9096	1768	172400	157731
天　津	5	4680	4386	448292	590786
唐　山	1	3000	495	155000	229312
沈　阳	1	320	320	94000	134868
大　连					
济　南	4	2475	2472	111500	594542
青　岛	8	12498	12166	889342	1040692
长 三 角	**28**	**10656**	**10410**	**882034**	**4156851**
上　海	4	1124	1102	336082	770728
南　京	2	226	192	48000	89663
苏　州	2	1052	964	84800	99000
无　锡	1	526	524	7400	165226
常　州					
镇　江					
南　通	1	350	349	15000	20659
扬　州	4	1958	1939	75626	1298491
泰　州					
杭　州	5	3819	3753	53200	505988
宁　波	3	868	868	104933	431834
嘉　兴	3	570	556	108146	607824
湖　州					
绍　兴					
舟　山	1	15	15	1500	12538
台　州	2	148	148	47347	154900
珠 三 角	**6**	**3082**	**2781**	**187896**	**803307**
广　州	3	2062	1843	88096	249807
深　圳					
珠　海					
佛　山					
江　门					
东　莞	3	1020	938	99800	553500
中　山					
惠　州					
肇　庆					

2-20 续表 21

(干鲜果品市场)

地 区	市场数量(个)	总摊位数(个)	年末出租摊位数(个)	营业面积(平方米)	成交额(万元)
三大地带	**34**	**16793**	**13889**	**1819928**	**9547066**
环 渤 海	**8**	**6418**	**4635**	**686374**	**1099778**
北 京	3	2819	1191	270774	158332
天 津					
唐 山					
沈 阳	1	500	500	150000	455650
大 连	1	296	296	27000	25141
济 南	1	2200	2200	110000	180000
青 岛	2	603	448	128600	280655
长 三 角	**19**	**7048**	**6487**	**643269**	**4136252**
上 海	3	205	205	145927	185596
南 京					
苏 州	1	104	104	1000	23799
无 锡					
常 州					
镇 江	1	388	320	40000	230000
南 通					
扬 州	2	328	328	15300	950283
泰 州					
杭 州	5	1838	1592	121989	979483
宁 波	1	500	500	53000	207840
嘉 兴	2	1757	1717	205001	1373800
湖 州					
绍 兴	1	91	80	21433	47695
舟 山					
台 州	3	1837	1641	39619	137756
珠 三 角	**7**	**3327**	**2767**	**490285**	**4311036**
广 州	3	1181	1181	240285	2536855
深 圳					
珠 海	1	612	492	50000	968373
佛 山					
江 门	1	221	221	30000	250000
东 莞	1	1130	690	162000	545472
中 山					
惠 州	1	183	183	8000	10336
肇 庆					

2-20 续表 22

(棉麻土畜、烟叶市场)

地　区	市场数量(个)	总摊位数(个)	年末出租摊位数(个)	营业面积(平方米)	成交额(万元)
三大地带	**4**	**3185**	**2918**	**512684**	**3154173**
环渤海					
北　京					
天　津					
唐　山					
沈　阳					
大　连					
济　南					
青　岛					
长三角	**4**	**3185**	**2918**	**512684**	**3154173**
上　海					
南　京					
苏　州					
无　锡					
常　州	1	2398	2371	425984	2310294
镇　江					
南　通					
扬　州					
泰　州					
杭　州					
宁　波	1	261	261	10000	182079
嘉　兴	2	526	286	76700	661800
湖　州					
绍　兴					
舟　山					
台　州					
珠三角					
广　州					
深　圳					
珠　海					
佛　山					
江　门					
东　莞					
中　山					
惠　州					
肇　庆					

2-20 续表 23

(其他农产品市场)

地 区	市场数量（个）	总摊位数（个）	年末出租摊位数（个）	营业面积（平方米）	成交额（万元）
三大地带	**64**	**38044**	**34639**	**1414837**	**8752318**
环渤海	**10**	**8661**	**8244**	**687752**	**3214064**
北 京	3	4082	3967	202235	1158381
天 津	2	1694	1494	296226	1308038
唐 山					
沈 阳					
大 连	1	151	151	4500	16822
济 南	1	637	637	3000	33768
青 岛	3	2097	1995	181791	697055
长三角	**40**	**22246**	**19989**	**626840**	**4803889**
上 海	7	6205	5445	220900	1154902
南 京	1	895	758	13215	53807
苏 州					
无 锡	1	377	373	3700	25845
常 州					
镇 江					
南 通	1	50	50	3500	17600
扬 州	8	3298	3241	62020	304647
泰 州					
杭 州	12	5983	5069	109865	1662070
宁 波	1	428	428	6300	14099
嘉 兴					
湖 州	3	1142	1108	60600	611141
绍 兴	5	3458	3107	138740	921230
舟 山					
台 州	1	410	410	8000	38548
珠三角	**14**	**7137**	**6406**	**100245**	**734365**
广 州					
深 圳	5	1956	1864	31633	160205
珠 海	3	1632	1478	19300	456301
佛 山	1	407	349	6892	35813
江 门					
东 莞	3	1915	1645	21800	40119
中 山	2	1227	1070	20620	41927
惠 州					
肇 庆					

2-20 续表 24

(食品、饮料及烟酒市场)

地 区	市场数量(个)	总摊位数(个)	年末出租摊位数(个)	营业面积(平方米)	成交额(万元)
三大地带	**40**	**19782**	**17796**	**1371296**	**4327147**
环渤海	**9**	**7159**	**6446**	**456378**	**1608427**
北京	1	150	150	7000	23585
天津	3	2387	2376	273300	551618
唐山					
沈阳	1	1978	1380	30128	350201
大连	1	1484	1484	38950	242023
济南	2	800	800	90000	181000
青岛	1	360	256	17000	260000
长三角	**23**	**8909**	**7866**	**754545**	**2535835**
上海	2	652	648	38000	57699
南京					
苏州	2	933	592	111500	516700
无锡	2	454	435	33580	169770
常州	3	1050	849	73555	211422
镇江	1	200	190	3200	28266
南通	4	1153	899	115492	130693
扬州					
泰州					
杭州	3	732	730	55500	339305
宁波	3	2171	2160	182000	618280
嘉兴	1	550	385	36570	61364
湖州					
绍兴	1	920	884	100900	354856
舟山					
台州	1	94	94	4248	47480
珠三角	**8**	**3714**	**3484**	**160373**	**182885**
广州	3	763	763	80000	104454
深圳	1	1553	1553	36895	27282
珠海	1	452	452	7400	19933
佛山	1	456	374	15078	12325
江门					
东莞	2	490	342	21000	18891
中山					
惠州					
肇庆					

2-20　续表 25

(食品饮料市场)

地　区	市场数量（个）	总摊位数（个）	年末出租摊位数（个）	营业面积（平方米）	成交额（万元）
三大地带	**13**	**8139**	**7029**	**347203**	**1476283**
环 渤 海	**3**	**3674**	**3076**	**69578**	**618091**
北　京					
天　津	1	212	212	500	25867
唐　山					
沈　阳	1	1978	1380	30128	350201
大　连	1	1484	1484	38950	242023
济　南					
青　岛					
长 三 角	**5**	**1657**	**1375**	**154652**	**787306**
上　海					
南　京					
苏　州					
无　锡					
常　州	2	630	468	44960	184285
镇　江					
南　通	1	150	30	50692	12140
扬　州					
泰　州					
杭　州	1	212	212	19000	188050
宁　波	1	665	665	40000	402831
嘉　兴					
湖　州					
绍　兴					
舟　山					
台　州					
珠 三 角	**5**	**2808**	**2578**	**122973**	**70886**
广　州	1	309	309	50000	12388
深　圳	1	1553	1553	36895	27282
珠　海					
佛　山	1	456	374	15078	12325
江　门					
东　莞	2	490	342	21000	18891
中　山					
惠　州					
肇　庆					

2-20 续表 26

(茶叶市场)

地 区	市场数量(个)	总摊位数(个)	年末出租摊位数(个)	营业面积(平方米)	成交额(万元)
三大地带	**10**	**3496**	**3454**	**302400**	**860461**
环 渤 海	**3**	**950**	**950**	**97000**	**204585**
北 京	1	150	150	7000	23585
天 津					
唐 山					
沈 阳					
大 连					
济 南	2	800	800	90000	181000
青 岛					
长 三 角	**5**	**2092**	**2050**	**175400**	**563810**
上 海	2	652	648	38000	57699
南 京					
苏 州					
无 锡					
常 州					
镇 江					
南 通					
扬 州					
泰 州					
杭 州	2	520	518	36500	151255
宁 波					
嘉 兴					
湖 州					
绍 兴	1	920	884	100900	354856
舟 山					
台 州					
珠 三 角	**2**	**454**	**454**	**30000**	**92066**
广 州	2	454	454	30000	92066
深 圳					
珠 海					
佛 山					
江 门					
东 莞					
中 山					
惠 州					
肇 庆					

2-20　续表 27

(烟酒市场)

地　区	市场数量(个)	总摊位数(个)	年末出租摊位数(个)	营业面积(平方米)	成交额(万元)
三大地带	**3**	**960**	**835**	**140200**	**368727**
环 渤 海	**1**	**360**	**256**	**17000**	**260000**
北　京					
天　津					
唐　山					
沈　阳					
大　连					
济　南					
青　岛	1	360	256	17000	260000
长 三 角	**2**	**600**	**579**	**123200**	**108727**
上　海					
南　京					
苏　州					
无　锡					
常　州					
镇　江	1	200	190	3200	28266
南　通					
扬　州					
泰　州					
杭　州					
宁　波	1	400	389	120000	80461
嘉　兴					
湖　州					
绍　兴					
舟　山					
台　州					
珠 三 角					
广　州					
深　圳					
珠　海					
佛　山					
江　门					
东　莞					
中　山					
惠　州					
肇　庆					

2-20 续表 28

(其他食品饮料及烟酒市场)

地　区	市场数量（个）	总摊位数（个）	年末出租摊位数（个）	营业面积（平方米）	成交额（万元）
三大地带	**14**	**7187**	**6478**	**581493**	**1621676**
环 渤 海	**2**	**2175**	**2164**	**272800**	**525751**
北　京					
天　津	2	2175	2164	272800	525751
唐　山					
沈　阳					
大　连					
济　南					
青　岛					
长 三 角	**11**	**4560**	**3862**	**301293**	**1075992**
上　海					
南　京					
苏　州	2	933	592	111500	516700
无　锡	2	454	435	33580	169770
常　州	1	420	381	28595	27137
镇　江					
南　通	3	1003	869	64800	118553
扬　州					
泰　州					
杭　州					
宁　波	1	1106	1106	22000	134988
嘉　兴	1	550	385	36570	61364
湖　州					
绍　兴					
舟　山					
台　州	1	94	94	4248	47480
珠 三 角	**1**	**452**	**452**	**7400**	**19933**
广　州					
深　圳					
珠　海	1	452	452	7400	19933
佛　山					
江　门					
东　莞					
中　山					
惠　州					
肇　庆					

2-20 续表 29

(纺织、服装、鞋帽市场)

地 区	市场数量 (个)	总摊位数 (个)	年末出租摊位数 (个)	营业面积 (平方米)	成交额 (万元)
三大地带	**204**	**312502**	**290595**	**15387211**	**94957364**
环 渤 海	**42**	**66335**	**62765**	**1869696**	**9114739**
北 京	13	15968	15747	456073	460022
天 津	3	3144	3144	115300	256331
唐 山	4	2885	2851	48828	857521
沈 阳	9	26293	23281	636130	4414174
大 连	5	4575	4466	74234	346999
济 南	3	3868	3868	249941	484080
青 岛	5	9602	9408	289190	2295612
长 三 角	**101**	**177047**	**171613**	**9349546**	**74497806**
上 海	10	9971	9505	160384	805213
南 京	2	3986	3986	82000	615346
苏 州	4	36397	33594	1948300	26100975
无 锡	2	2900	2766	157996	560110
常 州	4	5685	5665	158360	608154
镇 江	4	1973	1861	201226	217679
南 通	5	11813	11766	1060650	11353668
扬 州	4	4261	3942	276036	449337
泰 州	2	1554	1453	41104	77854
杭 州	23	24049	23087	594857	5001494
宁 波	6	5026	5002	229346	856553
嘉 兴	15	28631	28383	1659611	7595357
湖 州	2	3556	3490	343113	1931489
绍 兴	9	30727	30674	2229220	17267609
舟 山					
台 州	9	6518	6439	207343	1056968
珠 三 角	**61**	**69120**	**56217**	**4167969**	**11344819**
广 州	46	52403	41534	3281459	8613861
深 圳					
珠 海	1	220	220	31000	18251
佛 山	1	3706	3706	404000	1871206
江 门					
东 莞	10	9093	7239	349510	672433
中 山	1	1300	1120	40000	19505
惠 州	2	2398	2398	62000	149563
肇 庆					

2-20 续表 30

(布料及纺织品市场)

地　区	市场数量(个)	总摊位数(个)	年末出租摊位数(个)	营业面积(平方米)	成交额(万元)
三大地带	**38**	**96867**	**86182**	**8330425**	**57019997**
环渤海	**1**	**358**	**358**	**20000**	**242300**
北　京					
天　津					
唐　山					
沈　阳					
大　连					
济　南					
青　岛	1	358	358	20000	242300
长三角	**25**	**65292**	**64408**	**5312265**	**49383984**
上　海					
南　京					
苏　州	3	8687	8322	948300	13599449
无　锡	1	1300	1300	100000	151079
常　州					
镇　江					
南　通	2	9920	9880	1000000	11303693
扬　州	2	1600	1481	193320	174323
泰　州					
杭　州	5	4571	4401	207290	2635118
宁　波	1	1680	1680	35700	297100
嘉　兴	3	5118	5029	302322	2205100
湖　州	2	3556	3490	343113	1931489
绍　兴	6	28860	28825	2182220	17086633
舟　山					
台　州					
珠三角	**12**	**31217**	**21416**	**2998160**	**7393713**
广　州	3	22703	14459	2363000	5123902
深　圳					
珠　海	1	220	220	31000	18251
佛　山	1	3706	3706	404000	1871206
江　门					
东　莞	7	4588	3031	200160	380354
中　山					
惠　州					
肇　庆					

2-20 续表 31

(服装市场)

地 区	市场数量 (个)	总摊位数 (个)	年末出租摊位数 (个)	营业面积 (平方米)	成交额 (万元)
三大地带	**123**	**163981**	**156690**	**5562412**	**29981763**
环 渤 海	**27**	**42011**	**41276**	**1279093**	**3884166**
北 京	12	15268	15047	436073	422292
天 津	2	2802	2802	76300	215131
唐 山	1	1345	1345	11200	226000
沈 阳	6	8059	7833	272630	433470
大 连	3	3385	3276	46200	325756
济 南	1	3078	3078	200000	303000
青 岛	2	8074	7895	236690	1958517
长 三 角	**54**	**90061**	**85920**	**3341294**	**23006985**
上 海	8	7510	7044	143224	673842
南 京	1	1904	1904	7000	282160
苏 州	1	27710	25272	1000000	12501526
无 锡	1	1600	1466	57996	409031
常 州	1	280	260	45000	85025
镇 江	3	1458	1346	71226	97679
南 通	1	317	317	15000	15471
扬 州					
泰 州	1	319	218	8892	12077
杭 州	16	17959	17282	348363	2328340
宁 波	4	2991	2967	189846	524011
嘉 兴	11	23364	23274	1276668	5102257
湖 州					
绍 兴	2	867	867	14500	28530
舟 山					
台 州	4	3782	3703	163579	947036
珠 三 角	**42**	**31909**	**29494**	**942025**	**3090612**
广 州	36	23706	21768	690675	2629465
深 圳					
珠 海					
佛 山					
江 门					
东 莞	3	4505	4208	149350	292079
中 山	1	1300	1120	40000	19505
惠 州	2	2398	2398	62000	149563
肇 庆					

2-20 续表 32

(鞋帽市场)

地　区	市场数量(个)	总摊位数(个)	年末出租摊位数(个)	营业面积(平方米)	成交额(万元)
三大地带	**18**	**14655**	**12975**	**581865**	**2260541**
环渤海	**7**	**4742**	**3862**	**124466**	**670805**
北　京					
天　津	1	342	342	39000	41200
唐　山	1	550	535	8025	325000
沈　阳	2	2750	1900	16500	54422
大　连					
济　南	2	790	790	49941	181080
青　岛	1	310	295	11000	69103
长三角	**4**	**3919**	**3806**	**229615**	**729242**
上　海					
南　京					
苏　州					
无　锡					
常　州					
镇　江	1	515	515	130000	120000
南　通					
扬　州	1	2055	2011	12500	261142
泰　州					
杭　州					
宁　波					
嘉　兴	1	149	80	80621	288000
湖　州					
绍　兴					
舟　山					
台　州	1	1200	1200	6494	60100
珠三角	**7**	**5994**	**5307**	**227784**	**860494**
广　州	7	5994	5307	227784	860494
深　圳					
珠　海					
佛　山					
江　门					
东　莞					
中　山					
惠　州					
肇　庆					

2-20 续表 33

(其他纺织服装鞋帽市场)

地 区	市场数量（个）	总摊位数（个）	年末出租摊位数（个）	营业面积（平方米）	成交额（万元）
三大地带	**25**	**36999**	**34748**	**912509**	**5695063**
环 渤 海	**7**	**19224**	**17269**	**446137**	**4317468**
北 京	1	700	700	20000	37730
天 津					
唐 山	2	990	971	29603	306521
沈 阳	1	15484	13548	347000	3926282
大 连	2	1190	1190	28034	21243
济 南					
青 岛	1	860	860	21500	25692
长 三 角	**18**	**17775**	**17479**	**466372**	**1377595**
上 海	2	2461	2461	17160	131371
南 京	1	2082	2082	75000	333186
苏 州					
无 锡					
常 州	3	5405	5405	113360	523129
镇 江					
南 通	2	1576	1569	45650	34504
扬 州	1	606	450	70216	13872
泰 州	1	1235	1235	32212	65777
杭 州	2	1519	1404	39204	38036
宁 波	1	355	355	3800	35442
嘉 兴					
湖 州					
绍 兴	1	1000	982	32500	152446
舟 山					
台 州	4	1536	1536	37270	49832
珠 三 角					
广 州					
深 圳					
珠 海					
佛 山					
江 门					
东 莞					
中 山					
惠 州					
肇 庆					

2-20 续表 34

(日用品及文化用品市场)

地　区	市场数量(个)	总摊位数(个)	年末出租摊位数(个)	营业面积(平方米)	成交额(万元)
三大地带	**44**	**36934**	**33479**	**1496972**	**5926174**
环渤海	**10**	**12291**	**11595**	**320967**	**564768**
北　京	5	7852	7656	151643	483044
天　津					
唐　山					
沈　阳	2	2795	2300	115000	27824
大　连	1	39	39	7000	13000
济　南					
青　岛	2	1605	1600	47324	40900
长三角	**15**	**9062**	**7980**	**321421**	**3281511**
上　海	1	48	48	5000	2050000
南　京	1	86	84	5000	30560
苏　州	2	2411	2389	67200	560056
无　锡					
常　州	3	2507	2507	27448	409760
镇　江					
南　通	2	798	586	92000	33429
扬　州					
泰　州					
杭　州	3	791	770	38773	60099
宁　波					
嘉　兴					
湖　州					
绍　兴					
舟　山					
台　州	3	2421	1596	86000	137607
珠三角	**19**	**15581**	**13904**	**854584**	**2079895**
广　州	18	15351	13674	852644	2054095
深　圳	1	230	230	1940	25800
珠　海					
佛　山					
江　门					
东　莞					
中　山					
惠　州					
肇　庆					

2-20 续表 35

(小商品市场)

地　区	市场数量 (个)	总摊位数 (个)	年末出租摊位数 (个)	营业面积 (平方米)	成交额 (万元)
三大地带	**23**	**22296**	**20966**	**609010**	**1750166**
环 渤 海	**5**	**9407**	**8844**	**204562**	**333180**
北　京	3	6707	6639	96562	300647
天　津					
唐　山					
沈　阳	1	1300	805	70000	10533
大　连					
济　南					
青　岛	1	1400	1400	38000	22000
长 三 角	**5**	**5211**	**4980**	**170648**	**980250**
上　海					
南　京					
苏　州	1	2350	2331	59200	550000
无　锡					
常　州	2	2063	2063	19448	396821
镇　江					
南　通	2	798	586	92000	33429
扬　州					
泰　州					
杭　州					
宁　波					
嘉　兴					
湖　州					
绍　兴					
舟　山					
台　州					
珠 三 角	**13**	**7678**	**7142**	**233800**	**436736**
广　州	13	7678	7142	233800	436736
深　圳					
珠　海					
佛　山					
江　门					
东　莞					
中　山					
惠　州					
肇　庆					

2-20 续表 36

(箱包市场)

地　区	市场数量(个)	总摊位数(个)	年末出租摊位数(个)	营业面积(平方米)	成交额(万元)
三大地带	**1**	**4230**	**3633**	**500000**	**1370000**
环渤海					
北　京					
天　津					
唐　山					
沈　阳					
大　连					
济　南					
青　岛					
长三角					
上　海					
南　京					
苏　州					
无　锡					
常　州					
镇　江					
南　通					
扬　州					
泰　州					
杭　州					
宁　波					
嘉　兴					
湖　州					
绍　兴					
舟　山					
台　州					
珠三角	**1**	**4230**	**3633**	**500000**	**1370000**
广　州	1	4230	3633	500000	1370000
深　圳					
珠　海					
佛　山					
江　门					
东　莞					
中　山					
惠　州					
肇　庆					

2-20　续表 37

(文具市场)

地　区	市场数量(个)	总摊位数(个)	年末出租摊位数(个)	营业面积(平方米)	成交额(万元)
三大地带	**2**	**1280**	**1132**	**55881**	**176460**
环 渤 海	**1**	**944**	**843**	**43081**	**158460**
北　京	1	944	843	43081	158460
天　津					
唐　山					
沈　阳					
大　连					
济　南					
青　岛					
长 三 角					
上　海					
南　京					
苏　州					
无　锡					
常　州					
镇　江					
南　通					
扬　州					
泰　州					
杭　州					
宁　波					
嘉　兴					
湖　州					
绍　兴					
舟　山					
台　州					
珠 三 角	**1**	**336**	**289**	**12800**	**18000**
广　州	1	336	289	12800	18000
深　圳					
珠　海					
佛　山					
江　门					
东　莞					
中　山					
惠　州					
肇　庆					

2-20 续表 38

(图书、报刊杂志市场)

地 区	市场数量(个)	总摊位数(个)	年末出租摊位数(个)	营业面积(平方米)	成交额(万元)
三大地带	**7**	**780**	**718**	**64313**	**136443**
环 渤 海	**3**	**445**	**413**	**28324**	**55837**
北 京	1	201	174	12000	23937
天 津					
唐 山					
沈 阳					
大 连	1	39	39	7000	13000
济 南					
青 岛	1	205	200	9324	18900
长 三 角	**3**	**238**	**212**	**23000**	**55106**
上 海					
南 京	1	86	84	5000	30560
苏 州	1	61	58	8000	10056
无 锡					
常 州					
镇 江					
南 通					
扬 州					
泰 州					
杭 州	1	91	70	10000	14490
宁 波					
嘉 兴					
湖 州					
绍 兴					
舟 山					
台 州					
珠 三 角	**1**	**97**	**93**	**12989**	**25500**
广 州	1	97	93	12989	25500
深 圳					
珠 海					
佛 山					
江 门					
东 莞					
中 山					
惠 州					
肇 庆					

2-20 续表 39

(其他日用品及文化用品市场)

地 区	市场数量（个）	总摊位数（个）	年末出租摊位数（个）	营业面积（平方米）	成交额（万元）
三大地带	**11**	**8348**	**7030**	**267768**	**2493105**
环 渤 海	**1**	**1495**	**1495**	**45000**	**17291**
北 京					
天 津					
唐 山					
沈 阳	1	1495	1495	45000	17291
大 连					
济 南					
青 岛					
长 三 角	**7**	**3613**	**2788**	**127773**	**2246155**
上 海	1	48	48	5000	2050000
南 京					
苏 州					
无 锡					
常 州	1	444	444	8000	12939
镇 江					
南 通					
扬 州					
泰 州					
杭 州	2	700	700	28773	45609
宁 波					
嘉 兴					
湖 州					
绍 兴					
舟 山					
台 州	3	2421	1596	86000	137607
珠 三 角	**3**	**3240**	**2747**	**94995**	**229659**
广 州	2	3010	2517	93055	203859
深 圳	1	230	230	1940	25800
珠 海					
佛 山					
江 门					
东 莞					
中 山					
惠 州					
肇 庆					

2-20 续表 40

(黄金、珠宝、玉器等首饰市场)

地 区	市场数量(个)	总摊位数(个)	年末出租摊位数(个)	营业面积(平方米)	成交额(万元)
三大地带	**10**	**7858**	**6254**	**442529**	**2684025**
环 渤 海	**5**	**3034**	**2767**	**292256**	**522348**
北 京	3	1165	1088	33677	230922
天 津					
唐 山					
沈 阳					
大 连					
济 南					
青 岛	2	1869	1679	258579	291426
长 三 角	**3**	**2940**	**1779**	**136973**	**2043567**
上 海					
南 京					
苏 州	1	200	183	10000	147000
无 锡					
常 州					
镇 江					
南 通					
扬 州					
泰 州					
杭 州	1	360	360	20000	960000
宁 波					
嘉 兴					
湖 州					
绍 兴	1	2380	1236	106973	936567
舟 山					
台 州					
珠 三 角	**2**	**1884**	**1708**	**13300**	**118110**
广 州	1	1200	1031	10000	74909
深 圳					
珠 海					
佛 山					
江 门					
东 莞					
中 山					
惠 州					
肇 庆	1	684	677	3300	43201

2-20 续表 41

(电器、通讯器材、电子设备市场)

地　区	市场数量（个）	总摊位数（个）	年末出租摊位数（个）	营业面积（平方米）	成交额（万元）
三大地带	**56**	**28795**	**24528**	**778616**	**2946484**
环渤海	**12**	**5850**	**5080**	**211230**	**964902**
北　京	8	4229	3968	136730	850195
天　津					
唐　山					
沈　阳	1	728	500	24000	16584
大　连					
济　南	1	160	112	5500	12000
青　岛	2	733	500	45000	86123
长三角	**28**	**11636**	**9695**	**366199**	**1390782**
上　海	6	1349	1090	56050	250827
南　京	1	235	209	3916	50400
苏　州	1	1607	1607	44232	62459
无　锡	2	499	474	14300	123004
常　州	1	426	311	10000	37268
镇　江					
南　通					
扬　州	1	255	243	9000	109000
泰　州	1	400	390	11000	61200
杭　州	7	1681	1606	83821	240601
宁　波	3	1085	1045	42000	139957
嘉　兴	1	113	110	5000	20004
湖　州					
绍　兴	1	185	185	5680	54362
舟　山					
台　州	3	3801	2425	81200	241700
珠三角	**16**	**11309**	**9753**	**201187**	**590800**
广　州	8	2997	2688	90064	330311
深　圳	7	8082	6835	104935	240352
珠　海					
佛　山	1	230	230	6188	20137
江　门					
东　莞					
中　山					
惠　州					
肇　庆					

2-20 续表 42

(家电市场)

地　区	市场数量(个)	总摊位数(个)	年末出租摊位数(个)	营业面积(平方米)	成交额(万元)
三大地带	**12**	**3732**	**3229**	**156140**	**377907**
环渤海	**2**	**868**	**620**	**33000**	**29707**
北　京					
天　津					
唐　山					
沈　阳	1	728	500	24000	16584
大　连					
济　南					
青　岛	1	140	120	9000	13123
长三角	**5**	**935**	**876**	**69628**	**196312**
上　海	1	180	180	18000	36638
南　京					
苏　州					
无　锡					
常　州					
镇　江					
南　通					
扬　州					
泰　州	1	400	390	11000	61200
杭　州	3	355	306	40628	98474
宁　波					
嘉　兴					
湖　州					
绍　兴					
舟　山					
台　州					
珠三角	**5**	**1929**	**1733**	**53512**	**151888**
广　州	3	906	837	35500	118189
深　圳	2	1023	896	18012	33699
珠　海					
佛　山					
江　门					
东　莞					
中　山					
惠　州					
肇　庆					

2-20　续表 43

(通讯器材市场)

地　区	市场数量 (个)	总摊位数 (个)	年末出租摊位数 (个)	营业面积 (平方米)	成交额 (万元)
三大地带	**9**	**6935**	**5965**	**119819**	**238189**
环 渤 海					
北　京					
天　津					
唐　山					
沈　阳					
大　连					
济　南					
青　岛					
长 三 角	**3**	**1934**	**1922**	**60235**	**110511**
上　海	1	27	15	5000	24010
南　京					
苏　州	1	1607	1607	44232	62459
无　锡					
常　州					
镇　江					
南　通					
扬　州					
泰　州					
杭　州	1	300	300	11003	24042
宁　波					
嘉　兴					
湖　州					
绍　兴					
舟　山					
台　州					
珠 三 角	**6**	**5001**	**4043**	**59584**	**127678**
广　州	2	1319	1203	27506	78025
深　圳	4	3682	2840	32078	49653
珠　海					
佛　山					
江　门					
东　莞					
中　山					
惠　州					
肇　庆					

2-20 续表 44

(照相、摄像器材市场)

地　区	市场数量 (个)	总摊位数 (个)	年末出租摊位数 (个)	营业面积 (平方米)	成交额 (万元)
三大地带	**2**	**562**	**490**	**20866**	**71768**
环 渤 海	**1**	**315**	**315**	**13066**	**37656**
北　京	1	315	315	13066	37656
天　津					
唐　山					
沈　阳					
大　连					
济　南					
青　岛					
长 三 角	**1**	**247**	**175**	**7800**	**34112**
上　海	1	247	175	7800	34112
南　京					
苏　州					
无　锡					
常　州					
镇　江					
南　通					
扬　州					
泰　州					
杭　州					
宁　波					
嘉　兴					
湖　州					
绍　兴					
舟　山					
台　州					
珠 三 角					
广　州					
深　圳					
珠　海					
佛　山					
江　门					
东　莞					
中　山					
惠　州					
肇　庆					

2-20 续表 45

(计算机及辅助设备市场)

地　区	市场数量(个)	总摊位数(个)	年末出租摊位数(个)	营业面积(平方米)	成交额(万元)
三大地带	**30**	**14707**	**12303**	**414591**	**1979437**
环渤海	**7**	**3967**	**3493**	**147964**	**777356**
北　京	5	3214	3001	106464	692356
天　津					
唐　山					
沈　阳					
大　连					
济　南	1	160	112	5500	12000
青　岛	1	593	380	36000	73000
长三角	**18**	**6361**	**4833**	**178536**	**890847**
上　海	3	895	720	25250	156067
南　京	1	235	209	3916	50400
苏　州					
无　锡	2	499	474	14300	123004
常　州	1	426	311	10000	37268
镇　江					
南　通					
扬　州	1	255	243	9000	109000
泰　州					
杭　州	3	1026	1000	32190	118085
宁　波	3	1085	1045	42000	139957
嘉　兴	1	113	110	5000	20004
湖　州					
绍　兴	1	185	185	5680	54362
舟　山					
台　州	2	1642	536	31200	82700
珠三角	**5**	**4379**	**3977**	**88091**	**311234**
广　州	3	772	648	27058	134097
深　圳	1	3377	3099	54845	157000
珠　海					
佛　山	1	230	230	6188	20137
江　门					
东　莞					
中　山					
惠　州					
肇　庆					

2-20 续表 46

(其他电器、通讯器材、电子设备市场)

地　区	市场数量(个)	总摊位数(个)	年末出租摊位数(个)	营业面积(平方米)	成交额(万元)
三大地带	**3**	**2859**	**2541**	**67200**	**279183**
环渤海	**2**	**700**	**652**	**17200**	**120183**
北　京	2	700	652	17200	120183
天　津					
唐　山					
沈　阳					
大　连					
济　南					
青　岛					
长三角	**1**	**2159**	**1889**	**50000**	**159000**
上　海					
南　京					
苏　州					
无　锡					
常　州					
镇　江					
南　通					
扬　州					
泰　州					
杭　州					
宁　波					
嘉　兴					
湖　州					
绍　兴					
舟　山					
台　州	1	2159	1889	50000	159000
珠三角					
广　州					
深　圳					
珠　海					
佛　山					
江　门					
东　莞					
中　山					
惠　州					
肇　庆					

2-20 续表 47

(医药、医疗用品及器材市场)

地区	市场数量(个)	总摊位数(个)	年末出租摊位数(个)	营业面积(平方米)	成交额(万元)
三大地带	**2**	**628**	**570**	**12971**	**62387**
环渤海					
北京					
天津					
唐山					
沈阳					
大连					
济南					
青岛					
长三角	**1**	**190**	**180**	**8000**	**50000**
上海	1	190	180	8000	50000
南京					
苏州					
无锡					
常州					
镇江					
南通					
扬州					
泰州					
杭州					
宁波					
嘉兴					
湖州					
绍兴					
舟山					
台州					
珠三角	**1**	**438**	**390**	**4971**	**12387**
广州	1	438	390	4971	12387
深圳					
珠海					
佛山					
江门					
东莞					
中山					
惠州					
肇庆					

2-20 续表 48

(中药材市场)

地　区	市场数量（个）	总摊位数（个）	年末出租摊位数（个）	营业面积（平方米）	成交额（万元）
三大地带	**2**	**628**	**570**	**12971**	**62387**
环渤海					
北　京					
天　津					
唐　山					
沈　阳					
大　连					
济　南					
青　岛					
长三角	**1**	**190**	**180**	**8000**	**50000**
上　海	1	190	180	8000	50000
南　京					
苏　州					
无　锡					
常　州					
镇　江					
南　通					
扬　州					
泰　州					
杭　州					
宁　波					
嘉　兴					
湖　州					
绍　兴					
舟　山					
台　州					
珠三角	**1**	**438**	**390**	**4971**	**12387**
广　州	1	438	390	4971	12387
深　圳					
珠　海					
佛　山					
江　门					
东　莞					
中　山					
惠　州					
肇　庆					

2-20 续表 49

(家具、五金及装饰材料市场)

地 区	市场数量(个)	总摊位数(个)	年末出租摊位数(个)	营业面积(平方米)	成交额(万元)
三大地带	**237**	**123510**	**115639**	**16010862**	**18618150**
环 渤 海	**53**	**23830**	**22212**	**3110798**	**2852882**
北 京	17	7766	7451	771890	1204413
天 津	6	1979	1718	716928	438114
唐 山	1	485	450	120000	10001
沈 阳	8	5858	5454	378843	624451
大 连	6	3157	2917	281381	136466
济 南	5	1730	1498	316777	191716
青 岛	10	2855	2724	524979	247721
长 三 角	**163**	**91217**	**86017**	**10823225**	**14427883**
上 海	20	13405	12752	1117109	1232957
南 京	9	6199	6143	770906	1028439
苏 州	12	11899	11272	1311971	2341540
无 锡	10	4230	4092	947310	1366357
常 州	11	7561	6964	1098031	1721264
镇 江	3	869	859	190000	110053
南 通	16	6195	5501	986721	749615
扬 州	10	3480	3349	491966	1043069
泰 州	4	2821	2720	273600	128215
杭 州	23	10870	10501	1173743	1704686
宁 波	18	4077	3638	515604	554817
嘉 兴	6	4626	4063	345393	573712
湖 州	5	1638	1368	242000	255685
绍 兴	4	4163	4127	609300	730825
舟 山	2	1529	1529	163162	71954
台 州	10	7655	7139	586409	814695
珠 三 角	**21**	**8463**	**7410**	**2076839**	**1337385**
广 州	6	3466	3274	364066	247756
深 圳	1	196	196	26000	14062
珠 海					
佛 山	8	1748	1497	1403617	404955
江 门	1	70	50	3149	14300
东 莞	5	2983	2393	280007	656312
中 山					
惠 州					
肇 庆					

2-20 续表 50

(家具市场)

地　区	市场数量（个）	总摊位数（个）	年末出租摊位数（个）	营业面积（平方米）	成交额（万元）
三大地带	**69**	**27758**	**25818**	**4361745**	**3471744**
环 渤 海	**19**	**8238**	**7728**	**1098337**	**927480**
北　京	7	3705	3646	428237	496541
天　津	1	382	381	51309	27650
唐　山					
沈　阳	2	931	918	150343	112925
大　连	3	1220	1010	106700	54510
济　南	3	1215	988	184277	152476
青　岛	3	785	785	177471	83378
长 三 角	**47**	**18662**	**17251**	**3132516**	**2499310**
上　海	4	726	643	201117	93170
南　京	3	1197	1141	195088	188666
苏　州	4	4902	4902	605849	1100792
无　锡	2	807	729	204610	136400
常　州	4	1875	1492	386515	244943
镇　江					
南　通	5	1440	1065	278863	133420
扬　州	1	496	489	103000	22763
泰　州	2	2226	2126	138600	86205
杭　州	5	1046	985	288177	139538
宁　波	9	1671	1446	280704	135403
嘉　兴	2	312	290	91646	30562
湖　州	1	200	195	69000	16055
绍　兴	2	268	252	97000	68733
舟　山	1	1439	1439	142347	66000
台　州	2	57	57	50000	36660
珠 三 角	**3**	**858**	**839**	**130892**	**44954**
广　州	1	512	508	64892	19876
深　圳	1	196	196	26000	14062
珠　海					
佛　山	1	150	135	40000	11016
江　门					
东　莞					
中　山					
惠　州					
肇　庆					

2-20　续表 51

(装饰材料市场)

地　区	市场数量 (个)	总摊位数 (个)	年末出租摊位数 (个)	营业面积 (平方米)	成交额 (万元)
三大地带	**94**	**43863**	**41126**	**6616502**	**6066635**
环 渤 海	**19**	**7806**	**7339**	**805972**	**765674**
北　京	6	1880	1827	152991	309345
天　津	2	416	416	40800	40164
唐　山	1	485	450	120000	10001
沈　阳	4	2091	1796	137500	266325
大　连	2	1780	1750	118581	71000
济　南	1	335	335	64500	24090
青　岛	3	819	765	171600	44749
长 三 角	**62**	**30835**	**29457**	**4077590**	**4664938**
上　海	8	6254	6082	545904	817687
南　京	3	1418	1418	154342	89357
苏　州	3	1907	1888	171234	79215
无　锡	7	2273	2218	679800	985904
常　州	3	1128	1091	225556	161049
镇　江	3	869	859	190000	110053
南　通	7	3451	3379	615400	504071
扬　州	5	1802	1705	271856	537465
泰　州	1	210	209	55000	14395
杭　州	8	3543	3365	381775	386341
宁　波	5	732	584	149955	162030
嘉　兴	4	4314	3773	253747	543150
湖　州	1	333	330	16000	13200
绍　兴					
舟　山	1	90	90	20815	5954
台　州	3	2511	2466	346206	255067
珠 三 角	**13**	**5222**	**4330**	**1732940**	**636023**
广　州	4	2554	2475	286174	206728
深　圳					
珠　海					
佛　山	7	1598	1362	1363617	393939
江　门	1	70	50	3149	14300
东　莞	1	1000	443	80000	21056
中　山					
惠　州					
肇　庆					

2-20 续表 52

(灯具市场)

地 区	市场数量 (个)	总摊位数 (个)	年末出租摊位数 (个)	营业面积 (平方米)	成交额 (万元)
三大地带	**9**	**5100**	**4878**	**745558**	**1094288**
环 渤 海	**5**	**970**	**869**	**268100**	**130762**
北 京	1	237	237	40000	10506
天 津					
唐 山					
沈 阳	1	276	180	54000	66150
大 连	1	157	157	56100	10956
济 南	1	180	175	68000	15150
青 岛	1	120	120	50000	28000
长 三 角	**4**	**4130**	**4009**	**477458**	**963526**
上 海					
南 京					
苏 州					
无 锡					
常 州	1	3000	2933	411000	906863
镇 江					
南 通	1	100	86	7458	30250
扬 州					
泰 州					
杭 州	1	980	980	48000	13413
宁 波					
嘉 兴					
湖 州	1	50	10	11000	13000
绍 兴					
舟 山					
台 州					
珠 三 角					
广 州					
深 圳					
珠 海					
佛 山					
江 门					
东 莞					
中 山					
惠 州					
肇 庆					

2-20 续表 53

(厨具、盥洗设备市场)

地 区	市场数量（个）	总摊位数（个）	年末出租摊位数（个）	营业面积（平方米）	成交额（万元）
三大地带	**2**	**866**	**832**	**34608**	**140626**
环渤海	**1**	**366**	**332**	**21608**	**22536**
北 京					
天 津					
唐 山					
沈 阳					
大 连					
济 南					
青 岛	1	366	332	21608	22536
长三角	**1**	**500**	**500**	**13000**	**118090**
上 海					
南 京					
苏 州					
无 锡					
常 州					
镇 江					
南 通					
扬 州					
泰 州					
杭 州					
宁 波	1	500	500	13000	118090
嘉 兴					
湖 州					
绍 兴					
舟 山					
台 州					
珠三角					
广 州					
深 圳					
珠 海					
佛 山					
江 门					
东 莞					
中 山					
惠 州					
肇 庆					

2-20 续表 54

(五金材料市场)

地 区	市场数量(个)	总摊位数(个)	年末出租摊位数(个)	营业面积(平方米)	成交额(万元)
三大地带	**37**	**25653**	**23486**	**2165280**	**4732723**
环 渤 海	**5**	**1946**	**1596**	**657913**	**403964**
北 京	1	550	483	8794	14606
天 津	3	1181	921	624819	370300
唐 山					
沈 阳					
大 连					
济 南					
青 岛	1	215	192	24300	19058
长 三 角	**27**	**21324**	**19649**	**1294360**	**3672351**
上 海	3	3700	3559	194379	211424
南 京	1	994	994	200000	97908
苏 州	2	3318	2710	265888	470400
无 锡	1	1150	1145	62900	244053
常 州	3	1558	1448	74960	408409
镇 江					
南 通	2	1008	775	45000	52868
扬 州	4	1182	1155	117110	482841
泰 州					
杭 州	4	2323	2309	93620	817920
宁 波	2	1134	1068	68000	101465
嘉 兴					
湖 州					
绍 兴	1	775	775	32300	312095
舟 山					
台 州	4	4182	3711	140203	472968
珠 三 角	**5**	**2383**	**2241**	**213007**	**656408**
广 州	1	400	291	13000	21152
深 圳					
珠 海					
佛 山					
江 门					
东 莞	4	1983	1950	200007	635256
中 山					
惠 州					
肇 庆					

2-20 续表 55

(其他装修市场)

地 区	市场数量 (个)	总摊位数 (个)	年末出租摊位数 (个)	营业面积 (平方米)	成交额 (万元)
三大地带	**26**	**20270**	**19499**	**2087169**	**3112134**
环渤海	**4**	**4504**	**4348**	**258868**	**602466**
北京	2	1394	1258	141868	373415
天津					
唐山					
沈阳	1	2560	2560	37000	179051
大连					
济南					
青岛	1	550	530	80000	50000
长三角	**22**	**15766**	**15151**	**1828301**	**2509668**
上海	5	2725	2468	175709	110676
南京	2	2590	2590	221476	652508
苏州	3	1772	1772	269000	691133
无锡					
常州					
镇江					
南通	1	196	196	40000	29006
扬州					
泰州	1	385	385	80000	27615
杭州	5	2978	2862	362171	347474
宁波	1	40	40	3945	37829
嘉兴					
湖州	2	1055	833	146000	213430
绍兴	1	3120	3100	480000	349997
舟山					
台州	1	905	905	50000	50000
珠三角					
广州					
深圳					
珠海					
佛山					
江门					
东莞					
中山					
惠州					
肇庆					

2-20 续表 56

(汽车、摩托车及零配件市场)

地　区	市场数量(个)	总摊位数(个)	年末出租摊位数(个)	营业面积(平方米)	成交额(万元)
三大地带	**134**	**33903**	**30296**	**6009858**	**37546883**
环渤海	**33**	**11898**	**10603**	**2031613**	**14903326**
北　京	14	4768	4390	904725	8882289
天　津	4	1921	1865	337860	1745638
唐　山	1	243	243	62400	97916
沈　阳	5	3020	2519	283790	1715935
大　连	2	455	175	126000	965775
济　南	4	1113	1036	237838	1232773
青　岛	3	378	375	79000	263000
长三角	**77**	**17846**	**15655**	**2815616**	**17480463**
上　海	13	2326	2261	225057	3423972
南　京	4	368	325	72200	528751
苏　州	3	548	468	510073	846158
无　锡	7	1231	1127	410100	2152691
常　州	3	1750	1345	575000	1678641
镇　江					
南　通	2	574	414	93600	199400
扬　州	3	399	358	77000	103358
泰　州					
杭　州	18	6070	5851	343370	4494923
宁　波	9	1438	825	191616	601733
嘉　兴	5	2211	1767	90531	1118324
湖　州	2	188	171	75000	126151
绍　兴					
舟　山	1	1	1	12655	65190
台　州	7	742	742	139414	2141171
珠三角	**24**	**4159**	**4038**	**1162629**	**5163094**
广　州	15	2847	2733	353677	1851689
深　圳	2	115	112	93000	432000
珠　海					
佛　山	3	268	268	375952	1479856
江　门					
东　莞	2	847	847	90000	309799
中　山					
惠　州	2	82	78	250000	1089750
肇　庆					

2-20　续表 57

(汽车市场)

地　区	市场数量 (个)	总摊位数 (个)	年末出租摊位数 (个)	营业面积 (平方米)	成交额 (万元)
三大地带	**96**	**17953**	**15802**	**4718613**	**32882294**
环 渤 海	**20**	**5763**	**5267**	**1487295**	**13045693**
北　京	9	1562	1402	683245	8264850
天　津	4	1921	1865	337860	1745638
唐　山	1	243	243	62400	97916
沈　阳	2	1452	1452	117790	1152441
大　连	2	455	175	126000	965775
济　南	1	70	70	130000	753073
青　岛	1	60	60	30000	66000
长 三 角	**61**	**10560**	**8988**	**2229490**	**15039370**
上　海	9	568	553	132178	2490147
南　京	4	368	325	72200	528751
苏　州	3	548	468	510073	846158
无　锡	5	571	531	298100	1968134
常　州	2	960	915	515000	1638946
镇　江					
南　通	2	574	414	93600	199400
扬　州	1	26	25	5200	13248
泰　州					
杭　州	14	3469	3271	168845	3364217
宁　波	8	962	349	158616	592133
嘉　兴	4	1803	1443	63835	1099324
湖　州	2	188	171	75000	126151
绍　兴					
舟　山	1	1	1	12655	65190
台　州	6	522	522	124188	2107571
珠 三 角	**15**	**1630**	**1547**	**1001828**	**4797231**
广　州	6	318	242	192876	1485826
深　圳	2	115	112	93000	432000
珠　海					
佛　山	3	268	268	375952	1479856
江　门					
东　莞	2	847	847	90000	309799
中　山					
惠　州	2	82	78	250000	1089750
肇　庆					

2-20 续表 58

(摩托车市场)

地　区	市场数量（个）	总摊位数（个）	年末出租摊位数（个）	营业面积（平方米）	成交额（万元）
三大地带	**1**	**220**	**220**	**15226**	**33600**
环渤海					
北　京					
天　津					
唐　山					
沈　阳					
大　连					
济　南					
青　岛					
长三角	**1**	**220**	**220**	**15226**	**33600**
上　海					
南　京					
苏　州					
无　锡					
常　州					
镇　江					
南　通					
扬　州					
泰　州					
杭　州					
宁　波					
嘉　兴					
湖　州					
绍　兴					
舟　山					
台　州	1	220	220	15226	33600
珠三角					
广　州					
深　圳					
珠　海					
佛　山					
江　门					
东　莞					
中　山					
惠　州					
肇　庆					

2-20　续表 59

（机动车零配件市场）

地　区	市场数量（个）	总摊位数（个）	年末出租摊位数（个）	营业面积（平方米）	成交额（万元）
三大地带	**37**	**15730**	**14274**	**1276019**	**4630989**
环 渤 海	**13**	**6135**	**5336**	**544318**	**1857633**
北　京	5	3206	2988	221480	617439
天　津					
唐　山					
沈　阳	3	1568	1067	166000	563494
大　连					
济　南	3	1043	966	107838	479700
青　岛	2	318	315	49000	197000
长 三 角	**15**	**7066**	**6447**	**570900**	**2407493**
上　海	4	1758	1708	92879	933825
南　京					
苏　州					
无　锡	2	660	596	112000	184557
常　州	1	790	430	60000	39695
镇　江					
南　通					
扬　州	2	373	333	71800	90110
泰　州					
杭　州	4	2601	2580	174525	1130706
宁　波	1	476	476	33000	9600
嘉　兴	1	408	324	26696	19000
湖　州					
绍　兴					
舟　山					
台　州					
珠 三 角	**9**	**2529**	**2491**	**160801**	**365863**
广　州	9	2529	2491	160801	365863
深　圳					
珠　海					
佛　山					
江　门					
东　莞					
中　山					
惠　州					
肇　庆					

2-20 续表 60

(花鸟鱼虫市场)

地　　区	市场数量 (个)	总摊位数 (个)	年末出租摊位数 (个)	营业面积 (平方米)	成交额 (万元)
三大地带	**13**	**8741**	**8098**	**2746817**	**2703504**
环 渤 海	**3**	**1725**	**1226**	**70300**	**47589**
北　　京					
天　　津	2	1185	686	61000	36825
唐　　山					
沈　　阳	1	540	540	9300	10764
大　　连					
济　　南					
青　　岛					
长 三 角	**8**	**5274**	**5166**	**758517**	**2315673**
上　　海	2	626	594	54070	31520
南　　京					
苏　　州					
无　　锡					
常　　州	1	1600	1600	460000	1472000
镇　　江					
南　　通	1	1020	1012	135000	352410
扬　　州	1	512	512	48000	130102
泰　　州					
杭　　州	2	1461	1393	59208	315241
宁　　波					
嘉　　兴					
湖　　州	1	55	55	2239	14400
绍　　兴					
舟　　山					
台　　州					
珠 三 角	**2**	**1742**	**1706**	**1918000**	**340242**
广　　州	2	1742	1706	1918000	340242
深　　圳					
珠　　海					
佛　　山					
江　　门					
东　　莞					
中　　山					
惠　　州					
肇　　庆					

2-20 续表 61

(花卉市场)

地　　区	市场数量（个）	总摊位数（个）	年末出租摊位数（个）	营业面积（平方米）	成交额（万元）
三大地带	**10**	**7453**	**6842**	**2694537**	**2638210**
环 渤 海	**2**	**1185**	**686**	**61000**	**36825**
北　　京					
天　　津	2	1185	686	61000	36825
唐　　山					
沈　　阳					
大　　连					
济　　南					
青　　岛					
长 三 角	**6**	**4526**	**4450**	**715537**	**2261143**
上　　海	1	178	178	16470	10790
南　　京					
苏　　州					
无　　锡					
常　　州	1	1600	1600	460000	1472000
镇　　江					
南　　通	1	1020	1012	135000	352410
扬　　州	1	512	512	48000	130102
泰　　州					
杭　　州	1	1161	1093	53828	281441
宁　　波					
嘉　　兴					
湖　　州	1	55	55	2239	14400
绍　　兴					
舟　　山					
台　　州					
珠 三 角	**2**	**1742**	**1706**	**1918000**	**340242**
广　　州	2	1742	1706	1918000	340242
深　　圳					
珠　　海					
佛　　山					
江　　门					
东　　莞					
中　　山					
惠　　州					
肇　　庆					

2-20 续表 62

(其他花鸟鱼虫市场)

地　　区	市场数量(个)	总摊位数(个)	年末出租摊位数(个)	营业面积(平方米)	成交额(万元)
三大地带	**3**	**1288**	**1256**	**52280**	**65294**
环 渤 海	**1**	**540**	**540**	**9300**	**10764**
北　京					
天　津					
唐　山					
沈　阳	1	540	540	9300	10764
大　连					
济　南					
青　岛					
长 三 角	**2**	**748**	**716**	**42980**	**54530**
上　海	1	448	416	37600	20730
南　京					
苏　州					
无　锡					
常　州					
镇　江					
南　通					
扬　州					
泰　州					
杭　州	1	300	300	5380	33800
宁　波					
嘉　兴					
湖　州					
绍　兴					
舟　山					
台　州					
珠 三 角					
广　州					
深　圳					
珠　海					
佛　山					
江　门					
东　莞					
中　山					
惠　州					
肇　庆					

2-20 续表 63

(旧货市场)

地 区	市场数量 (个)	总摊位数 (个)	年末出租摊位数 (个)	营业面积 (平方米)	成交额 (万元)
三大地带	**11**	**7015**	**6687**	**191531**	**638972**
环渤海	**1**	**4520**	**4520**	**26000**	**57917**
北京	1	4520	4520	26000	57917
天津					
唐山					
沈阳					
大连					
济南					
青岛					
长三角	**10**	**2495**	**2167**	**165531**	**581055**
上海					
南京					
苏州					
无锡					
常州					
镇江					
南通					
扬州	1	73	73	25000	19145
泰州					
杭州					
宁波	5	1117	1115	70161	442143
嘉兴	1	596	280	36859	34039
湖州					
绍兴	1	260	250	8000	35500
舟山					
台州	2	449	449	25511	50228
珠三角					
广州					
深圳					
珠海					
佛山					
江门					
东莞					
中山					
惠州					
肇庆					

2-20 续表 64

(其他旧货市场)

地　　区	市场数量 (个)	总摊位数 (个)	年末出租摊位数 (个)	营业面积 (平方米)	成交额 (万元)
三大地带	**11**	**7015**	**6687**	**191531**	**638972**
环 渤 海	**1**	**4520**	**4520**	**26000**	**57917**
北　　京	1	4520	4520	26000	57917
天　　津					
唐　　山					
沈　　阳					
大　　连					
济　　南					
青　　岛					
长 三 角	**10**	**2495**	**2167**	**165531**	**581055**
上　　海					
南　　京					
苏　　州					
无　　锡					
常　　州					
镇　　江					
南　　通					
扬　　州	1	73	73	25000	19145
泰　　州					
杭　　州					
宁　　波	5	1117	1115	70161	442143
嘉　　兴	1	596	280	36859	34039
湖　　州					
绍　　兴	1	260	250	8000	35500
舟　　山					
台　　州	2	449	449	25511	50228
珠 三 角					
广　　州					
深　　圳					
珠　　海					
佛　　山					
江　　门					
东　　莞					
中　　山					
惠　　州					
肇　　庆					

2-20　续表 65

(其他专业市场)

地　区	市场数量（个）	总摊位数（个）	年末出租摊位数（个）	营业面积（平方米）	成交额（万元）
三大地带	**23**	**9621**	**8541**	**705069**	**2121775**
环渤海	**9**	**5161**	**4174**	**454007**	**429615**
北　京	2	181	179	112657	50839
天　津	1	180	150	8000	11000
唐　山	1	1000	1000	33350	38300
沈　阳	4	2600	2089	64000	303876
大　连					
济　南	1	1200	756	236000	25600
青　岛					
长三角	**13**	**4116**	**4064**	**231868**	**1390906**
上　海	3	958	922	23200	135249
南　京					
苏　州	2	316	315	14000	37200
无　锡					
常　州					
镇　江	1	1065	1060	68500	302000
南　通					
扬　州	2	375	373	30509	177700
泰　州					
杭　州	1	600	600	56654	70051
宁　波	1	180	180	800	208813
嘉　兴					
湖　州					
绍　兴	3	622	614	38205	459893
舟　山					
台　州					
珠三角	**1**	**344**	**303**	**19194**	**301254**
广　州	1	344	303	19194	301254
深　圳					
珠　海					
佛　山					
江　门					
东　莞					
中　山					
惠　州					
肇　庆					

2-21 商品交易市场情况(按营业状态分)

(常年营业)

地 区	市场数量(个)	总摊位数(个)	年末出租摊位数(个)	营业面积(平方米)	成交额(万元)
三大地带	**1854**	**1308598**	**1175635**	**95693228**	**514769329**
环 渤 海	**400**	**354804**	**321730**	**23845583**	**97173150**
北 京	128	118738	105653	6648201	33754691
天 津	64	45797	41733	4545667	17885479
唐 山	19	15406	12687	836940	3205994
沈 阳	56	59711	51693	2760058	12924013
大 连	41	33111	31919	1680113	13047116
济 南	33	21785	20838	1885556	4330453
青 岛	59	60256	57207	5489048	12025404
长 三 角	**1168**	**729597**	**673592**	**54781226**	**366541543**
上 海	156	73130	69087	7713449	88966262
南 京	44	37450	36286	2639352	10345132
苏 州	80	81676	75717	5905543	57350093
无 锡	58	45519	40513	5111904	36570796
常 州	57	43087	37534	5242757	19936501
镇 江	14	7199	6893	1030551	4806868
南 通	87	48246	44086	3342611	16669442
扬 州	59	20858	19892	1673570	7340868
泰 州	23	16391	14187	1734531	2931138
杭 州	183	97421	90989	4376085	35937225
宁 波	136	76761	70181	4382674	30604926
嘉 兴	64	53542	49713	3236623	13729696
湖 州	44	23356	21283	1821177	6016945
绍 兴	48	51699	49489	4192333	24590073
舟 山	13	6376	5781	338232	1692477
台 州	102	46886	41961	2039834	9053101
珠 三 角	**286**	**224197**	**180313**	**17066419**	**51054636**
广 州	146	105065	89104	8775687	24613182
深 圳	33	54684	34912	1653638	5573570
珠 海	9	4583	4227	122359	1513009
佛 山	32	16547	15086	3079911	6305042
江 门	8	3369	3084	157217	905962
东 莞	40	29334	23752	2798527	10310068
中 山	3	2527	2190	60620	61432
惠 州	6	5912	5866	370000	1594601
肇 庆	9	2176	2092	48460	177770

2-21 续表 1

(季节性营业)

地 区	市场数量（个）	总摊位数（个）	年末出租摊位数（个）	营业面积（平方米）	成交额（万元）
三大地带	**17**	**9873**	**7064**	**747976**	**902204**
环渤海	**10**	**7726**	**5214**	**524350**	**367064**
北 京	3	4156	2514	279000	148015
天 津	1	605	106	40000	23800
唐 山	1	1000	1000	33350	38300
沈 阳					
大 连					
济 南	1	310	307	19000	29080
青 岛	4	1655	1287	153000	127869
长三角	**6**	**2026**	**1750**	**198626**	**375140**
上 海					
南 京					
苏 州	2	336	245	24340	53350
无 锡					
常 州					
镇 江					
南 通	1	650	520	10000	38650
扬 州					
泰 州					
杭 州	1	168	113	3500	33490
宁 波	1	842	842	153586	201128
嘉 兴					
湖 州					
绍 兴	1	30	30	7200	48522
舟 山					
台 州					
珠三角	**1**	**121**	**100**	**25000**	**160000**
广 州					
深 圳					
珠 海	1	121	100	25000	160000
佛 山					
江 门					
东 莞					
中 山					
惠 州					
肇 庆					

2-21 续表 2

(其他)

地　区	市场数量(个)	总摊位数(个)	年末出租摊位数(个)	营业面积(平方米)	成交额(万元)
三大地带	**3**	**1089**	**530**	**117656**	**210807**
环 渤 海					
北　京					
天　津					
唐　山					
沈　阳					
大　连					
济　南					
青　岛					
长 三 角	**3**	**1089**	**530**	**117656**	**210807**
上　海	2	402	187	112656	201707
南　京					
苏　州	1	687	343	5000	9100
无　锡					
常　州					
镇　江					
南　通					
扬　州					
泰　州					
杭　州					
宁　波					
嘉　兴					
湖　州					
绍　兴					
舟　山					
台　州					
珠 三 角					
广　州					
深　圳					
珠　海					
佛　山					
江　门					
东　莞					
中　山					
惠　州					
肇　庆					

2-22 商品交易市场情况(按经营方式分)

(批发为主)

地 区	市场数量(个)	总摊位数(个)	年末出租摊位数(个)	营业面积(平方米)	成交额(万元)
三大地带	**1037**	**902820**	**804739**	**73981301**	**448840192**
环渤海	**240**	**239419**	**213668**	**18155656**	**78962687**
北 京	57	73359	61297	4440024	21824695
天 津	46	32790	29831	3719991	17011471
唐 山	13	11528	8863	714961	2919151
沈 阳	34	38709	34325	2016414	11246724
大 连	19	14497	14216	937220	11605978
济 南	26	17555	16859	1417279	3341890
青 岛	45	50981	48277	4909767	11012778
长三角	**601**	**479302**	**445359**	**40808141**	**324424398**
上 海	83	47440	44881	6525473	84023024
南 京	16	22006	20976	1616981	7761997
苏 州	49	70610	65851	4735991	55149723
无 锡	35	25010	20421	3475998	29509454
常 州	31	27402	24636	3988889	17048550
镇 江	7	4708	4628	863696	4584986
南 通	32	23555	21795	2205581	14629484
扬 州	34	11875	11189	1132270	6084667
泰 州	13	10322	8590	1448527	2326627
杭 州	101	64523	60157	2858825	30108156
宁 波	71	52674	50187	3367554	27864239
嘉 兴	30	33305	31981	2467427	11389060
湖 州	17	13043	11783	1305599	4836228
绍 兴	32	41611	39723	3449651	23070225
舟 山	4	2076	2076	135586	1342412
台 州	46	29142	26485	1230093	4695566
珠三角	**196**	**184099**	**145712**	**15017504**	**45453107**
广 州	113	91122	77038	8046581	22207586
深 圳	19	46271	27980	1344774	4852075
珠 海	5	2157	1862	119200	1575153
佛 山	21	12484	11611	2545271	4646252
江 门	3	1256	1234	110314	784618
东 莞	28	23003	18530	2530364	9906901
中 山	2	1922	1615	51000	45625
惠 州	5	5884	5842	270000	1434897
肇 庆					

2-22 续表

(零售为主)

地 区	市场数量(个)	总摊位数(个)	年末出租摊位数(个)	营业面积(平方米)	成交额(万元)
三大地带	**837**	**416740**	**378490**	**22577559**	**67042148**
环渤海	**170**	**123111**	**113276**	**6214277**	**18577527**
北 京	74	49535	46870	2487177	12078011
天 津	19	13612	12008	865676	897808
唐 山	7	4878	4824	155329	325143
沈 阳	22	21002	17368	743644	1677289
大 连	22	18614	17703	742893	1441138
济 南	8	4540	4286	487277	1017643
青 岛	18	10930	10217	732281	1140495
长三角	**576**	**253410**	**230513**	**14289367**	**42703092**
上 海	75	26092	24393	1300632	5144945
南 京	28	15444	15310	1022371	2583135
苏 州	34	12089	10454	1198892	2262820
无 锡	23	20509	20092	1635906	7061342
常 州	26	15685	12898	1253868	2887951
镇 江	7	2491	2265	166855	221882
南 通	56	25341	22811	1147030	2078608
扬 州	25	8983	8703	541300	1256201
泰 州	10	6069	5597	286004	604511
杭 州	83	33066	30945	1520760	5862559
宁 波	66	24929	20836	1168706	2941815
嘉 兴	34	20237	17732	769196	2340636
湖 州	27	10313	9500	515578	1180717
绍 兴	17	10118	9796	749882	1568370
舟 山	9	4300	3705	202646	350065
台 州	56	17744	15476	809741	4357535
珠三角	**91**	**40219**	**34701**	**2073915**	**5761529**
广 州	33	13943	12066	729106	2405596
深 圳	14	8413	6932	308864	721495
珠 海	5	2547	2465	28159	97856
佛 山	11	4063	3475	534640	1658790
江 门	5	2113	1850	46903	121344
东 莞	12	6331	5222	268163	403167
中 山	1	605	575	9620	15807
惠 州	1	28	24	100000	159704
肇 庆	9	2176	2092	48460	177770

2-23　商品交易市场情况(按经营环境分)

(露天式)

地　区	市场数量(个)	总摊位数(个)	年末出租摊位数(个)	营业面积(平方米)	成交额(万元)
三大地带	**211**	**118597**	**102227**	**13642547**	**54128876**
环渤海	**87**	**60656**	**46961**	**8056197**	**25754483**
北　京	20	23886	14816	2559901	13991368
天　津	18	12009	9783	1616459	2605222
唐　山	6	2093	2078	351816	824794
沈　阳	14	9690	8860	989300	4689761
大　连	3	1647	1310	190980	351971
济　南	8	4482	4337	340938	839522
青　岛	18	6849	5777	2006803	2451845
长三角	**94**	**46621**	**44347**	**4239126**	**23651110**
上　海	11	3492	3057	669981	2119575
南　京	5	1713	1672	112200	492895
苏　州	5	1528	1378	173039	264374
无　锡	7	2005	1149	228884	1216953
常　州	5	2090	2055	718496	2829402
镇　江	1	258	257	15196	3440101
南　通	5	1591	1587	51460	1026273
扬　州	7	2025	2004	171037	596607
泰　州	3	413	403	178800	233683
杭　州	16	3500	2992	228822	2445433
宁　波	13	21872	21803	777322	4657311
嘉　兴	1	200	180	112540	12058
湖　州	4	1151	1151	297709	139901
绍　兴	7	4427	4303	466200	3835825
舟　山					
台　州	4	356	356	37440	340719
珠三角	**30**	**11320**	**10919**	**1347224**	**4723283**
广　州	9	3583	3337	256054	627930
深　圳	3	2334	2334	81350	1029538
珠　海					
佛　山	5	845	845	230971	333470
江　门					
东　莞	8	3740	3618	600077	1750955
中　山					
惠　州	1	54	54	150000	930046
肇　庆	4	764	731	28772	51344

2-23 续表 1

(封闭式)

地 区	市场数量 (个)	总摊位数 (个)	年末出租摊位数 (个)	营业面积 (平方米)	成交额 (万元)
三大地带	**1428**	**1049728**	**942707**	**66103797**	**369756728**
环 渤 海	**292**	**263713**	**245955**	**13789635**	**62238831**
北 京	102	84816	79836	3838086	16576325
天 津	42	32770	30471	2802902	14830354
唐 山	12	10615	10431	326034	2177461
沈 阳	41	49821	42633	1765758	8141093
大 连	35	25552	24791	1191133	9589732
济 南	22	15543	15212	1142118	2635153
青 岛	38	44596	42581	2723604	8288713
长 三 角	**921**	**598657**	**551115**	**40640566**	**272227904**
上 海	113	55082	51625	3220332	76986258
南 京	38	35032	33909	2472152	9460594
苏 州	61	69185	63649	4581066	35172921
无 锡	38	29891	28393	3476690	17165652
常 州	42	34102	28816	3431916	13744666
镇 江	12	5035	4730	515355	948237
南 通	70	41970	38445	3039551	14803783
扬 州	40	14573	13999	1236695	6091974
泰 州	18	13769	11774	1483731	2294411
杭 州	153	87861	82010	3824512	25341302
宁 波	113	52597	46246	3547836	24871758
嘉 兴	59	52484	48829	2999373	13254856
湖 州	33	16327	14893	1292007	4018576
绍 兴	36	43999	42173	3430016	19274677
舟 山	11	5181	4586	231732	745469
台 州	84	41569	37038	1857602	8052770
珠 三 角	**215**	**187358**	**145637**	**11673596**	**35289993**
广 州	129	97306	81874	6190784	20874459
深 圳	24	46845	27489	1480993	4131517
珠 海	7	3728	3372	108959	1471759
佛 山	19	7520	6150	1618373	1654055
江 门	5	2124	1848	101476	347720
东 莞	24	21856	17210	2003603	6237842
中 山	2	1905	1695	49620	35312
惠 州	3	5647	5605	112000	494515
肇 庆	2	427	394	7788	42814

2-23　续表 2

(其他)

地　区	市场数量(个)	总摊位数(个)	年末出租摊位数(个)	营业面积(平方米)	成交额(万元)
三大地带	**235**	**151235**	**138295**	**16812516**	**91996736**
环 渤 海	**31**	**38161**	**34028**	**2524101**	**9546900**
北　京	9	14192	13515	529214	3335013
天　津	5	1623	1585	166306	473703
唐　山	2	3698	1178	192440	242039
沈　阳	1	200	200	5000	93159
大　连	3	5912	5818	298000	3105413
济　南	4	2070	1596	421500	884858
青　岛	7	10466	10136	911641	1412715
长 三 角	**162**	**87434**	**80410**	**10217816**	**71248476**
上　海	34	14958	14592	3935792	10062136
南　京	1	705	705	55000	391643
苏　州	17	11986	11278	1180778	21975248
无　锡	13	13623	10971	1406330	18188191
常　州	10	6895	6663	1092345	3362433
镇　江	1	1906	1906	500000	418530
南　通	13	5335	4574	261600	878036
扬　州	12	4260	3889	265838	652287
泰　州	2	2209	2010	72000	403044
杭　州	15	6228	6100	326251	8183980
宁　波	11	3134	2974	211102	1276985
嘉　兴	4	858	704	124710	462782
湖　州	7	5878	5239	231461	1858468
绍　兴	6	3303	3043	303317	1528093
舟　山	2	1195	1195	106500	947008
台　州	14	4961	4567	144792	659612
珠 三 角	**42**	**25640**	**23857**	**4070599**	**11201360**
广　州	8	4176	3893	2328849	3110793
深　圳	6	5505	5089	91295	412515
珠　海	3	976	955	38400	201250
佛　山	8	8182	8091	1230567	4317517
江　门	3	1245	1236	55741	558242
东　莞	8	3738	2924	194847	2321271
中　山	1	622	495	11000	26120
惠　州	2	211	207	108000	170040
肇　庆	3	985	967	11900	83612

2-24 商品交易市场成交情况(按摊位分)

地区	粮油、食品类		#粮油		#肉禽蛋类	
	摊位数(个)	成交额(万元)	摊位数(个)	成交额(万元)	摊位数(个)	成交额(万元)
三大地带	**336481**	**106947745**	**31281**	**13772351**	**53015**	**16976284**
环渤海	**107340**	**35600033**	**8795**	**4588586**	**11681**	**3730051**
北京	35443	17638372	2951	2246797	4976	2097848
天津	15418	6136766	2712	1242358	1106	632706
唐山	3758	1056712	324	96594	884	108755
沈阳	6778	2171974	819	313806	1151	137650
大连	6573	2210699	695	143478	1116	368961
济南	8014	1758211	339	65510	366	78271
青岛	31356	4627299	955	480043	2082	305860
长三角	**188033**	**55889560**	**17793**	**7620520**	**31632**	**9712045**
上海	20310	8274788	2753	731871	4080	2045051
南京	8446	3391462	1511	1317596	1478	155046
苏州	12344	5322714	800	420051	2900	1440543
无锡	7568	3386522	1378	664024	1226	866494
常州	5394	3246935	830	472253	1127	514470
镇江	899	280130	100	22376	220	32087
南通	17569	2682023	1802	138957	3634	744933
扬州	7176	3545265	944	248259	1289	391205
泰州	2696	1120488	137	401703	700	179924
杭州	25646	8210566	2199	1668179	5047	1599590
宁波	36344	5456060	981	506853	3037	560417
嘉兴	11229	2916771	1939	298290	2051	191886
湖州	8253	1856049	623	186517	1960	329234
绍兴	6107	2007282	583	327033	816	217417
舟山	3360	1159534	129	7174	185	50973
台州	14692	3032971	1084	209384	1882	392775
珠三角	**41108**	**15458152**	**4693**	**1563245**	**9702**	**3534188**
广州	10206	4391825	1432	290013	2251	640013
深圳	9435	3070390	1302	279653	1632	422146
珠海	3178	1630674	113	9726	486	221593
佛山	6011	1287578	181	65424	2343	754190
江门	2162	829499	265	57514	588	428415
东莞	7856	4064909	1253	848620	1714	999222
中山	918	39029	45	1033	226	11526
惠州	306	23359				
肇庆	1036	120889	102	11262	462	57083

2-24 续表 1

地 区	#水产品类		#蔬菜类		#干鲜果品类	
	摊位数（个）	成交额（万元）	摊位数（个）	成交额（万元）	摊位数（个）	成交额（万元）
三大地带	**78995**	**25669975**	**111916**	**23908828**	**50074**	**23692307**
环 渤 海	**17559**	**8009997**	**43180**	**9618692**	**20239**	**8195572**
北 京	4090	2392681	10621	4865013	8770	5218722
天 津	1499	1756096	7248	1367498	2742	1107847
唐 山	538	109026	1446	517698	546	218764
沈 阳	1703	780377	1133	194495	1199	520425
大 连	1127	720628	1860	409433	1295	299904
济 南	1491	670901	3191	737858	2621	204660
青 岛	7111	1580288	17681	1526697	3066	625250
长 三 角	**55629**	**16128616**	**55576**	**10691369**	**23089**	**10388941**
上 海	4339	2785772	6988	1554359	2096	1105127
南 京	1630	927637	2891	572052	890	413984
苏 州	2783	1471040	3173	753244	2297	401629
无 锡	952	407506	2475	455942	1338	933540
常 州	842	989965	1805	778237	550	490994
镇 江	100	18089	311	52953	168	144625
南 通	3989	729730	5767	488943	1976	531320
扬 州	1704	500232	2395	1384674	833	1020895
泰 州	689	324751	1003	143875	157	70235
杭 州	4210	1873282	9619	909202	3720	2068552
宁 波	21560	2243883	7449	1392406	1849	615571
嘉 兴	1698	224779	2849	785963	2561	1360301
湖 州	1839	439269	2463	424490	1236	450197
绍 兴	1047	500019	2604	524192	1038	437002
舟 山	1981	1046510	1024	50072	41	4805
台 州	6266	1646152	2760	420765	2339	340164
珠 三 角	**5807**	**1531362**	**13160**	**3598767**	**6746**	**5107794**
广 州	1486	632921	3863	1106480	940	1657299
深 圳	1632	413903	2855	1080577	2014	871502
珠 海	677	181885	1397	537479	454	673670
佛 山	1027	147221	2170	248460	290	71319
江 门	232	62787	401	7336	303	252047
东 莞	470	59857	1992	592237	2427	1560479
中 山	180	13481	224	6589	65	6400
惠 州					183	10336
肇 庆	103	19307	258	19609	70	4742

2-24 续表 2

地区	饮料类		烟酒类		服装、鞋帽、针纺织品类	
	摊位数(个)	成交额(万元)	摊位数(个)	成交额(万元)	摊位数(个)	成交额(万元)
三大地带	**11092**	**3942584**	**9965**	**3786220**	**356519**	**99914586**
环渤海	**3489**	**1087522**	**4177**	**1643851**	**94949**	**11204280**
北京	1385	539232	1596	950063	26673	848795
天津	499	118195	443	163650	10009	650495
唐山	294	49986	183	61945	4684	1003215
沈阳	104	42147	109	24212	22258	3783989
大连	317	113747	233	136015	12220	1643225
济南	812	182003	106	4735	4269	500064
青岛	78	42212	1507	303231	14836	2774497
长三角	**6438**	**2641206**	**5147**	**1873897**	**193727**	**76729247**
上海	759	77000	889	131561	10935	874954
南京	365	447423	243	552989	6689	763353
苏州	177	168450	199	126531	31514	24432860
无锡	387	121348	185	70652	7413	1482292
常州	945	659311	355	92916	5259	755882
镇江	33	2120	161	35395	1950	228422
南通	694	77284	783	156690	13866	11504764
扬州	177	102049	270	45417	4214	859806
泰州	139	8488	221	12545	3183	110157
杭州	1044	312879	596	236748	25706	5523979
宁波	251	117333	679	173536	8518	1544140
嘉兴	52	17872	51	42886	28059	7534474
湖州	217	62146	239	86722	4750	2129398
绍兴	983	424372	66	71539	32423	17556678
舟山					5	213
台州	215	43131	210	37770	9243	1427875
珠三角	**1165**	**213856**	**641**	**268472**	**67843**	**11981059**
广州	499	113393	194	62037	43581	8693789
深圳	327	22241	141	150850	6118	242024
珠海	33	1686	33	2313	754	29165
佛山	126	41273	71	25908	4578	1977493
江门	83	16362	88	12569	222	8279
东莞	69	17562	91	13375	7411	674400
中山	8	65	2	26	1252	22118
惠州	10	954	12	1197	3836	330412
肇庆	10	320	9	197	91	3379

2-24　续表 3

地　区	服装类		鞋帽类		针纺织品类	
	摊位数（个）	成交额（万元）	摊位数（个）	成交额（万元）	摊位数（个）	成交额（万元）
三大地带	**192759**	**31424821**	**43807**	**6475768**	**119953**	**62013997**
环渤海	**62541**	**6875933**	**16081**	**1775124**	**16327**	**2553223**
北　京	19103	606540	3976	101298	3594	140957
天　津	6978	423696	1992	148342	1039	78457
唐　山	3101	414210	972	411433	611	177572
沈　阳	12439	2592732	3836	247579	5983	943678
大　连	7231	876428	2277	292035	2712	474762
济　南	3081	274384	1056	217605	132	8075
青　岛	10608	1687943	1972	356832	2256	729722
长三角	**94226**	**21164638**	**19488**	**3665094**	**80013**	**51899515**
上　海	8006	745209	1062	28263	1867	101482
南　京	4146	552504	1042	105430	1501	105419
苏　州	18144	9047745	3456	1160721	9914	14224394
无　锡	2592	653042	1584	448925	3237	380325
常　州	2860	273432	885	93956	1514	388494
镇　江	979	81141	801	127951	170	19330
南　通	2366	186711	1090	109086	10410	11208967
扬　州	819	213627	1352	341950	2043	304229
泰　州	2311	75557	501	21861	371	12739
杭　州	17669	2681150	2238	79537	5799	2763292
宁　波	5584	839921	1002	349046	1932	355173
嘉　兴	19296	4014477	270	297602	8493	3222395
湖　州	2526	769733	360	45445	1864	1314220
绍　兴	2402	203656	404	71914	29617	17281108
舟　山	5	213				
台　州	4521	826520	3441	383407	1281	217948
珠三角	**35992**	**3384250**	**8238**	**1035550**	**23613**	**7561259**
广　州	23203	2661216	5401	872815	14977	5159758
深　圳	3582	120072	1325	46760	1211	75192
珠　海	453	6959	77	2339	224	19867
佛　山	621	68681	149	22528	3808	1886284
江　门	202	6903	14	832	6	544
东　莞	4084	276204	231	9914	3096	388282
中　山	1143	20448	109	1670		
惠　州	2624	221062	923	78048	289	31302
肇　庆	80	2705	9	644	2	30

2-24 续表 4

地区	化妆品类		金银珠宝类		日用品类	
	摊位数（个）	成交额（万元）	摊位数（个）	成交额（万元）	摊位数（个）	成交额（万元）
三大地带	**6557**	**844383**	**7200**	**2840311**	**71858**	**13822004**
环渤海	**2457**	**300085**	**2542**	**573130**	**20518**	**2721991**
北京	914	53095	1079	246793	8892	843679
天津	338	22478	63	52849	1932	162669
唐山	206	46241	8	5250	492	82245
沈阳	102	15126			5188	849085
大连	580	114835	164	24670	1720	524190
济南	36	1558	130	2320	831	32007
青岛	281	46752	1098	241248	1463	228116
长三角	**1674**	**397307**	**2101**	**2095798**	**33451**	**8291747**
上海	54	5627	42	5176	1741	2349971
南京	76	10878	33	5938	2273	377141
苏州	37	9407	183	147000	2723	587839
无锡	217	51006	78	8005	5339	1379015
常州	55	17667	22	17479	6428	1410195
镇江	36	1329	7	950	183	3118
南通	216	57676	25	2584	1363	177124
扬州	25	95607			728	200277
泰州	310	21743			471	17160
杭州	258	10486	366	960563	5108	711582
宁波	162	30569	101	2570	2676	381472
嘉兴	30	2592	4	386	713	86601
湖州	58	53297	2	175	160	41942
绍兴	5	75	1237	937032	753	224558
舟山					5	182
台州	135	29348	1	7940	2787	343570
珠三角	**2426**	**146991**	**2557**	**171383**	**17889**	**2808266**
广州	2041	115377	847	62136	14962	2593895
深圳	148	2805	790	40274	1392	32838
珠海	18	354	2	25	94	3248
佛山	32	16792	2	16	567	132219
江门	12	430			336	12137
东莞	3	30			51	1612
中山					2	71
惠州	172	11203	239	25731	417	29714
肇庆			677	43201	68	2532

2-24　续表 5

地　区	#儿童玩具类		五金、电料类		体育、娱乐用品类	
	摊位数（个）	成交额（万元）	摊位数（个）	成交额（万元）	摊位数（个）	成交额（万元）
三大地带	**6839**	**1213503**	**43227**	**9740974**	**3225**	**640079**
环 渤 海	**2460**	**315051**	**8727**	**2025155**	**1354**	**269750**
北　京	1007	63721	2121	183726	857	136149
天　津	71	4931	3122	922875	89	11263
唐　山	230	42230	252	85570	127	45695
沈　阳	775	99526	923	24716		
大　连	145	4970	793	202447	101	1999
济　南	73	3549	439	4629	50	2759
青　岛	159	96124	1077	601192	130	71885
长 三 角	**3241**	**785867**	**28520**	**6605627**	**1275**	**282476**
上　海	54	31499	4333	304112	251	41807
南　京	222	30403	919	238519	42	5102
苏　州	350	81404	3036	627147	229	122855
无　锡	503	388392	3347	893054	66	19252
常　州	143	22200	1885	645684	9	10478
镇　江	95	1625	29	2088	4	315
南　通	407	25890	1440	155199	142	10869
扬　州	475	116471	1153	572610		
泰　州	137	7251	1103	304409	129	5850
杭　州	170	15904	4269	1508885	69	12231
宁　波	347	6111	2467	438723	89	3083
嘉　兴	7	199	316	15051		
湖　州	38	23301	404	64993	11	958
绍　兴	128	14602	1081	437720	80	7194
舟　山						
台　州	165	20615	2738	397433	154	42482
珠 三 角	**1138**	**112585**	**5980**	**1110192**	**596**	**87853**
广　州	66	2214	2281	301228	112	16424
深　圳	399	11869	1367	83507	358	40625
珠　海	31	1318	21	871	8	477
佛　山	272	73522	222	78734	57	24932
江　门	50	1277			10	389
东　莞	11	612	1933	633621	2	21
中　山			3	60		
惠　州	309	21773	140	11703	47	4905
肇　庆			13	468	2	80

2-24 续表 6

地 区	#照相器材类		书报杂志类		电子出版物及音像制品类	
	摊位数(个)	成交额(万元)	摊位数(个)	成交额(万元)	摊位数(个)	成交额(万元)
三大地带	**334**	**39859**	**1155**	**164529**	**929**	**160501**
环渤海	**68**	**668**	**558**	**56523**	**226**	**27866**
北 京	3	438	249	28600	66	15115
天 津			22	278	24	1699
唐 山	65	230	3	1000	36	4248
沈 阳					5	27
大 连			80	13356	46	2091
济 南			20	230	10	150
青 岛			184	13059	39	4536
长三角	**188**	**35646**	**485**	**82301**	**176**	**25854**
上 海	175	34112	29	1099	14	3340
南 京			95	40566	16	6511
苏 州			51	8518	2	455
无 锡	1	63	143	8051	5	401
常 州			2	30	12	827
镇 江	2	205	5	138	8	204
南 通	10	1266	77	8989	53	8562
扬 州			4	377		
泰 州			1	4	25	360
杭 州			72	14496	2	27
宁 波			5	18		
嘉 兴						
湖 州					11	774
绍 兴			1	15	3	3656
舟 山						
台 州					25	737
珠三角	**78**	**3545**	**112**	**25705**	**527**	**106781**
广 州	70	3162	105	25667	9	541
深 圳					415	27697
珠 海	8	383	1	8		
佛 山			3	29	72	75274
江 门						
东 莞						
中 山						
惠 州					29	3105
肇 庆			3	1	2	164

2-24　续表 7

地　区	家用电器和音像器材类		中西药品类		#西药类	
	摊位数（个）	成交额（万元）	摊位数（个）	成交额（万元）	摊位数（个）	成交额（万元）
三大地带	**8283**	**1484511**	**960**	**355109**	**201**	**182549**
环 渤 海	**3184**	**437455**	**89**	**12412**	**72**	**11045**
北　京	1231	147628	43	6720	33	5421
天　津	103	10030	17	174	11	116
唐　山	126	53653	13	5000	13	5000
沈　阳	500	16584				
大　连	508	172839	11	462	10	452
济　南	460	2363				
青　岛	256	34358	5	56	5	56
长 三 角	**3184**	**835744**	**409**	**327538**	**117**	**170395**
上　海	333	51283	186	52042	5	1581
南　京	69	14813				
苏　州	697	32919	1	44	1	44
无　锡	257	107278	19	132209	13	50179
常　州	94	302450	51	111713	51	111713
镇　江	24	1415	28	1647	15	1104
南　通	185	34176	38	6590	29	5606
扬　州	39	898	5	149		
泰　州	243	43635				
杭　州	416	122994	14	634	3	168
宁　波	243	38304				
嘉　兴	4	186				
湖　州	5	329	8	548		
绍　兴	123	6145				
舟　山	18	1402				
台　州	434	77517	59	21962		
珠 三 角	**1915**	**211312**	**462**	**15159**	**12**	**1109**
广　州	1077	152539	428	13898	7	885
深　圳	640	29987	2	44	2	44
珠　海			5	311	1	134
佛　山	50	13001	10	152		
江　门	2	35	5	593		
东　莞			4	151	2	46
中　山						
惠　州	146	15750				
肇　庆			8	10		

2-24 续表 8

地　　区	#中草药及中成药类		文化办公用品类		#计算机及其配套产品	
	摊位数（个）	成交额（万元）	摊位数（个）	成交额（万元）	摊位数（个）	成交额（万元）
三大地带	**667**	**131842**	**22778**	**3583440**	**10026**	**1311577**
环 渤 海	**13**	**1324**	**7876**	**1425379**	**931**	**99155**
北　　京	10	1299	4517	921253	30	3918
天　　津	3	25	507	43998	7	12
唐　　山			368	105191	40	96
沈　　阳						
大　　连			1405	201240	362	10129
济　　南			460	16795	112	12000
青　　岛			619	136902	380	73000
长 三 角	**212**	**117240**	**9056**	**1688388**	**4481**	**855402**
上　　海	181	50461	957	195943	647	154439
南　　京			341	70925	209	50400
苏　　州			338	159980	5	650
无　　锡	4	65030	753	170795	311	105738
常　　州			419	61724	311	37268
镇　　江	13	543	16	1057	6	650
南　　通	9	984	371	95929	39	3083
扬　　州	4	124	311	213657	200	85200
泰　　州			137	2853	20	150
杭　　州	1	98	2325	272721	1147	142768
宁　　波			1448	195025	1035	146860
嘉　　兴			126	22527	110	20004
湖　　州			21	4575		
绍　　兴			206	61341	185	54362
舟　　山						
台　　州			1287	159336	256	53830
珠 三 角	**442**	**13278**	**5846**	**469673**	**4614**	**357020**
广　　州	421	13013	1738	194141	1206	149247
深　　圳			3598	220890	3178	187636
珠　　海	3	103	7	310		
佛　　山	10	152	288	35360	230	20137
江　　门			21	477		
东　　莞			46	2484		
中　　山						
惠　　州			148	16011		
肇　　庆	8	10				

2-24　续表 9

地　区	家具类		通讯器材类		煤炭及制品类	
	摊位数（个）	成交额（万元）	摊位数（个）	成交额（万元）	摊位数（个）	成交额（万元）
三大地带	**34092**	**5556461**	**11066**	**1070493**	**992**	**4874258**
环 渤 海	**11221**	**1652860**	**2012**	**303266**	**817**	**2557269**
北　京	4432	823915	1107	234859	1	2
天　津	998	38509	84	33766	809	2552970
唐　山	157	12761	35	15500	5	4200
沈　阳	2011	216034	2	169		
大　连	1162	84885	515	10043		
济　南	998	152676	215	2361		
青　岛	1463	324080	54	6568	2	97
长 三 角	**22007**	**3820115**	**3486**	**358097**	**175**	**2316989**
上　海	2186	195751	140	10048	1	565
南　京	1656	384373	2	25		
苏　州	5444	1206095	939	37502	7	2902
无　锡	820	181076	219	35062	56	622801
常　州	1058	190689	139	11404		
镇　江	13	1802	21	1307	9	294
南　通	948	158641	82	14461		
扬　州	653	149890				
泰　州	1355	75192			37	2650
杭　州	1359	207094	727	122768		
宁　波	2044	310899			55	1666802
嘉　兴	225	23567				
湖　州	1416	360746	2	175	2	175
绍　兴	1211	256900			8	20800
舟　山	1452	67007				
台　州	167	50393	1215	125345		
珠 三 角	**864**	**83486**	**5568**	**409130**		
广　州	357	19304	651	65310		
深　圳	269	24960	4768	314396		
珠　海			5	207		
佛　山	209	37235	13	17835		
江　门			1	20		
东　莞	29	1987	40	1728		
中　山						
惠　州			88	9450		
肇　庆			2	184		

2-24 续表 10

地区	木材及制品类		石油及制品类		化工材料及制品类	
	摊位数（个）	成交额（万元）	摊位数（个）	成交额（万元）	摊位数（个）	成交额（万元）
三大地带	**15084**	**3990641**	**435**	**14378249**	**18155**	**28264429**
环渤海	**1602**	**206822**	**193**	**6133000**	**1114**	**399101**
北京	390	32204			173	26295
天津	62	12499			315	333574
唐山	133	3908	3	3000	8	5000
沈阳	291	54502			511	20232
大连	424	20127	190	6130000	107	14000
济南						
青岛	302	83582				
长三角	**11524**	**2768502**	**242**	**8245249**	**13187**	**23438475**
上海	1364	431753	160	6138000	837	872730
南京	755	217851				
苏州	666	239485			5879	7863200
无锡	675	31862			717	3489807
常州	3371	571015			1399	2200000
镇江	6	265	12	6796	51	91711
南通	359	37275			35	19865
扬州	238	112505				
泰州					98	14543
杭州	403	129220	3	213263	206	400991
宁波	795	172261	65	1886705	3310	7958561
嘉兴					8	6180
湖州	2272	764091			5	565
绍兴	182	37469	2	485	292	357562
舟山						
台州	438	23450			350	162760
珠三角	**1958**	**1015317**			**3854**	**4426853**
广州	1084	777342			267	58623
深圳	50	6800			392	197753
珠海	2	160				
佛山						
江门					2	17
东莞	822	231015			3193	4170460
中山						
惠州						
肇庆						

2-24 续表 11

地区	#化肥类		金属材料类		建筑及装潢材料类	
	摊位数（个）	成交额（万元）	摊位数（个）	成交额（万元）	摊位数（个）	成交额（万元）
三大地带	**103**	**16798**	**38511**	**138002218**	**90862**	**16708484**
环渤海	**10**	**5091**	**8154**	**9130022**	**15449**	**2768804**
北京	1	8	333	39776	4983	779707
天津	6	2583	1700	4198744	1391	194088
唐山	3	2500	581	386997	932	60531
沈阳			4302	2933375	3524	778585
大连			146	196674	1447	100512
济南			507	167184	795	194090
青岛			585	1207272	2377	661291
长三角	**91**	**11690**	**28334**	**124186117**	**70747**	**13160266**
上海			3931	62362938	13036	2351288
南京			719	2058212	12598	1158775
苏州			2183	13075727	5336	709344
无锡	3	3171	6385	20629829	3662	1332691
常州			878	2514854	3949	1849567
镇江	4	637	295	3512983	930	143520
南通	7	145	453	87562	3179	606559
扬州			562	285645	2160	501791
泰州	75	5260	517	479268	2315	341854
杭州	2	2477	3511	10015568	7816	1142613
宁波			4232	7325411	3942	1362026
嘉兴			1256	416818	4442	607868
湖州					2413	321169
绍兴			1725	1108226	1502	385330
舟山					59	3545
台州			1687	313076	3408	342326
珠三角	**2**	**17**	**2023**	**4686079**	**4666**	**779414**
广州			566	4059094	2551	255239
深圳			176	3803	212	27919
珠海			2	103		
佛山			656	531999	1362	393939
江门	2	17			50	14300
东莞			623	91080	491	88017
中山						
惠州						
肇庆						

2-24 续表 12

地　区	机电产品及设备类		#农机类		汽车类	
	摊位数（个）	成交额（万元）	摊位数（个）	成交额（万元）	摊位数（个）	成交额（万元）
三大地带	**13550**	**3722561**	**1115**	**217210**	**30395**	**37820006**
环渤海	**2462**	**769348**	**271**	**79414**	**10618**	**14916646**
北　京	356	153552			4390	8882289
天　津	744	388548	1	26	1880	1758958
唐　山	13	7500	4	2000	243	97916
沈　阳	359	18676			2519	1715935
大　连	610	100000			175	965775
济　南	143	23698	38	1688	1036	1232773
青　岛	237	77374	228	75700	375	263000
长三角	**10345**	**2762768**	**664**	**92986**	**15738**	**17737309**
上　海	567	97055	20	2900	2261	3423972
南　京	45	7570	21	3660	325	528751
苏　州	1448	227104			470	848746
无　锡	253	180185	4	1016	1129	2153823
常　州	1259	221484	418	57758	1250	1833664
镇　江	919	176187	81	10866	5	2282
南　通	267	65751	57	8207	419	203421
扬　州	237	28422	63	8579	394	135536
泰　州	455	289505				
杭　州	2420	805958			5851	4494923
宁　波	145	64241			826	605386
嘉　兴	342	13254			1767	1118324
湖　州	21	2155			518	215833
绍　兴	255	62213			1	95
舟　山	881	395404			1	65190
台　州	831	126280			521	2107363
珠三角	**743**	**190445**	**180**	**44810**	**4039**	**5166051**
广　州	370	52908			2734	1854646
深　圳	168	84665			112	432000
珠　海						
佛　山	202	52332	180	44810	268	1479856
江　门						
东　莞	3	540			847	309799
中　山						
惠　州					78	1089750
肇　庆						

2-24 续表 13

地 区	种子饲料类		棉麻类		其他类	
	摊位数（个）	成交额（万元）	摊位数（个）	成交额（万元）	摊位数（个）	成交额（万元）
三大地带	**632**	**69657**	**1171**	**2154297**	**48055**	**11043610**
环渤海	**253**	**13069**	**65**	**759**	**15498**	**1303816**
北 京	5	237	65	759	6866	369891
天 津	8	1450			1262	98754
唐 山	4	2100			1023	38930
沈 阳	223	8996			1984	249649
大 连					2392	63285
济 南					1814	78927
青 岛	13	286			157	404380
长三角	**360**	**55768**	**1106**	**2153538**	**24945**	**8357607**
上 海	12	733	101	9113	3845	905320
南 京					579	63955
苏 州	14	430	55	5125	2333	1450164
无 锡					820	83780
常 州	9	501	549	1421308	2743	1788724
镇 江	5	238			1244	311155
南 通	164	18465	157	72470	1721	445163
扬 州	3	100	48	2422	1495	488445
泰 州					752	80434
杭 州	1	15			2914	539511
宁 波	145	34942			2481	1037987
嘉 兴			196	643100	893	261239
湖 州	5	319			490	49811
绍 兴	2	25			1271	671883
舟 山						
台 州					1364	180036
珠三角	**19**	**820**			**7612**	**1382187**
广 州	12	328			2432	733498
深 圳					4034	517102
珠 海					164	3097
佛 山	4	459			283	82626
江 门					90	10855
东 莞	3	33			235	7244
中 山					5	63
惠 州					198	21357
肇 庆					171	6345

第三部分　市场篇

简要说明：

本篇资料的主要内容是按成交额排名居前列的大型商品交易市场的名称，包括按照市场类别划分的综合市场、专业市场等。

3-1 前100家商品交易市场

序号	市场名称	序号	市场名称
1	上海物贸有色金属交易市场	51	桐乡市濮院羊毛衫市场(嘉兴市)
2	中国常熟服装城(苏州市)	52	江苏凌家塘市场发展有限公司(常州市)
3	张家港玖隆物流园企业管理有限公司(苏州市)	53	北京大洋路农副产品市场
4	中国东方丝绸市场(苏州市)	54	济宁蔬菜批发市场有限责任公司
5	白沟新城市场(保定市)	55	安庆市光彩大市场
6	浙江省义乌市中国小商品城(金华市)	56	杭州萧山商业城
7	张家港保税区化工品交易中心有限公司(苏州市)	57	齐鲁国际塑化城(淄博市)
8	中国轻纺城(绍兴市)	58	广州江南果菜批发市场
9	博兴县兴福镇黑白铁市场(滨州市)	59	江苏湖塘纺织城投资发展有限公司(常州市)
10	江阴长江港口物流园区交易中心(无锡市)	60	无锡南方不锈钢市场
11	成都国际商贸城	61	重庆市观音桥农贸市场
12	上海石化物资交易中心有限公司	62	湖南省三湘南湖大市场(长沙市)
13	大连石油交易所	63	天津港散货交易市场有限责任公司
14	南通市通州区志浩综合市场	64	商丘农产品中心批发市场
15	叠石桥国际家纺城有限公司(南通市)	65	广州钢铁交易中心
16	余姚市中国塑料城(宁波市)	66	苏州南环桥市场发展股份有限公司
17	北京市丰台新发地农副产品批发市场	67	湖南钢材大市场(长沙市)
18	海城市西柳服装市场(鞍山市)	68	上海外高桥钟表交易中心有限公司
19	广州市海珠区中大布匹市场	69	江苏南华物流有限公司(南京市)
20	钱清中国轻纺原料城(绍兴市)	70	福州市南方钢材物流中心
21	山东泰山钢材大市场(泰安市)	71	东莞市信立农副产品批发中心
22	石家庄市新华集贸市场	72	杭州城北金属材料市场有限公司
23	北京市旧机动车交易市场	73	武汉白沙洲农副产品大市场
24	河南万邦国际农产品物流股份有限公司(郑州市)	74	江苏八里钢铁市场(徐州市)
25	盐湖区禹都市场(运城市)	75	洛阳市洛龙区关林市场管委会
26	沈阳五爱小商品批发市场	76	聊城大东钢管市场
27	浙江中国科技五金城集团有限公司(金华市)	77	东莞市华南塑胶城投资有限公司
28	南三条市场(石家庄市)	78	浙江长三角石油化工发展有限公司(宁波市)
29	新疆宝新恒源钢材物流园(乌鲁木齐市)	79	即墨市服装批发市场(青岛市)
30	浙江新世纪金属材料现货市场(杭州市)	80	成都濛阳农副产品综合批发交易市场
31	张家港保税区纺织原料市场有限公司(苏州市)	81	广东西樵轻纺城(佛山市)
32	江苏东方钢材城有限公司(无锡市)	82	天津市王顶堤批发市场有限责任公司
33	江阴市金属材料市场(无锡市)	83	合肥周谷堆农产品批发市场股份有限公司
34	惠龙港国际钢铁物流股份有限公司(镇江市)	84	福州海峡水产品交易市场
35	安徽省徽商钢材市场(合肥市)	85	广东鱼珠物流基地有限公司广东鱼珠国际建材市场(广州市)
36	朝天门市场(重庆市)	86	宁波镇海液体化工产品交易市场
37	江苏华东石化物资交易市场(无锡市)	87	沧州崔尔庄红枣批发市场
38	中储发展股份有限公司天津储宝分公司	88	重庆万吨冷储物流交易中心
39	湖南高桥大市场(长沙市)	89	中南汽车世界大中南汽车贸易公司(长沙市)
40	绍兴越州轻纺工贸园区市场	90	中国织里童装市场(湖州市)
41	南京众彩农副产品批发市场有限公司	91	无锡市国联金属材料市场有限公司
42	长葛市新区钢材市场(许昌市)	92	浙江纺织采购博览城(杭州市)
43	长沙市红星实业集团有限公司农副产品大市场	93	江苏宣武集团市场(徐州市)
44	大连双兴商品城有限公司	94	北京城北回龙观商品交易市场
45	无锡招商城市场管理有限公司	95	北京锦绣大地农副产品批发市场
46	宁波镇海大宗生产资料交易中心	96	昆明螺蛳湾国际商贸城一期市场
47	临沂市万宝市场开发服务有限公司钢材市场分公司	97	宁波市镇海煤炭交易市场有限公司
48	南昌市洪城大市场	98	南昌深圳农产品中心批发市场有限公司
49	亳州市(中国)中药材交易中心	99	青岛市城阳蔬菜水产品批发市场
50	河北省香河家具城(廊坊市)	100	江苏长江塑料化工交易市场有限公司(常州市)

3-2 前100家综合贸易市场

序号	市场名称	序号	市场名称
1	白沟新城市场(保定市)	51	深圳市福田农产品批发市场
2	浙江省义乌市中国小商品城(金华市)	52	重庆市永川区商贸城
3	北京市丰台新发地农副产品批发市场中心	53	柳州市柳邕农副产品批发市场有限公司
4	盐湖区禹都市场(运城市)	54	北京八里桥农产品中心批发市场
5	浙江中国科技五金城集团有限公司(金华市)	55	山东黑马集团有限公司商贸批发市场(德州市)
6	南三条市场(石家庄市)	56	湖北北盟投资集团有限公司(襄阳市)
7	朝天门市场(重庆市)	57	无锡朝阳农产品大市场
8	湖南高桥大市场(长沙市)	58	贵阳地利农产品物流园有限公司
9	南京众彩农副产品批发市场有限公司	59	路南区荷花坑市场(唐山市)
10	长沙市红星实业集团有限公司农副产品大市场	60	江苏亚邦物流市场(常州市)
11	大连双兴商品城有限公司	61	姜堰华东五金城市场经营管理有限公司(泰州市)
12	无锡招商城市场管理有限公司	62	南通农副产品物流有限公司
13	南昌市洪城大市场	63	商丘市光彩大市场
14	江苏凌家塘市场发展有限公司	64	中国芜湖商品交易博览城
15	北京大洋路农副产品市场	65	阜阳临沂商城
16	安庆市光彩大市场	66	四川好一新商贸城有限公司(达州市)
17	杭州萧山商业城	67	闽南商业城批发市场(漳州市安泰物业服务有限公司)
18	重庆市观音桥农贸市场管理处	68	慈溪市农副产品批发市场(宁波市)
19	湖南省三湘南湖大市场(长沙市)	69	正定县恒山板材批发市场(石家庄市)
20	商丘农产品中心批发市场	70	南京金桥市场管理有限公司
21	苏州南环桥市场发展股份有限公司	71	重庆马家岩板材批发市场
22	东莞市信立农副产品批发中心	72	大足区龙水五金市场(重庆市)
23	洛阳市洛龙区关林市场	73	九江市京九农副产品中心批发市场
24	成都濛阳农副产品综合批发交易市场	74	宁波轻纺城
25	天津市王顶堤批发市场有限责任公司	75	中国龙水五金旅游城(重庆市)
26	合肥周谷堆农产品批发市场股份有限公司	76	安徽省广德县农贸市场(宣城市)
27	北京城北回龙观商品交易市场	77	南宁市桂果香果品有限公司五里亭蔬菜批发市场
28	北京锦绣大地农副产品批发市场	78	涵江商贸批发中心(莆田市)
29	南昌深圳农产品中心批发市场有限公司	79	正定国际小商品市场(石家庄市)
30	海吉星农产品批发市场(深圳市)	80	诸暨市小商品市场(绍兴市)
31	烟台市三站市场	81	余姚市农副产品批发市场(宁波市)
32	上海江杨农产品批发市场经营管理有限公司	82	乐山西南农产品综合批发市场
33	聊城香江光彩大市场有限公司	83	慈溪市工业品批发市场(宁波市)
34	北京农产品中央批发市场	84	长兴县农副产品综合批发市场(湖州市)
35	松北区润恒农副产品大市场(哈尔滨市)	85	皖西北商贸城(阜阳市)
36	宿迁经济开发区宿迁义乌商贸城管理公司	86	张家港市青草巷农副产品批发市场(苏州市)
37	成都农产品中心批发市场	87	安徽省广德县太极商城(宣城市)
38	华南国际工业原料城(深圳)有限公司	88	天津金元宝滨海农产品交易市场有限公司
39	新疆华凌工贸集团有限公司华凌综合市场(乌鲁木齐市)	89	湖北汉口四季美农贸市场有限公司(武汉市)
40	蚌埠市光彩市场	90	成都市海霸王冷藏物流交易市场
41	上海九星综合市场经营管理有限公司	91	蚌埠海吉星农产品物流有限公司
42	江苏苏浙皖边界市场发展有限公司(常州市)	92	邵东县工业品市场(邵阳市)
43	即墨小商品城(青岛市)	93	江阴市江南农副产品批发市场有限公司(无锡市)
44	哈尔滨哈达农副产品股份有限公司	94	重庆市万州区小天鹅批发市场
45	北京顺鑫石门农产品批发市场	95	北京鼎好天地电子市场
46	上海农产品中心批发市场	96	兰州瑞德摩尔城市购物广场(兰新)
47	监利县天府庙大市场(荆州市)	97	台州市路桥小商品批发市场
48	中国北方五金城(天津市)	98	广州南天(国际)酒店用品批发市场
49	赣南贸易广场(赣州市)	99	中国矿业设备博览城(淮北市)
50	扬州曲江商品城有限公司	100	邯郸市魏县天仙果菜批发市场

3-3 前100家专业市场

序号	市场名称	序号	市场名称
1	上海物贸有色金属交易市场	51	武汉白沙洲农副产品大市场
2	中国常熟服装城(苏州市)	52	江苏八里钢铁市场(徐州市)
3	张家港玖隆物流园企业管理有限公司(苏州市)	53	东莞市华南塑胶城投资有限公司
4	中国东方丝绸市场(苏州市)	54	聊城大东钢管市场
5	张家港保税区化工品交易中心有限公司(苏州市)	55	浙江长三角石油化工发展有限公司(石油化工交易中心)(宁波市)
6	中国轻纺城(绍兴市)	56	即墨市服装批发市场(青岛市)
7	博兴县兴福镇黑白铁市场(滨州市)	57	广东西樵轻纺城(佛山市)
8	江阴长江港口物流园区交易中心(无锡市)	58	福州海峡水产品交易市场
9	成都国际商贸城	59	广东鱼珠物流基地有限公司广东鱼珠国际建材市场(广州市)
10	上海石化物资交易中心有限公司	60	宁波镇海液体化工产品交易市场
11	大连石油交易所	61	重庆万吨冷储物流交易中心
12	南通市通州区志浩综合市场	62	沧州崔尔庄红枣批发市场
13	叠石桥国际家纺城有限公司(南通市)	63	中南汽车世界大中南汽车贸易公司(长沙市)
14	余姚市中国塑料城(宁波市)	64	中国织里童装市场(湖州市)
15	海城市西柳服装市场(鞍山市)	65	无锡市国联金属材料市场有限公司
16	广州市海珠区中大布匹市场	66	浙江纺织采购博览城(杭州市)
17	钱清中国轻纺原料城(绍兴市)	67	江苏宣武集团市场(徐州市)
18	山东泰山钢材大市场(泰安市)	68	昆明螺蛳湾国际商贸城一期市场
19	石家庄市新华集贸市场	69	宁波市镇海煤炭交易市场有限公司
20	北京市旧机动车交易市场	70	青岛市城阳蔬菜水产品批发市场
21	河南万邦国际农产品物流股份有限公司(郑州市)	71	江苏长江塑料化工交易市场有限公司(常州市)
22	沈阳五爱小商品批发市场	72	淄川建材城(淄博市)
23	新疆宝新恒源钢材物流园(乌鲁木齐市)	73	常州市武进汽车城投资发展有限公司
24	浙江新世纪金属材料现货市场(杭州市)	74	长春北方汽贸城市场运营物业管理
25	张家港保税区纺织原料市场有限公司(苏州市)	75	重庆巨龙钢材市场
26	江苏东方钢材城有限公司(无锡市)	76	东莞市大京九塑胶原料市场
27	江阴市金属材料市场(无锡市)	77	常州淮都金属城有限公司
28	惠龙港国际钢铁物流股份有限公司(镇江市)	78	中国(十堰)汽配城管理委员会
29	安徽省徽商钢材市场(合肥市)	79	北京盛华宏林粮油批发市场
30	江苏华东石化物资交易市场(无锡市)	80	常州市武进夏溪花木市场发展有限公司
31	中储发展股份有限公司天津储宝分公司	81	天津空港北方汽车交易市场有限公司
32	绍兴越州轻纺工贸园区市场	82	新疆九鼎盛和果品批发市场(乌鲁木齐市)
33	长葛市新区钢材市场(许昌市)	83	徐州区域生产资料市场有限公司
34	宁波镇海大宗生产资料交易中心	84	碑廓木材市场(日照市)
35	临沂市万宝市场开发服务有限公司钢材市场分公司	85	成都市量力钢材物流有限公司
36	亳州市(中国)中药材交易中心	86	安国市东方药城交易大厅(保定市)
37	桐乡市濮院羊毛衫市场(嘉兴市)	87	萧山(浙江)新农都物流中心(杭州市)
38	河北省香河家具城(廊坊市)	88	肃宁县皮毛交易市场(沧州市)
39	济宁蔬菜批发市场有限责任公司	89	海宁中国皮革城(嘉兴市)
40	齐鲁国际塑化城(淄博市)	90	无锡不锈钢市场
41	广州江南果菜批发市场经营管理有限公司	91	圣地狮岭(国际)皮革皮具城有限公司(广州市)
42	江苏湖塘纺织城投资发展有限公司(常州市)	92	绿云石都建材交易城(重庆市)
43	无锡南方不锈钢市场	93	江西省洪城汽配城(南昌市)
44	天津港散货交易市场有限责任公司	94	滕州市杏花村干杂货市场(枣庄市)
45	广州钢铁交易中心	95	宁波华东物资城
46	湖南钢材大市场(长沙市)	96	成都西联钢铁有限公司
47	上海外高桥钟表交易中心有限公司	97	长春汽车批发中心市场
48	江苏南华物流有限公司(南京市)	98	重庆市渝南汽车交易市场
49	福州市南方钢材物流中心	99	浙江大唐轻纺袜业城(绍兴市)
50	杭州城北金属材料市场有限公司	100	杭州机动车交易市场有限公司

3-4 前20家生产资料综合市场

序号	市场名称
1	浙江中国科技五金城集团有限公司(金华市)
2	安庆市光彩大市场
3	上海九星综合市场经营管理有限公司
4	湖北北盟投资集团有限公司(襄阳市)
5	正定县恒山板材批发市场(石家庄市)
6	重庆马家岩板材批发市场
7	江苏华东灯具城(镇江市)
8	武汉市舵落口大市场
9	宁波万国商城
10	浙江世纪建材装饰市场管理有限公司(杭州市)
11	成都国融金府机电城
12	阿克苏市农哈哈农资市场
13	新雪域农产品交易中心(遵义市)
14	丰县招商场(徐州市)
15	宁海县红枫生资建材综合市场(宁波市)
16	无锡五洲国际装饰城有限公司
17	浙江汇宇棉纱市场(杭州市)
18	长兴太平洋商贸城市场服务有限公司(湖州市)
19	武安市建材市场(邯郸市)
20	博兴县城东大市场(滨州市)

3-5 前20家工业消费品综合市场

序号	市场名称
1	白沟新城市场(保定市)
2	浙江省义乌市中国小商品城(金华市)
3	南三条市场(石家庄市)
4	朝天门市场(重庆市)
5	湖南高桥大市场(长沙市)
6	无锡招商城市场管理有限公司
7	南昌市洪城大市场
8	湖南省三湘南湖大市场(长沙市)
9	洛阳市洛龙区关林市场
10	烟台市三站市场
11	聊城香江光彩大市场有限公司
12	宿迁经济开发区宿迁义乌商贸城管理公司
13	华南国际工业原料城(深圳)有限公司
14	蚌埠市光彩市场
15	即墨小商品城(青岛市)
16	扬州曲江商品城有限公司
17	重庆市永川区商贸城
18	山东黑马集团有限公司商贸批发市场(德州市)
19	江苏亚邦物流市场(常州市)
20	商丘市光彩大市场(商丘市)

3-6 前20家农产品综合市场

序号	市场名称
1	北京市丰台新发地农副产品批发市场中心
2	南京众彩农副产品批发市场有限公司
3	长沙市红星实业集团有限公司农副产品大市场
4	江苏凌家塘市场发展有限公司(常州市)
5	北京大洋路农副产品市场
6	重庆市观音桥农贸市场
7	商丘农产品中心批发市场
8	苏州南环桥市场发展股份有限公司
9	东莞市信立农副产品批发中心
10	成都濛阳农副产品综合批发交易市场有限责任公司
11	天津市王顶堤批发市场有限责任公司
12	合肥周谷堆农产品批发市场股份有限公司
13	北京城北回龙观商品交易市场
14	南昌深圳农产品中心批发市场有限公司
15	海吉星农产品批发市场(深圳市)
16	上海江杨农产品批发市场经营管理有限公司
17	北京农产品中央批发市场
18	松北区润恒农副产品大市场(哈尔滨市)
19	成都农产品中心批发市场
20	哈尔滨哈达农副产品股份有限公司

3-7 前20家其他综合市场

序号	市场名称
1	盐湖区禹都市场(运城市)
2	大连双兴商品城有限公司
3	杭州萧山商业城
4	北京锦绣大地农副产品批发市场有限责任公司
5	新疆华凌工贸集团有限公司华凌综合市场(乌鲁木齐市)
6	江苏苏浙皖边界市场发展有限公司
7	监利县天府庙大市场(监利县天府庙大市场实业公司)(荆州市)
8	中国北方五金城(天津市)
9	赣南贸易广场(赣州市)
10	路南区荷花坑市场(唐山市)
11	姜堰华东五金城市场经营管理有限公司(泰州市)
12	阜阳临沂商城
13	闽南商业城批发市场(漳州市安泰物业服务有限公司)
14	南京金桥市场管理有限公司
15	九江市京九农副产品中心批发市场
16	安徽省广德县太极商城(宣城市)
17	中国矿业设备博览城(淮北市)
18	重庆渝州交易城
19	江西联信大市场(南昌市)
20	通辽市团结路贸易区

3-8 前20家农业生产用具市场

序号	市场名称
1	高阳县庞口汽车农机配件城(保定市)
2	肥东县裕隆市场建设投资有限公司(合肥市)
3	宁晋县大陆村镇农机配件市场(邢台市)
4	南昌县农机大市场
5	长葛市金桥农机商贸市场(许昌市)
6	通辽经济技术开发区农机市场
7	湖南农机产业园(湘潭市)
8	常州农机机电市场有限公司
9	临邑县农机大市场(德州市)
10	平度市农机及配件市场(青岛市)
11	西北农资城(银川市)
12	陵县农机市场(德州市)
13	佛山市南海东方国际机械广场
14	武城县农机大世界(德州市)
15	平度市机动车配件城(青岛市)
16	伊宁市城东综合批发市场
17	湘潭农机机电大市场
18	新乐市三轮车市场(石家庄市)
19	扎兰屯市蒙东农机具交易市场(呼伦贝尔市)
20	阜城县崔庙镇粮保器材批发市场(衡水市)

3-9 前20家农用生产资料市场

序号	市场名称
1	漳州闽南饲料批发市场
2	新沂市农资市场(徐州市)
3	中国荣昌畜牧产品交易市场(重庆市)
4	南宁市种畜场饲料兽药禽苗市场
5	临邑县金家园农资市场(德州市)
6	七西农资批发市场(德州市)
7	海兴县辛集镇鱼子鱼粉市场(沧州市)
8	闽西粮油饲料城(龙岩市)
9	南阳惠农达农资市场
10	供销农资批发市场(怀化市)
11	菏泽市牡丹区农业科技市场
12	石河子市种子交易市场
13	武鸣县农资专业市场(南宁市)
14	徐州大自然牧业市场有限公司
15	通辽经济技术开发区农资市场
16	宁波禽蛋饲料市场
17	邢台市第一农业生产资料总公司
18	八步区八达饲料市场(贺州市)
19	永州市农业生产资料市场
20	宁津县生产资料市场(德州市)

3-10 12家煤炭市场

序号	市场名称
1	天津港散货交易市场有限责任公司
2	宁波市镇海煤炭交易市场有限公司
3	通辽经济技术开发区煤炭市场
4	天津市煤炭交易市场有限公司
5	平罗县煤炭集中区服务中心(石嘴山市)
6	十堰市恒贸煤炭市场
7	万全县逯家湾煤炭市场(张家口市)
8	万全县马连堡煤炭市场(张家口市)
9	盂县煤炭运销公司发运站(阳泉市)
10	大同市新荣区公路煤炭交易市场
11	温宿县煤炭联合销售有限责任公司(南疆煤炭交易中心)(阿克苏地区)
12	宝坻区煤炭钢材仓储交易市场(天津市)

3-11 前20家木材市场

序号	市场名称
1	碑廓木材市场(日照市)
2	浙江南浔建材市场(湖州市)
3	华东胶合板市场(临沂市)
4	广东鱼珠国际木材市场(广州市)
5	常州长贸中心市场发展有限公司
6	通辽经济技术开发区木材市场
7	鲁北木材市场(德州市)
8	东莞市厚街兴业木材装饰市场
9	浙江贺村木业市场(衢州市)
10	宁波现代家园市场
11	华岩陶瓷市场有限公司(重庆市)
12	仓山区上渡林产品交易市场开发有限公司(福州市)
13	上海金翔木材批发市场经营管理有限公司
14	郓城县黄安木材交易市场(菏泽市)
15	扬州兴森木业有限公司
16	丰县木材市场(徐州市)
17	青岛市金胶州木材市场
18	邹城市兴隆大市场(济宁市)
19	柳州市柳北兴林竹木加工基地
20	上海晋福木制品有限公司(联东)

3-12 前20家建材市场

序号	市场名称
1	福州市南方建材市场
2	长葛市九鼎美达建材市场(许昌市)
3	宁波江北华东物资城浙甬市场开发有限公司
4	新世界建材市场(重庆市)
5	新疆华凌建材出口基地(乌鲁木齐市)
6	山东罗庄建材批发市场(临沂市)
7	江西省装潢建材大市场有限责任公司(南昌市)
8	金华市浙中建筑装饰材料市场有限公司
9	成都市西南石材交易市场
10	青岛启城建材批发市场
11	大港国际建材城(成都市)
12	成都富森美家居置业有限公司
13	常州市常鹏装饰材料市场有限公司
14	沈阳红旗台石材市场
15	江苏省华东石材市场(无锡市)
16	安徽金太阳装饰城(滁州市)
17	禧龙建筑装饰材料大市场(哈尔滨市)
18	四川省俊翔市场管理有限公司(成都市)
19	海南金盛达家居建材商城(海口市)
20	青龙国际建材装饰城(成都市)

3-13 前20家化工材料及制品市场

序号	市场名称
1	张家港保税区化工品交易中心有限公司(苏州市)
2	余姚市中国塑料城(宁波市)
3	江苏华东石化物资交易市场(无锡市)
4	齐鲁国际塑化城(淄博市)
5	东莞市华南塑胶城投资有限公司
6	宁波镇海液体化工产品交易市场
7	江苏长江塑料化工交易市场有限公司(常州市)
8	东莞市大京九塑胶原料市场
9	东莞市樟木头塑胶原料市场
10	江苏万商商贸城有限责任公司(常州市)
11	上海中山化工市场经营管理有限公司
12	绍兴染料城
13	天津危险化学品交易市场经营管理有限公司
14	中央空调配件城(德州市)
15	张家港保税区华东化工电子交易市场有限公司(苏州市)
16	成都西部化工市场有限公司
17	临沂鲁南化工市场
18	武城县滕庄镇玻璃钢原料市场(德州市)
19	河北衡水橡胶城
20	温州化工市场

3-14 前20家金属材料市场

序号	市场名称
1	上海物贸有色金属交易市场
2	张家港玖隆物流园企业管理有限公司(苏州市)
3	博兴县兴福镇黑白铁市场(滨州市)
4	江阴长江港口物流园区交易中心(无锡市)
5	山东泰山钢材大市场(泰安市)
6	新疆宝新恒源钢材物流园(乌鲁木齐市)
7	浙江新世纪金属材料现货市场(杭州市)
8	江苏东方钢材城有限公司(无锡市)
9	江阴市金属材料市场(无锡市)
10	惠龙港国际钢铁物流股份有限公司(镇江市)
11	安徽省徽商钢材市场(合肥市)
12	中储发展股份有限公司天津储宝分公司
13	长葛市新区钢材市场(许昌市)
14	宁波镇海大宗生产资料交易中心
15	临沂市万宝市场开发服务有限公司钢材市场分公司
16	无锡南方不锈钢市场
17	广州钢铁交易中心
18	湖南钢材大市场(长沙)
19	江苏南华物流有限公司(南京市)
20	福州市南方钢材物流中心

3-15 前20家机械设备市场

序号	市场名称
1	徐州区域生产资料市场有限公司
2	临清市烟店轴承市场(聊城市)
3	成都万贯五金机电市场经营管理有限公司
4	湛江海田新五金机电产品批发市场
5	浙江船舶交易市场(舟山市)
6	庆云县万通机车市场(德州市)
7	杭州长城机电市场
8	湘潭市长株潭大市场
9	长沙市设备交易中心
10	陈家坪机电市场有限公司(重庆市)
11	庆云县金融机具礼品市场(德州市)
12	无锡市机电五金市场有限公司
13	西安蔚蓝机电市场有限公司
14	常州怡康五金机电市场有限公司
15	渝州五金市场(重庆市)
16	北京经开万佳国际机械商城
17	双峰县湘中农机机电大市场(娄底市)
18	高新机电批发配送中心(重庆)
19	杭州南方浙金机电市场有限公司
20	乐清市柳市电器城(温州市)

3-16 前20家其他生产资料市场

序号	市场名称
1	上海石化物资交易中心有限公司
2	大连石油交易所
3	浙江长三角石油化工发展有限公司(石油化工交易中心)
4	乌兰浩特市融佳建材市场有限责任公司
5	湛江海田建饰材料综合批发市场
6	浙江华东能源交易中心(宁波市)
7	浙江物产金属材料市场(杭州市)
8	嘉善汾湖金属材料交易市场(嘉兴市)
9	广西百色市南大建材综合市场有限公司
10	莱阳市恒基建材批发市场(烟台市)
11	新疆通汇市场有限公司(乌鲁木齐市)
12	中国西部模具城(重庆市)
13	新疆华凌工贸(集团)有限责任公司华凌市场(巴州)
14	温州浙江皮革市场
15	莆田市黄石鞋服城(莆田市荔城区荔隆置业有限公司)
16	北京益麒麟家居建材广场市场中心
17	晏城镇建材市场(德州市)
18	黑龙江先锋农业生产资料交易市场有限公司
19	昆山市亿丰装饰机电城物业管理有限公司(苏州市)
20	长春生产资料交易市场

3-17 前20家粮油市场

序号	市场名称
1	北京盛华宏林粮油批发市场有限公司(市场)
2	临沂鲁南国际粮油市场
3	贵阳市谷丰粮油食品批发市场有限公司
4	杭州农副产品物流中心浙江食品市场
5	河南万邦庆丰粮油市场服务有限公司(郑州市)
6	连云港市农副产品批发市场有限公司
7	黄河商品交易市场有限公司(德州市)
8	南方粮食交易市场(九江市)
9	遵义兴邦粮油物流有限责任公司
10	杭州粮油批发交易市场有限公司
11	兴化市粮食交易市场(泰州市)
12	河南万客来食品城(郑州市)
13	天津市兴耀粮油食品批发市场有限公司
14	东莞市华恒实业投资有限公司
15	大庆市粮食综合批发市场
16	北京锦绣大地玉泉路粮油经营有限公司
17	江苏无锡国家粮食储备库
18	西安粮油批发交易市场
19	扬州东方国际食品城
20	沈阳粮食批发市场

3-18 前20家肉禽蛋市场

序号	市场名称
1	重庆万吨冷储物流交易中心
2	无锡天鹏菜篮子工程有限公司
3	中南农产品市场(佛山市)
4	杭州农副产品物流中心冷冻食品交易市场
5	邯郸市馆陶县金凤禽蛋农贸批发市场
6	江门市水产冻品副食市场物业管理有限公司
7	上海江桥批发市场经营管理有限公司曹杨分公司
8	南昌县小蓝禽蛋批发市场
9	扬州朝苏农副畜产品冷冻食品批发市场
10	苏州食品有限公司肉食品批发交易市场
11	广州市嘉禾禽畜交易服务中心
12	广西淡村商贸城有限公司(南宁市)
13	合肥徽商城农产品批发市场有限公司
14	上海市江桥批发市场经营管理有限公司华江分公司
15	杭州农副产品物流中心五和肉类交易市场
16	佛山市南海创贸投资有限公司
17	张家港市第一集贸市场有限公司(苏州市)
18	南昌肉类联合加工厂肉食品批发市场
19	双城市黑龙江省新胜蛋禽批发市场(哈尔滨市)
20	金华新辰冻品市场

3-19 前20家水产品市场

序号	市场名称
1	武汉白沙洲农副产品大市场
2	福州海峡水产品交易市场
3	青岛市城阳蔬菜水产品批发市场
4	湛江市霞山区水产品批发市场
5	四季水产物流港(郑州市)
6	北京大红门京深海鲜批发市场
7	舟山水产品中心批发市场有限责任公司
8	日照市岚山区安东卫海货城市场
9	上海铜川水产经营管理有限公司
10	上海东方国际水产中心市场经营管理有限公司
11	烟台九田国际水产品批发市场管理有限公司
12	岚山鲜活水产城(日照市)
13	长春东北亚物流农贸水产市场
14	西三街农副水产品市场(重庆市)
15	杭州农副产品物流中心水产品交易市场
16	天津市食品公司冷冻厂
17	安东卫国际水产城(日照市)
18	马王堆海鲜水产批发市场(长沙市)
19	浙江象山水产城实业有限公司(宁波市)
20	诸城市龙海水产品批发市场(潍坊市)

3-20 前20家蔬菜市场

序号	市场名称
1	济宁蔬菜批发市场有限责任公司
2	江苏联谊农副产品批发市场(扬州市)
3	周口市黄淮物流港农产品批发市场有限公司
4	东宁县雨润绥阳木耳大市场有限公司(牡丹江市)
5	庆云县蔬菜水果批发市场(德州市)
6	寿光市农产品物流园有限公司(潍坊市)
7	新疆九鼎恒兴蔬菜批发市场(乌鲁木齐市)
8	山东金乡大蒜国际交易市场(济宁市)
9	上海市江桥批发市场经营管理有限公司
10	金乡县鱼山农副产品批发市场(济宁市)
11	马王堆蔬菜批发市场(长沙市)
12	咸阳新阳光西北农副产品交易中心
13	陈砦蔬菜批发市场(郑州市)
14	衢州农贸城
15	嘉兴市蔬菜批发交易市场
16	南充川北农产品交易有限公司
17	饶阳县瓜菜果品交易市场(衡水市)
18	秦皇岛海阳农副产品批发市场
19	江苏淮海蔬菜批发交易市场有限公司(徐州市)
20	临汾市尧都区奶牛场尧丰农产品批发市场

3-21 前20家干鲜果品市场

序号	市场名称
1	广州江南果菜批发市场经营管理有限公司
2	沧州崔尔庄红枣批发市场
3	新疆九鼎盛和果品批发市场(乌鲁木齐市)
4	滕州市杏花村干杂货市场(枣庄市)
5	蓝特商业城(蓝特集团有限公司)(荆州市)
6	嘉兴水果市场
7	珠海市铭海投资发展有限公司农副产品批发物流中心
8	昆明金马正昌第二果品市场
9	金华农产品批发市场有限公司
10	赣州市南北大市场
11	滕州市嘉誉市场(枣庄市)
12	扬州市广陵区东花园副食品批发市场
13	东莞市果菜副食交易市场
14	杭州农副产品物流中心果品批发市场
15	齐齐哈尔市哈达农果品副产品综合市场
16	沈阳果品批发市场
17	杭州近江食品市场
18	中宁县国际枸杞交易中心
19	鲁中果品批发市场(淄博市)
20	江苏亚联农副产品有限公司(扬州市)

3-22 前20家棉麻土畜、烟叶市场

序号	市场名称
1	江苏湖塘纺织城投资发展有限公司(常州市)
2	武城县老城棉花交易市场(德州市)
3	武城县银山棉花市场(德州市)
4	昌黎县佳朋皮毛交易市场(秦皇岛市)
5	中国茧丝绸交易市场(嘉兴市)
6	宁波市江北浙东轻纺城经营服务中心
7	陵县皮毛市场(德州市)
8	扎兰屯市蒙东牲畜交易市场有限责任公司(呼伦贝尔市)
9	内蒙古中绒绒业有限公司(兴安盟)
10	夏津县棉花交易中心(德州市)
11	新野县棉花交易市场(南阳市)
12	临泉县瓦店山羊交易市场(阜阳市)
13	宁津县刘营伍乡棉花市场(德州市)
14	无棣县西小王乡枣棉市场(滨州市)
15	海宁市西山皮革原辅料市场(嘉兴市)
16	乌兰浩特市中野畜牧有限责任公司(兴安盟)
17	围场满族蒙古族自治县棋盘山大牲畜交易市场(承德市)
18	巨野县锦源棉花加工市场(菏泽市)
19	阜宁县陈集镇苗猪交易市场(盐城市)
20	凌源市三十家子大牲畜交易市场(朝阳市)

3-23 前20家其他农产品市场

序号	市场名称
1	河南万邦国际农产品物流股份有限公司(郑州市)
2	萧山(浙江)新农都物流中心(杭州市)
3	天津市金钟河蔬菜贸易中心
4	北京京丰岳各庄农副产品批发市场
5	顾家岗农贸市场(十堰市)
6	玉林宏进农副产品批发市场
7	成都市农副产品批发中心(有限公司)
8	山东黑马集团有限公司农贸批发市场(德州市)
9	浙北农副产品交易中心有限公司(湖州市)
10	甘肃省食品股份有限公司肉食水产批发市场(兰州市)
11	温州菜篮子农副产品批发交易市场
12	吉安农产品批发市场有限公司
13	绍兴市蔬菜果品批发交易市场
14	上海浦南农副产品批发市场经营管理有限公司
15	即墨市农产品批发市场(青岛市)
16	珠海市和平物流综合市场有限公司农产品批发市场
17	芜湖大地农副产品批发市场
18	濉溪县中瑞农副产品有限责任公司(淮北市)
19	诸暨市农副产品批发市场(绍兴市)
20	自贡川南农副产品批发市场

3-24 前20家食品饮料市场

序号	市场名称
1	庆云县酒水副食市场(德州市)
2	慈溪市周巷副食品批发市场
3	沈阳温州城商品交易市场
4	青龙路市场(泰安市)
5	成都西博西南食品城
6	大连长兴购物中心有限公司
7	杭州江南食品市场
8	南昌县莲塘综合市场
9	常州市金三角食品市场有限公司
10	商丘市白云副食品批发市场
11	承德市裕华路市场
12	邵阳市湘运大市场
13	火车站日用品批发城(十堰市)
14	重庆万隆小食品批发市场
15	永川区玉屏市场(重庆市)
16	南宁市交易场
17	山东东方圣都副食品批发市场(济宁市)
18	福建省长汀县市场发展总公司(龙岩市)
19	王氏商城(泸州市)
20	迎宾大市场(德州市)

3-25 前20家茶叶市场

序号	市场名称
1	浙江浙南茶叶市场有限公司(丽水市)
2	新昌县江南名茶市场(绍兴市)
3	安溪茶叶批发市场(泉州市)
4	安徽江南第一茶市(芜湖市)
5	济南博茗茶叶市场
6	德州金华茶城有限公司
7	宜昌三峡国际旅游茶城
8	淳安千岛湖茶叶市场(杭州市)
9	邵武市茶叶交易市场(南平市)
10	广州市穗芳东兴实业有限公司
11	西安金康茶叶街市场(西安金康茶文化传播有限公司)
12	横县横州城北市场有限公司茶叶市场(南宁市)
13	杭州西湖茶叶市场
14	昆明雄达茶文化城有限公司
15	横县横州城北市场有限公司茉莉花市场(南宁市)
16	上海大宁国际茶城市场经营管理有限公司
17	湄潭县西南茶城(遵义市)
18	武义县茶城(金华市)
19	浙江遂昌龙谷名茶市场开发有限公司(丽水市)
20	北京市京华沅茶叶市场有限公司

3-26 14家烟酒市场

序号	市场名称
1	即墨市东关副食品批发市场(青岛市)
2	乐陵市中心市场(德州)
3	宁波保税区进出口葡萄酒市场
4	魏县当歌酒类专业批发市场(邯郸市)
5	滨州市姜家副食品批发市场
6	湘乡市烟酒副食大市场(湘潭市)
7	丹徒区宝堰集贸市场(镇江市)
8	滕州市荆西副食品批发交易市场(枣庄市)
9	临邑县副食品批发市场(德州市)
10	鹰潭市干鲜果综合批发市场
11	临邑县兴隆街综合市场(德州市)
12	郏县新城批发市场(平顶山)
13	龙山副食批发城(聊城市)
14	博山区掩的小商品批发市场(淄博市)

3-27 前20家其他食品饮料烟酒市场

序号	市场名称
1	哈尔滨南极批发市场
2	义乌市副食品市场(金华市)
3	贵阳海恒农副产品批发市场
4	天津韩家墅海吉星农产品物流有限公司
5	常熟华东食品城管理有限公司(苏州市)
6	温州浙闽副食品商城
7	兰州金港物业服务有限公司
8	枝江市五柳树市场(宜昌市)
9	山东省潍坊青州市副食品批发市场
10	漕冲糖酒批发市场(合肥市)
11	五一大市场(衡阳市)
12	宣州区九洲市场(宣城市)
13	宁波市二号桥市场
14	恒盛(菏泽)大市场有限公司
15	无锡广益商城副食品批发市场
16	江苏沿海商业运营管理有限公司沿海市场(南通市)
17	福鼎市闽浙边贸商城(宁德市)
18	宜兴市金三角副食城(无锡市)
19	宁津县闫沙副食品批发市场(德州市)
20	桐乡市副食品批发市场(嘉兴市)

3-28 前20家布料及纺织品市场

序号	市场名称
1	中国东方丝绸市场(苏州市)
2	中国轻纺城(绍兴市)
3	南通市通州区志浩综合市场
4	叠石桥国际家纺城有限公司(南通市)
5	广州市海珠区中大布匹市场
6	钱清中国轻纺原料城(绍兴市)
7	张家港保税区纺织原料市场有限公司(苏州市)
8	绍兴越州轻纺工贸园区市场
9	广东西樵轻纺城(佛山市)
10	中国织里童装市场(湖州市)
11	浙江纺织采购博览城(杭州市)
12	浙江大唐轻纺袜业城(绍兴市)
13	嘉兴市南方丝绸市场开发有限公司
14	嘉兴毛衫城
15	潍坊星河国际轻纺城
16	海宁中国家纺装饰城(嘉兴市)
17	高阳县纺织商贸城(保定市)
18	河北省邯郸市冀南针纺城
19	温州商贸城
20	杭州汽车东站小商品市场有限公司

3-29 前20家服装市场

序号	市场名称
1	中国常熟服装城(苏州市)
2	石家庄市新华集贸市场
3	桐乡市濮院羊毛衫市场(嘉兴市)
4	即墨市服装批发市场(青岛市)
5	海宁中国皮革城(嘉兴市)
6	昆明螺蛳湾国际商贸城二期市场
7	汉正街名牌服饰(武汉市)
8	成都荷花池大成市场
9	石狮市服装城(泉州市)
10	灯塔佟二堡海宁皮革城有限责任公司(辽阳市)
11	路桥中国日用品商城(泰州市
12	杭州意法服饰城有限公司
13	四季青服装集团有限公司(杭州市)
14	市西大市场(贵阳市)
15	广州白马服装市场
16	临沂华丰服装城
17	安徽白马服装城(合肥市)
18	灯塔市香港时代广场(辽阳市)
19	台农服装城(福州市)
20	无锡东方国际轻纺城集团有限公司

3-30 前20家鞋帽市场

序号	市场名称
1	中国西南鞋材交易中心(重庆)
2	荔湾站西鞋城(广州市荔湾区站西鞋城管委会)
3	鸦鸿桥河西村鞋市(唐山市)
4	桐乡市洲泉足佳鞋材市场(嘉兴市)
5	扬州市江都区苏中皮革商贸有限公司
6	商丘市梁园区梁园市场
7	临沂市鞋帽批发市场
8	锦绣国际商贸城有限公司(西安市)
9	广州市华南鞋业百货城
10	东方皮革商城管理处(镇江市)
11	菏泽市牡丹区牡丹商贸城
12	温州浙南鞋料市场
13	山东齐鲁鞋城(济南市)
14	济南众鑫鞋城
15	即墨市蓝村皮鞋专业市场(青岛市)
16	台州横峰鞋业市场
17	沧州富华鞋城有限公司
18	沈阳南塔鞋城有限责任公司
19	天津市瑞景国际鞋城
20	哈尔滨鞋类批发市场

3-31 前20家其他纺织服装鞋帽市场

序号	市场名称
1	海城市西柳服装市场(鞍山市)
2	沈阳五爱小商品批发市场
3	江苏宣武集团市场(徐州市)
4	昆明螺蛳湾国际商贸城一期市场
5	瑞安商城(温州市)
6	庆云县宝艺服装城(德州市)
7	玛克威商厦服装鞋帽批发大市场(哈尔滨市)
8	重庆市万州商贸城
9	南京玉桥商业广场管理有限公司
10	赣州市龙都商城
11	淮安市汇通市场
12	常德市鼎城桥南市场
13	武城县老城华兴服装市场(德州市)
14	鸦鸿桥镇小商品城(唐山市)
15	常州市路桥日用品商城有限公司
16	株洲南大门市场
17	安顺市小商品批发市场
18	怀化市中心市场
19	江苏九洲投资集团有限公司常州服装城分公司
20	溧阳市工商企业服务中心(常州市)

3-32 前20家小商品市场

序号	市场名称
1	中国庆云小商品城现代批发市场(德州市)
2	临沂小商品城
3	苏州市钱万里桥小商品市场有限公司
4	中国自行车零件城(邢台市)
5	常州市金三角小商品批发市场有限公司
6	十堰韩国小商品城
7	永嘉县桥头钮扣市场(温州)
8	北京天意新商城市场
9	常州市九龙小商品批发市场
10	北京世纪天鼎商品交易市场
11	临沂沂隆市场
12	广州市万菱广场
13	兴发广场(广州市宏发企业有限公司)
14	菏泽市牡丹区小商品城
15	日照太阳城市场
16	福州市台江区小商品批发商场
17	北京市百荣世贸商城市场
18	广州市白云南方钟表城
19	广州眼镜城
20	广州安华美博城

3-33 10家图书、报刊杂志市场

序号	市场名称
1	郑州锦宏实业有限公司
2	长沙文化广场定王台书市
3	南京长三角出版物批发市场
4	广州图书市场有限公司
5	北京图书批发交易市场
6	青岛市文化市场
7	武汉华创版业发展有限公司
8	杭州文化商城有限公司
9	大连市图书城
10	苏州文化市场有限公司

3-34 前20家其他日用品及文化用品市场

序号	市场名称
1	上海外高桥钟表交易中心有限公司
2	温州礼品城
3	武汉莱特纸张油墨市场
4	临沂华东橡胶塑料市场分公司
5	浙江缝配城(金华市)
6	武汉市科振经贸有限公司纸张油墨市场
7	重庆中兴塑料市场
8	莆田妈祖工艺城开发有限公司
9	广州沙溪国际酒店用品城有限公司
10	白云世界皮具贸易中心(广州市)
11	博山陶琉大观园国际商贸城(淄博市)
12	浙江眼镜城(台州市)
13	温州文化用品市场开发有限公司
14	临沂市大陆商业村
15	台州国际塑料城
16	重庆公路运输(集团)有限公司休闲娱乐品市场
17	武汉天翔灯饰城
18	杭州凯巨电脑市场
19	重庆泰兴E世界电子市场
20	钟表配套市场有限公司(深圳市)

3-35 前20家黄金、珠宝、玉器首饰市场

序号	市场名称
1	杭州国际珠宝城
2	诸暨华东国际珠宝城(绍兴市)
3	江苏东海县水晶市场(连云港市)
4	福州特艺城
5	上塘珠宝交易市场(莆田市)
6	北京世纪万特国际珠宝市场有限公司
7	青岛市中韩小商品城
8	苏州渭塘珍珠市场
9	青岛国际工艺品城
10	中国宝石城(潍坊市)
11	中国玉都玉器展销市场(揭阳市)
12	广州市荔湾广场物业管理有限公司
13	通辽市露天市场
14	阿拉善大漠奇石文化产业园
15	福州光明桥珠宝玉石城
16	北京红桥市场有限责任公司
17	四会市玉器市场(肇庆市)
18	岫岩满族自治县荷花玉器交易市场(鞍山市)
19	喀什市艾提尕物业股份有限公司(喀什艾提尕尔巴扎市场)
20	中原国际黄金珠宝交易中心(郑州市)

3-36 前20家家电市场

序号	市场名称
1	安徽信地大市场（合肥市）
2	临沂家电厨卫城
3	睢阳区港澳大世界（商丘市）
4	怀化市河西家电城
5	南阳家电大世界
6	盘锦市兴隆台区环球电子商贸中心
7	洛阳聚客隆实业有限公司家电市场
8	邵阳市日恒电器城
9	浙江省家电市场（杭州市）
10	泰州市嘉城经济发展有限公司
11	金华家电市场
12	广州市越秀区海印电器总汇
13	温州家电市场
14	中南灯具市场（德州市）
15	广东广物专业市场投资管理有限公司（广州市）
16	南昌长运商贸城
17	永川区家电批发市场（重庆市）
18	邵东县家电市场（邵阳市）
19	菏泽市牡丹区中原商城
20	上海商务中心家电市场

3-37 前20家通讯器材市场

序号	市场名称
1	重庆大坪百货有限责任公司新浪通通讯器材交易市场
2	华中通信广场（武汉市）
3	重庆赛博迈特数码广场有限公司
4	苏州赛格电子市场管理有限公司
5	延吉市中关村电子科技大厦
6	广州市天河电脑城数码科技有限公司
7	郑州通讯大世界
8	海龙电子城（石家庄市）
9	茅箭区邮电街手机市场（十堰市）
10	百脑汇电脑广场（广州市）
11	杭州通信器材市场
12	上海智力电子商务创新服务园区
13	义乌通信市场（金华市）
14	阜新市华园手机电脑商厦
15	E时代电讯市场（长沙市）
16	深圳桑达电子通讯市场有限公司
17	深圳市远望数码商城
18	长沙市宝新通信器材批发市场
19	武陵3C批发市场（重庆市）
20	吉林省安华通信集团有限公司（长春市）

3-38 前20家计算机及辅助设备市场

序号	市场名称
1	哈尔滨工程大学科技园发展有限公司船舶电子大世界
2	北京海龙电子城
3	长春科技城物业服务有限公司
4	河南科技园区（郑州）
5	长沙国储电脑城
6	西安赛格电脑城（西安赛格商贸有限公司）
7	北京中关村科贸电子城
8	深圳赛格电子市场
9	E世界(北京)电子市场有限公司
10	福州大利嘉城电子市场
11	宁波市江东区颐高市场
12	新疆百花村电脑城（乌鲁木齐市）
13	哈尔滨锦秀教化电子大世界有限公司
14	扬州银河电子城有限公司
15	上海环宇太平洋数码市场经营管理有限公司
16	长沙鼎星投资咨询有限公司合峰电脑城
17	温州电脑市场
18	百脑汇数码科技广场（临沂市）
19	广西南宁电子科技广场有限公司
20	重庆泰兴通信电脑市场

3-39 前20家中药材市场

序号	市场名称
1	成都国际商贸城
2	亳州市（中国）中药材交易中心
3	安国市东方药城交易大厅（保定市）
4	东北土特产品交易中心（铁岭市）
5	玉林中药材专业市场
6	邵东县廉桥药都市场（邵阳市）
7	长白山人参市场投资发展有限公司（白山市）
8	禹州中药材市场（许昌市）
9	樟树中药材专业市场（宜春市）
10	文山三七国际交易中心
11	集安市清河人参交易市场有限公司（通化市）
12	康美（普宁）中药材专业市场（揭阳市）
13	山东省鄄城县舜王城中药材市场（菏泽市）
14	磐安县浙八味特产市场（金华市）
15	太和县李兴镇中药材交易市场（阜阳市）
16	上海维韩保健品市场经营管理有限公司
17	牛营子药材交易中心（赤峰市）
18	华东农贸综合市场（温州市）
19	青海新千商务管理有限公司（西宁市）
20	西安万寿路中药材批发市场北二区实业有限公司

3-40 前20家家具市场

序号	市场名称
1	河北省香河家具城(廊坊市)
2	重庆铠恩国际家居名都经营有限公司
3	中国古典工艺博览城(莆田市)
4	浙江东阳中国木雕城(金华市)
5	江苏蠡口国际家具城有限公司(苏州市)
6	庆云县装饰材料城(德州市)
7	成都八益家具城
8	河南中博股份有限公司(郑州市)
9	临沂汇海隆家居Mall
10	盘锦市金地物业管理有限公司(汇美家饰)
11	常州市红星家具装饰城
12	淄博市周村区沙发城市场
13	赣州市家具大市场
14	重庆红星美凯龙世博家居生活广场有限责任公司
15	义乌家具市场(金华市)
16	正定三才家具市场(石家庄市)
17	南京家乐家商业广场有限公司
18	霸州宾鹏钢木家具城(廊坊市)
19	凭祥市浦寨边民互市点(崇左市)
20	北京城外诚家居广场市场

3-41 前20家装饰材料市场

序号	市场名称
1	淄川建材城(淄博市)
2	上饶市信州区江南商贸城
3	仙桃市恒迪建材市场
4	芜湖市长江市场园
5	上海恒大建材市场管理股份有限公司
6	嘉兴市建材陶瓷市场
7	扬州商城集团公司
8	重庆马家岩大川建材市场管理有限公司
9	新凤朝装饰材料市场(衢州市)
10	无锡家居建材市场
11	徐州新世纪建材装饰城
12	湖南万家丽家居建材市场(长沙市)
13	长沙市马王堆陶瓷建材城恒广区
14	江苏省宜兴建材装璜市场(无锡市)
15	华源大市场(衡阳市)
16	九江市华东装饰材料市场
17	铜陵大市场
18	沭阳浙江商城管理有限公司(宿迁市)
19	云南博美建材城一期(昆明市)
20	凤凰城名优建材城(郑州市)

3-42 18家灯具市场

序号	市场名称
1	常州市武进邹区灯具城
2	临沂灯具城
3	成都金府灯具城
4	温州东方灯具市场
5	菜园坝城外城灯饰市场(重庆市)
6	潼南县时代灯具市场开发有限公司(重庆市)
7	沈阳张士灯具市场
8	云南菊花灯具市场(昆明市)
9	南岸区南坪灯饰广场(重庆市)
10	南通东星灯饰城有限公司
11	青岛灯具市场
12	同泰灯具城(陕西同泰实业有限公司)(西安市)
13	山东灯具批发市场(济南市)
14	杭州灯具市场有限公司
15	湖州市灯具大市场
16	阜城县古城灯具批发市场(衡水市)
17	大连友谊灯饰批发市场
18	北京十里城灯饰批发市场

3-43 前20家五金材料市场

序号	市场名称
1	浙江建华五金机电市场有限公司(杭州市)
2	潍坊豪德贸易广场
3	常熟国际汽配城(苏州市)
4	东莞市迎海商贸城有限公司
5	成都市金府五金机电交易市场
6	中国轴承大世界(邢台市)
7	浙江南方五金城(绍兴市)
8	滨州市新兴市场
9	临沂市五金市场
10	天津市珠江达润五金城
11	江苏省扬州汽车运输集团公司福运门五金交电批发市场
12	无锡金桥商贸城市场有限公司
13	常州市江南五金机电城市场管理有限公司
14	长沙市五金机电大市场
15	怀化市河西建材市场
16	浙江温西工量刃具交易中心(台州市)
17	浙江时代电子市场有限公司(杭州市)
18	台州市机电五金城
19	常州德嘉美吉特科技五金城有限公司
20	山东德尔利建材市场(德州市)

3-44 前20家其他装修市场

序号	市场名称
1	泰安市光彩大市场
2	常熟建筑装饰材料市场有限公司(苏州市)
3	北京居然之家投资控股集团有限公司(市场)
4	浙江石狮商贸城(绍兴市)
5	金盛国际家居市场经营管理有限公司(南京市)
6	南京红太阳商业大世界有限公司
7	魏县天龙建筑建材批发市场(邯郸市)
8	益阳市银城大市场
9	胶东家具装饰材料批发市场(烟台市)
10	杭州陶瓷品市场
11	中国家具城(沈阳市)
12	滁州国际商城
13	德清莫干山卢球商贸中心有限公司(湖州市)
14	盐城高力国际家居港有限公司
15	哈尔滨红旗家装饰城
16	富安居(国际)家具建材广场(南宁市)
17	福州南方石材批发市场
18	湖州亿丰建材城发展有限公司
19	喀什韩真源投资有限责任公司(喀什开源综合建材市场)
20	兰州雁滩家具市场

3-45 前20家汽车市场

序号	市场名称
1	北京市旧机动车交易市场
2	中南汽车世界大中南汽车贸易公司(长沙市)
3	常州市武进汽车城投资发展有限公司
4	长春北方汽贸城市场运营物业管理
5	天津空港北方汽车交易市场有限公司
6	长春汽车批发中心市场
7	重庆市渝南汽车交易市场
8	杭州机动车交易市场有限公司
9	上海市旧机动车交易市场
10	江苏无锡汽车交易市场
11	嘉兴市汽车商贸园
12	广物汽贸股份有限公司(广州市)
13	惠州市江南汽车交易市场有限公司
14	大连汽车国际博览中心
15	华南汽车城(佛山市)
16	北京北辰亚运村汽车交易市场中心(市场)
17	浙江方林二手车市场(台州市)
18	沈阳新塔湾旧机动车交易中心有限公司
19	浙江世纪汽车市场(杭州市)
20	浙江方林汽车城(台州市)

3-46 前20家机动车零配件市场

序号	市场名称
1	中国(十堰)汽配城
2	江西省洪城汽配城(南昌市)
3	杭州浙江汽配城
4	河南汽车配件物流贸易园(郑州市)
5	沈阳东北机动车配件市场有限公司
6	临沂汽摩配城
7	山东济南重汽配件城
8	北京城环城国际汽车配件城
9	上海吴淞国际汽配市场经营管理有限公司
10	上海东方汽配城
11	上海百联联合汽车交易市场经营管理有限公司
12	东联汽车配件市场(石家庄市)
13	金华汽配城经营管理有限公司
14	汽配城中国有限公司(徐州市)
15	中南汽车世界汽配五金批发大市场(长沙市)
16	河间市米各庄汽配城(沧州市)
17	北京五方天雅汽配城市场有限公司
18	青岛汽车配件城
19	无锡市广益汽配城发展有限公司
20	安徽国际汽车城大地汽摩配市场(合肥市)

3-47 前20家花卉市场

序号	市场名称
1	常州市武进夏溪花木市场发展有限公司
2	青州市黄楼镇万红花卉交易大厅(潍坊市)
3	昆明斗南花卉有限公司
4	如皋市花木大世界有限公司(南通市)
5	浙江花木城(杭州市)
6	广州花卉博览园
7	长沙红星花卉大市场
8	郑州陈砦花卉市场
9	江苏阿波罗花木市场发展有限公司(扬州市)
10	广州市岭南花卉市场经营管理有限公司
11	肥西花木城花卉交易市场(合肥市)
12	成都市高店子花卉交易市场
13	鄢陵县花木交易市场(许昌市)
14	承德万泉花卉市场服务有限公司
15	临沂鲁南花卉城
16	蓟县邦均镇中原四季苗木花卉市场(天津市)
17	凌源市花卉市场物业服务中心(朝阳市)
18	合肥裕丰花鸟虫鱼市场
19	哈尔滨花卉市场有限责任公司
20	新疆明珠花花卉市场(乌鲁木齐市)

3-48　17家旧货市场

序号	市场名称
1	慈溪市桥头废塑料市场（宁波市）
2	北京潘家园旧货市场
3	宁波市北仑区甬港废旧物资交易市场
4	绍兴旧货市场有限公司
5	嘉兴物资调剂市场
6	温岭市泽国第二旧机床交易中心（台州市）
7	昆明供销再生物资开发有限公司广福废旧物资交易市场
8	昆明供销再生物资开发有限公司小板桥废旧物资交易市场
9	庆云县旧货市场（德州市）
10	慈溪市旧货交易市场（宁波市）
11	江苏省物联苏北废旧金属调剂有限公司（扬州市）
12	台州市雄鹰旧货交易中心
13	江西省旧货大市场（南昌市）
14	吉林市西关旧货物资交易市场有限责任公司
15	诏安书画艺术交易市场（漳州福临物业服务有限公司）
16	漳州收藏文化城（漳州市兴福园物业服务有限公司）
17	郑州古玩城

3-49 前20家其他专业市场

序号	市场名称
1	肃宁县皮毛交易市场（沧州市）
2	郑州信基调味品城有限公司
3	中国大营国际皮草交易中心（衡水市）
4	丹阳国际眼镜城（镇江市）
5	从化市太平兴富农副产品综合批发市场（广州市）
6	通辽市成峰牲畜交易市场有限公司
7	象山船舶交易中心（宁波市）
8	张北县张库牲畜交易有限公司（张家口市）
9	绍兴市永宁废旧金属交易市场
10	兰山区华东酒店用品市场（临沂市）
11	扎赉特旗石头城子牲畜交易（市场）有限公司（兴安盟）
12	沈阳张士农副产品股份有限公司
13	巴林右旗石头城（赤峰市）
14	金华澧浦苗木城有限公司
15	绍兴市废旧金属交易市场
16	丰县环宇电动车城有限公司（徐州市）
17	阿鲁科尔沁旗牲畜交易市场（赤峰市）
18	绍兴市东浦废丝市场
19	扬州工艺美术集团有限公司
20	科左后旗科尔沁黄牛市场有限公司（通辽市）

3-50 东部地区前100家商品交易市场

序号	市场名称	序号	市场名称
1	上海物贸有色金属交易市场	51	东莞市信立农副产品批发中心
2	中国常熟服装城(苏州市)	52	杭州城北金属材料市场有限公司
3	张家港玖隆物流园企业管理有限公司(苏州市)	53	江苏八里钢铁市场(徐州市)
4	中国东方丝绸市场(苏州市)	54	聊城大东钢管市场
5	白沟新城市场(保定市)	55	东莞市华南塑胶城投资有限公司
6	浙江省义乌市中国小商品城(金华市)	56	浙江长三角石油化工发展有限公司(东莞市)
7	张家港保税区化工品交易中心有限公司(苏州市)	57	即墨市服装批发市场(青岛市)
8	中国轻纺城(绍兴市)	58	广东西樵轻纺城(佛山市)
9	博兴县兴福镇黑白铁市场(滨州市)	59	天津市王顶堤批发市场有限责任公司
10	江阴长江港口物流园区交易中心(无锡市)	60	福州海峡水产品交易市场
11	上海石化物资交易中心有限公司	61	广东鱼珠物流基地有限公司广东鱼珠国际建材市场
12	南通市通州区志浩综合市场	62	宁波镇海液体化工产品交易市场
13	叠石桥国际家纺城有限公司(南通市)	63	沧州崔尔庄红枣批发市场
14	余姚市中国塑料城(宁波市)	64	中国织里童装市场(湖州市)
15	北京市丰台新发地农副产品批发市场中心	65	无锡市国联金属材料市场有限公司
16	广州市海珠区中大布匹市场	66	浙江纺织采购博览城(杭州市)
17	钱清中国轻纺原料城(绍兴市)	67	江苏宣武集团市场(徐州市)
18	山东泰山钢材大市场(泰安市)	68	北京城北回龙观商品交易市场
19	石家庄市新华集贸市场	69	北京锦绣大地农副产品批发市场
20	北京市旧机动车交易市场	70	宁波市镇海煤炭交易市场有限公司
21	浙江中国科技五金城集团有限公司(金华市)	71	青岛市城阳蔬菜水产品批发市场
22	南三条市场(石家庄市)	72	江苏长江塑料化工交易市场有限公司(常州市)
23	浙江新世纪金属材料现货市场(杭州市)	73	淄川建材城(淄博市)
24	张家港保税区纺织原料市场有限公司(苏州市)	74	常州市武进汽车城投资发展有限公司
25	江苏东方钢材城有限公司(无锡市)	75	东莞市大京九塑胶原料市场
26	江阴市金属材料市场(无锡市)	76	常州淮都金属城有限公司
27	惠龙港国际钢铁物流股份有限公司(镇江市)	77	海吉星农产品批发市场(深圳市)
28	江苏华东石化物资交易市场(无锡市)	78	烟台市三站市场
29	中储发展股份有限公司天津储宝分公司	79	上海江杨农产品批发市场经营管理有限公司
30	绍兴越州轻纺工贸园区市场	80	北京盛华宏林粮油批发市场
31	南京众彩农副产品批发市场有限公司	81	常州市武进夏溪花木市场发展有限公司
32	无锡招商城市场管理有限公司	82	天津空港北方汽车交易市场有限公司
33	宁波镇海大宗生产资料交易中心	83	徐州区域生产资料市场有限公司
34	临沂市万宝市场开发服务有限公司钢材市场分公司	84	碑廓木材市场(日照市)
35	河北省香河家具城(廊坊市)	85	聊城香江光彩大市场有限公司
36	桐乡市濮院羊毛衫市场(嘉兴市)	86	安国市东方药城交易大厅(保定市)
37	江苏凌家塘市场发展有限公司(常州市)	87	萧山(浙江)新农都物流中心(杭州市)
38	北京大洋路农副产品市场	88	肃宁县皮毛交易市场(沧州市)
39	济宁蔬菜批发市场有限责任公司	89	海宁中国皮革城(嘉兴市)
40	杭州萧山商业城	90	无锡不锈钢市场
41	齐鲁国际塑化城(淄博市)	91	圣地狮岭(国际)皮革皮具城有限公司(广州市)
42	广州江南果菜批发市场经营管理有限公司	92	北京农产品中央批发市场
43	江苏湖塘纺织城投资发展有限公司(常州市)	93	滕州市杏花村干杂货市场(枣庄市)
44	无锡南方不锈钢市场	94	宁波华东物资城
45	天津港散货交易市场有限责任公司	95	宿迁经济开发区宿迁义乌商贸城管理公司
46	广州钢铁交易中心	96	浙江大唐轻纺袜业城(绍兴市)
47	苏州南环桥市场发展股份有限公司	97	华南国际工业原料城(深圳)有限公司
48	上海外高桥钟表交易中心有限公司	98	杭州机动车交易市场有限公司
49	江苏南华物流有限公司(南京市)	99	湛江市霞山区水产品批发市场
50	福州市南方钢材物流中心	100	永年县标准件市场(邯郸市)

3-51 东北地区前100家商品交易市场

序号	市场名称	序号	市场名称
1	大连石油交易所	51	大连钢材现货交易市场服务中心
2	海城市西柳服装市场(鞍山市)	52	集安市清河人参交易市场有限公司(通化市)
3	沈阳五爱小商品批发市场	53	大商集团有限公司昌临休闲购物广场(大连市)
4	大连双兴商品城有限公司	54	绥芬河市青云经贸有限公司青云市场(牡丹江市)
5	长春北方汽贸城市场运营物业管理	55	中国家具城(沈阳市)
6	长春汽车批发中心市场	56	长春中东大市场
7	松北区润恒农副产品大市场(哈尔滨市)	57	沈阳泉峰炉料市场
8	哈尔滨南极批发市场	58	辽宁旺鼎皮革城有限公司
9	东北土特产品交易中心(铁岭市)	59	沈阳张士农副产品股份有限公司
10	哈尔滨哈达农副产品股份有限公司	60	长春顺风大市场有限公司
11	中国铁路物资哈尔滨钢材大市场(中国铁路物资哈尔滨物流公司)	61	双城市黑龙江省新胜蛋禽批发市场(哈尔滨市)
12	沈阳明廉钢材交易中心有限责任公司	62	沈阳浩松陶瓷市场有限公司
13	灯塔佟二堡海宁皮革城有限责任公司(辽阳市)	63	大连东方投资置业有限公司
14	东宁县雨润绥阳木耳大市场有限公司(牡丹江市)	64	牡丹江牡达农副产品有限公司
15	大连汽车国际博览中心	65	凌源市八里堡蔬菜果品批发市场有限责任公司(朝阳市)
16	沈阳钢材中心批发市场	66	塔湾北行农贸市场(沈阳市)
17	沈阳新塔湾旧机动车交易中心有限公司	67	辽中县茨榆坨镇轻工市场(沈阳市)
18	沈阳新塔湾钢材市场	68	嫩江县商贸城(嫩江县市场服务中心)(黑河市)
19	长春东北亚物流农贸水产市场	69	沈阳盛发菜果批发有限公司
20	海城市南台箱包市场(鞍山市)	70	沈阳市于洪区东湖市场
21	沈阳东北机动车配件市场有限公司	71	西窑建材交易中心(沈阳市)
22	长白山人参市场投资发展有限公司(白山市)	72	营口市东升市场
23	灯塔市香港时代广场(辽阳市)	73	玉皇商城装饰城(葫芦岛市)
24	齐齐哈尔市哈达农果品副产品综合市场	74	红博商贸城(哈尔滨市)
25	沈阳果品批发市场	75	哈尔滨红旗家装饰城
26	玛克威商厦服装鞋帽批发大市场(玛克威商厦公共设施有限公司)(哈尔滨市)	76	吉林远东实业集团有限公司(长春市)
27	沈阳水产批发市场	77	沈阳东北装饰城有限公司
28	沈阳温州城商品交易市场	78	哈尔滨锦秀教化电子大世界有限公司
29	沈阳二手车交易市场有限责任公司	79	长春市长运集团有限责任公司
30	大庆市粮食综合批发市场	80	鞍山市新兴商贸集团有限责任公司
31	沈阳红旗台石材市场	81	哈尔滨古铁市场
32	禧龙建筑装饰材料大市场(哈尔滨市)	82	大连机电五金批发市场
33	大连辽渔国际水产品市场有限公司	83	哈尔滨透笼轻工批发市场有限公司
34	大商集团股份有限公司贸易大世界(大连市)	84	凌海市建业镇唐家蔬菜批发市场有限公司(锦州市)
35	鞍山市钢材现货市场有限公司	85	灯塔市皇都皮草城(辽阳市)
36	锦州市辽西小商品批发市场	86	盘锦市兴隆台区环球电子商贸中心
37	哈尔滨工程大学科技园发展有限公司船舶电子大世界	87	大庆市农副产品综合批发大市场
38	沈阳粮食批发市场	88	鞍山宝润二手机动车交易市场
39	大连金玛商城有限公司	89	普兰店市锦龙商贸有限公司(大连市)
40	长春蔬菜中心批发市场集团有限公司	90	辽中县顺发黄牛交易市场(沈阳市)
41	沈阳西湖市场	91	大连棉麻有限公司果菜批发市场
42	大连长兴购物中心有限公司	92	大庆胜利建材批发市场
43	盘锦市金地物业管理有限公司(汇美家饰)	93	长春太阳世纪商城
44	集贤县商贸城综合市场(双鸭山市)	94	白山市兴泰批发市场有限公司
45	大连开发区农副产品批发市场有限公司	95	抚顺市欣顺盛菜果批发交易市场有限公司
46	长春科技城物业服务有限公司	96	东昌区综合大市场(通化市)
47	阜新市瑞轩蔬菜农副产品综合批发市场	97	黑山县消费品综合市场(锦州市)
48	大连熟食品交易中心	98	黑龙江先锋农业生产资料交易市场有限公司(哈尔滨市)
49	哈尔滨二三五处钢材市场	99	齐齐哈尔市百花园市场
50	哈尔滨香坊粮食物流中心有限公司	100	敦化市长白山特产市场有限责任公司(延边州)

3-52 中部地区前100家商品交易市场

序号	市场名称	序号	市场名称
1	河南万邦国际农产品物流股份有限公司(郑州市)	51	武汉竹叶山钢材市场
2	盐湖区禹都市场(运城市)	52	陈砦蔬菜批发市场(郑州市)
3	安徽省徽商钢材市场(合肥市)	53	皖西北商贸城(阜阳市)
4	湖南高桥大市场(长沙市)	54	安徽省广德县太极商城(宣城市)
5	长葛市新区钢材市场(许昌市)	55	武汉长空机械总厂旧车交易市场
6	长沙市红星实业集团有限公司农副产品大市场	56	湖北汉口四季美农贸市场有限公司(武汉市)
7	南昌市洪城大市场	57	蚌埠海吉星农产品物流有限公司
8	亳州市(中国)中药材交易中心	58	邵东县工业品市场(邵阳市)
9	安庆市光彩大市场	59	新乡市红旗区洪门镇钢材市场
10	湖南省三湘南湖大市场(长沙市)	60	合肥国强钢材交易中心
11	商丘农产品中心批发市场	61	安徽白马服装城(合肥市)
12	湖南钢材大市场(长沙市)	62	马王堆海鲜水产批发市场(长沙市)
13	武汉白沙洲农副产品大市场	63	南阳龙升物流枢纽中心银海钢材市场
14	洛阳市洛龙区关林市场管委会	64	株洲市中南金属物流大市场
15	合肥周谷堆农产品批发市场股份有限公司	65	江西省装潢建材大市场有限责任公司(南昌市)
16	中南汽车世界大中南汽车贸易公司(长沙市)	66	中国矿业设备博览城(淮北市)
17	南昌深圳农产品中心批发市场有限公司	67	南昌县小蓝禽蛋批发市场
18	中国(十堰)汽配城管理委员会	68	安庆市钢材大市场
19	江西省洪城汽配城(南昌市)	69	河南葛天金属材料交易市场(许昌市)
20	蚌埠市光彩市场	70	宜昌金东山市场有限公司
21	蓝特商业城(蓝特集团有限公司)(荆州市)	71	武汉丹水池生产资料市场
22	监利县天府庙大市场(荆州市)	72	芜湖大地农副产品批发市场
23	武汉市琴台钢材市场	73	南方粮食交易市场(九江市)
24	赣南贸易广场(赣州市)	74	益阳市团洲蔬菜批发市场
25	安徽信地大市场(合肥市)	75	南昌水产品综合交易批发市场
26	周口市黄淮物流港农产品批发市场有限公司	76	南阳市兴达钢铁市场
27	四季水产物流港(郑州市)	77	孝感市南大批发市场
28	汉正街名牌服饰(武汉市)	78	银基商贸城有限公司(郑州市)
29	长葛市九鼎美达建材市场(许昌市)	79	周口市荷花市场
30	湖北北盟投资集团有限公司(襄阳市)	80	河南万客来食品城(郑州市)
31	河南万邦庆丰粮油市场服务有限公司(郑州市)	81	临汾市尧都区奶牛场尧丰农产品批发市场
32	商丘创世钢材市场有限公司	82	宜春市赣西农副新产品批发市场有限公司
33	竹叶山汽车市场(武汉市)	83	江西联信大市场(南昌市)
34	商丘市光彩大市场	84	禹州中药材市场(许昌市)
35	顾家岗农贸市场(十堰市)	85	濉溪县中瑞农副产品有限责任公司(淮北市)
36	赣州市南北大市场	86	郑州华南城
37	中国芜湖商品交易博览城	87	武汉市舵落口大市场
38	阜阳临沂商城	88	湖北天润投资集团有限公司(襄阳市)
39	上饶市信州区江南商贸城	89	湖南洞庭渔都水产批发市场(岳阳市)
40	邵东县廉桥药都市场(邵阳市)	90	赣州市龙都商城
41	河南汽车贸易中心(郑州市)	91	马鞍山市安民农副产品批发交易中心
42	马王堆蔬菜批发市场(长沙市)	92	安徽金太阳装饰城(滁州市)
43	郑州信基调味品城有限公司	93	马鞍山三和仓储配送有限公司钢材市场
44	河南汽车配件物流贸易园(郑州市)	94	安徽阜阳汽贸物流园建设指挥部
45	九江市京九农副产品中心批发市场	95	常德市鼎城桥南市场
46	仙桃市恒迪建材市场	96	鹰潭市杏园市场
47	芜湖市长江市场园	97	河南中博股份有限公司(郑州市)
48	安徽省广德县农贸市场(宣城市)	98	阜阳市瑶海农产品市场开发有限公
49	中储801仓库钢材市场(洛阳市)	99	肥东县裕隆市场建设投资有限公司(合肥市)
50	吉安农产品批发市场有限公司	100	湖南万家丽家居建材市场

3-53　西部地区前100家商品交易市场

序号	市场名称	序号	市场名称
1	成都国际商贸城	51	乐山西南农产品综合批发市场
2	新疆宝新恒源钢材物流园(乌鲁木齐市)	52	市西大市场(贵阳市)
3	朝天门市场(重庆市)	53	贵阳海恒农副产品批发市场
4	重庆市观音桥农贸市场	54	中国西部金属交易城(重庆市)
5	成都濛阳农副产品综合批发交易市场有限责任公司	55	江津区攀宝钢材市场(重庆市)
6	重庆万吨冷储物流交易中心	56	成都市海霸王冷藏物流交易市场
7	昆明螺蛳湾国际商贸城一期市场	57	南充川北农产品交易有限公司
8	重庆巨龙钢材市场	58	喀什远方实业发展有限公司(喀什远方市场)
9	新疆九鼎盛和果品批发市场(乌鲁木齐市)	59	重庆市万州区小天鹅批发市场
10	成都市量力钢材物流有限公司	60	重庆外滩摩托车配件交易市场
11	绿云石都建材交易城(重庆市)	61	西安海纳汽车服务有限公司西安汽配市场
12	成都西联钢铁有限公司	62	兰州瑞德摩尔城市购物广场(兰新)
13	成都农产品中心批发市场	63	新疆赛博特国际汽车城有限公司(乌鲁木齐市)
14	重庆市渝南汽车交易市场	64	陕西省生产资料第一交易市场(西安市)
15	新疆华凌工贸集团有限公司华凌综合市场(乌鲁木齐市)	65	甘肃兰海物流股份有限公司(兰州市)
16	重庆铠恩国际家居名都经营有限公司	66	文山三鑫建材城
17	柳州市生产资料大市场(广西柳州物资储运贸易总公司)	67	乌鲁木齐北园春(集团)有限责任公司北园春市场
18	南宁市荣宝龙钢材市场有限公司	68	成都市金府五金机电交易市场
19	重庆金属材料现货交易市场	69	遵义兴邦粮油物流有限责任公司
20	龙文钢材市场(重庆市)	70	重庆渝州交易城
21	昆明螺蛳湾国际商贸城二期市场	71	西南商贸城(泸州市)
22	贵阳市谷丰粮油食品批发市场有限公司	72	昆明斗南花卉有限公司
23	成都荷花池大成市场	73	重庆市万州商贸城
24	南宁市虎邱城北钢材市场有限公司	74	永宁县望远现代金属物流园(银川市)
25	重庆市永川区商贸城	75	广西旺宏房地产开发有限公司柳北钢材大市场(柳州市)
26	柳州市柳邕农副产品批发市场有限公司	76	达州市复兴市场开发有限公司
27	西北物资市场(兰州市)	77	通辽经济技术开发区煤炭市场
28	中国西南鞋材交易中心(重庆市)	78	成都市西南石材交易市场
29	中亚国际钢材交易中心(乌鲁木齐市)	79	遵义市红花岗区苟家井综合批发市场
30	昆明金马正昌第二果品市场	80	石河子农产品交易中心
31	贵阳地利农产品物流园有限公司	81	中宁县国际枸杞交易中心(中卫市)
32	重庆西部汽车城	82	恒鑫老顶坡汽摩综合市场(重庆市)
33	玉林中药材专业市场	83	大港国际建材城(成都市)
34	新疆九鼎恒兴蔬菜批发市场(乌鲁木齐市)	84	云南龙城农产品经营股份有限公司(昆明市)
35	恒胜钢材市场(重庆市)	85	大足区龙水花市街市场(重庆市)
36	四川好一新商贸城有限公司(达州市)	86	通辽市团结路贸易区
37	德阳市钢材炉料交易市场	87	宜宾市翠屏区江北农产品批发市场
38	新世界建材市场(重庆市)	88	广西淡村商贸城有限公司(南宁市)
39	新疆华凌建材出口基地(乌鲁木齐市)	89	成都富森美家居置业有限公司
40	玉林宏进农副产品批发市场	90	陕西银邦经营管理有限公司(西安市)
41	成都市农副产品批发中心	91	自贡川南农副产品批发市场
42	重庆马家岩板材批发市场	92	贵州凯利德市场管理有限公司
43	西三街农副水产品市场(重庆市)	93	遵义绿色产品交易中心
44	成都万贯五金机电市场	94	重庆马家岩大川建材市场管理有限公司
45	大足区龙水五金市场(重庆市)	95	昆明骏骐干菜副食粮油批发市场
46	中国龙水五金旅游城(重庆市)	96	成都西博西南食品城
47	甘肃省食品股份有限公司肉食水产批发市场(兰州市)	97	江津区双福国际农贸城(重庆市)
48	南宁市桂果香果品有限公司五里亭蔬菜批发市场	98	宁夏四季鲜果品蔬菜批发市场(银川市)
49	咸阳新阳光西北农副产品交易中心	99	桂林五里店果蔬批发市场有限责任公司
50	乌兰浩特市融佳建材市场有限责任公司(兴安盟)	100	四川省俊翔市场管理有限公司(成都市)

附录 主要统计指标解释

附录：主要统计指标解释

一、主要统计指标及市场分类

亿元以上商品交易市场：指年成交额在亿元及以上的商品交易市场。商品交易市场是指经有关部门和组织批准设立，有固定场所、设施，有经营管理部门和监管人员，若干市场经营者入内，常年或实际开业三个月以上，集中、公开、独立地进行生活消费品、生产资料等现货商品交易以及提供相关服务的交易场所，包括各类消费品市场、生产资料市场等。

营业状态：按照市场营业时间的连续性分为常年营业、季节性营业和其它等三种状态。常年营业指不受季节、时间等因素的影响，全年均营业的市场；季节性营业市场指受季节因素影响，全年间断营业的市场，如旅游旺季营业的交易市场等；其它市场指上述以外的其它营业状态的交易市场。

经营方式：指市场直接从事商品流通的买卖形式，包括批发和零售两种方式。批发市场指专门从事批发业务活动或以批发业务为主的交易市场。零售市场指专门从事零售业务的活动，并直接向城乡居民销售日用消费品、农产品的市场，或以零售业务为主，同时兼批发业务的交易市场。

经营环境：指各市场经营场所具备的基本条件，分露天式、封闭式和其它。露天式市场指市场摊位完全在室外，或 70%以上的摊位在室外，包括柜台式市场及无设施市场；封闭式市场指市场摊位完全在室内（包括平房和楼房）；其它市场指上述以外的其它经营环境的交易市场。

年末出租摊位数：指该市场年末实际出租的摊位数。

成交额：指该市场所有摊位的全年商品交易额之合计。

市场类别：指根据商品交易市场经营商品类别进行分类，包括综合市场和专业市场两大类。

综合市场：指经营生产资料、工业消费品、农产品等多种商品的综合性现货商品交易市场。

综合贸易市场：分为生产资料综合市场、工业消费品综合市场、农产品综合市场及其它综合市场。

— **生产资料综合市场**：指经营两类或两类以上生产资料的交易市场，包括工业生产资料交易市场、农业生产资料交易市场，交易对象主要是生产经营者，市场内摊位成交额主要集中在生产资料商品。

— **工业消费品综合市场**：指经营两类及两类以上工业消费品的交易市场，交易对象主要是商品使用者和消费者，市场内摊位主要经营食品、服装、日用品等商品。

— **农产品综合市场**：指经营两类及两类以上农产品的交易市场，交易对象主要是商品使用者和消费者。

— **其它综合市场**：以上未列明综合性现货商品交易市场。如果市场中农产品和工业品混杂经营，成交额难以分清主次的，市场类别应为其它综合市场。

专业市场：指主要进行某一领域商品的交易活动的现货市场。根据所经营的商品类别，分为 12 类专业市场。专业市场类别应根据摊位交易情况确定，即经营某类商品的摊位成交额超过总成交额的60%，市场则确定为相应的专业市场。

（1）**生产资料市场**：主要经营某类生产资料的交易市场。

— **农业生产用具市场**：经营半机械化农机具及其配件、中小农具、园艺工具等为主。

— **农用生产资料市场**：经营农用生产资料为主，如农药、化肥、农膜、农用温室玻璃、园艺工具等。

— **煤炭市场**：经营煤炭及制品为主。

— **木材市场**：经营木、竹采伐产品和木材、竹非生活制品为主。

— **建材市场**：经营建筑材料、保温材料、玻璃制品等建筑施工用材为主，主要面向建筑设施的施工企业。

— **化工材料及制品市场**：经营生产经营用化工材料及制品为主。

— **金属材料市场**：经营各种黑色金属材料和有色金属材料为主。

— **机械电子设备市场**：经营机械设备、电子产品和仪器为主，面向生产经营单位。

— **其它生产资料市场**：以上未列明的生产资料专业市场。

（2）**农产品市场**：指主要经营某一类农产品的交易市场。

— **粮油市场**：经营谷物、大豆、玉米、食用油为主。

— **肉禽蛋市场**：经营肉禽蛋为主。

— **水产品市场**：经营水产品为主。

— **蔬菜市场**：经营蔬菜为主。

— **干鲜果品市场**：经营干鲜果品为主。

— **棉麻土畜、烟叶市场**：经营棉麻、土特产品、种畜、种禽、耕畜、烟叶为主。

— **其它农产品市场**： 以上未提及的或经营两种以上农产品的农产品专业市场。

（3）**食品、饮料及烟酒市场**：指主要经营食品、饮料及烟酒等商品的交易市场。

— **食品饮料市场**：经营食品、饮料为主。

— **茶叶市场**：经营茶叶为主。

— **烟酒市场**：经营烟酒为主。

— **其它食品饮料及烟酒市场**：以上未提及的或主要经营两类以上食品、饮料及烟酒商品的专业市场。

（4）**纺织、服装、鞋帽市场**：指主要经营布料及纺织品、服装、鞋帽等商品的交易市场。

— **布料及纺织品市场**：经营布料及纺织品为主。

— **服装市场**：经营服装为主。

— **鞋帽市场**：经营鞋帽为主。

— **其它纺织服装鞋帽市场**：以上未提及的或主要经营两类以上纺织、服装、鞋帽商品的专业市场。

（5）**日用品及文化用品市场**：指主要经营各类日用品及文化用品等商品的交易市场。

— **小商品市场**：经营日用小百货为主。

— **箱包市场**：经营箱包为主。

— **玩具市场**：经营玩具为主。

— **文具市场**：经营文具为主。

— **图书、报刊杂志市场**：经营图书、报刊杂志为主。

— **音像制品及电子出版物市场**：经营音像制品及电子出版物为主。

— **体育用品市场**：经营体育用品为主。

— **其它日用品及文化用品市场**：以上未提及的或经营两类以上日用品及文化用品的专业市场。

（6）**黄金、珠宝、玉器等首饰市场**：指主要经营黄金、珠宝、玉器等首饰的交易市场。

（7）**电器、通讯器材、电子设备市场**：指主要经营电器、通讯器材、电子设备等商品的交易市场。

— **家电市场**：经营家电为主。

— **通讯器材市场**：经营通讯器材为主。

— **照相、摄像器材市场**：经营照相、摄像器材为主。

— **计算机及辅助设备市场**：以经营计算机及其配件、计算机辅助设备为主。

— **其它电器、通讯器材、电子设备市场**：以上未提及的或主要经营两类以上电器、通讯器材、电子设备商品的专业市场。

（8）**医药、医疗用品及器材市场**：指主要经营药材、中西药品、医疗器械等商品的交易市场。

— **中药材市场**：经营中药材为主。

— **其它医药、医疗用品及器材市场**：中药材专业市场以外的医药、医疗用品及器材专业市场。

（9）**家具、五金及装饰材料市场**：指主要经营家具、五金电料、各种家居装修装饰材料等商品的交易市场。

— **家具市场**：经营家具为主。

— **装饰材料市场**：经营装饰材料为主。

— **灯具市场**：经营灯具为主。

— **厨具、盥洗设备市场**：经营厨具、盥洗设备为主。

— **五金材料市场**：经营五金材料为主。

— **其它家具、五金及装饰材料市场**：以上未提及的或主要经营两类以上家具、五金或装饰材料商品的专业市场。

（10）**汽车、摩托车及零配件市场**：指专门从事新、旧机动车辆及其零配件交易的市场。

— **汽车市场**：经营汽车为主，包括新车市场和旧车市场。

— **摩托车市场**：经营摩托车为主。

— **机动车零配件市场**：经营机动车零配件为主。

（11）**花、鸟、鱼、虫市场**：指主要经营花、鸟、鱼、虫等商品的交易市场。

— **花卉市场**：经营鲜花、苗木及其制品为主。

— **鸟市场**：经营鸟类商品为主。

— **观赏鱼市场**：经营观赏鱼类商品为主。

— **其它花鸟鱼虫市场**：以上未提及的或主要经营两类以上花鸟鱼虫商品的专业市场。

（12）**旧货市场**：指经营各类旧货商品的交易市场。

— **古玩、古董、字画市场**：经营古玩、古董、字画商品为主。

— **邮票、硬币市场**：经营邮票、硬币商品为主。

— **其它旧货市场**：以上未提及的或主要经营两类以上旧货商品的专业市场。

（13）**其它专业市场**：以上未提及商品的专业市场。

二、商品分类及解释

1. **粮油、食品类**：指供人们食用的各种食品，如粮油、肉禽蛋、水产品、干鲜蔬果、食糖、糖果糕点、豆制品、滋补食品、食盐、调味品、罐头食品、奶及奶制品及其他食品加工制品等。

— **粮油类**：指供人们食用的粮食和食用油。

其中，粮食，包括小麦、稻谷、玉米、豆类、杂粮及其成品粮、磨粉、淀粉及其制品等；

淀粉及其制品，包括粉皮、粉丝、粉条、淀粉等；

食用油，包括食用植物和动物油等。

— **肉禽蛋类**：指供人们食用的肉类、禽类、蛋类商品。

其中，肉类，指供食用的活猪、活牛、活羊、家兔及其鲜（冻）肉和肉制品（不含各种肉罐头，统计在“其他食品类”）；

禽类，指供人们食用的活鸡、活鸭、活鹅和其他人工饲养的活禽类及其鲜（冻）、腌制和卤熟制品；

蛋类，指鸡、鸭、鹅和其他禽类的鲜蛋、再制蛋。

— **水产品类**：指各种海水、淡水产的鲜的或干的鱼、虾、蟹、藻类、贝类、软体类、腔肠类等水产品。

— **蔬菜类**：指各种新鲜的蔬菜，包括各种叶菜、茎菜、根菜、花菜、果菜以及各种食用菌等。

— **干鲜果品类**：包括新鲜瓜果、干果及蜜饯果脯等干鲜果。

2. **饮料类**：指供人们食用的各种饮料，包括液体型饮料，如汽水、果菜汁、矿泉水等； 冷冻饮品；固体饮料；茶叶、咖啡、可可和其他饮料。

3. **烟酒类**：包括酒和烟草加工品。酒，包括白酒、啤酒、黄酒、果露酒等。烟草加工品，包括卷烟、雪茄烟、烟丝、莫合烟、鼻烟等烟草加工品，不包括烤烟、晒烟等烟草加工原料（统计在“其他类”）。

4. **服装、鞋帽、针纺织品类**：指服装、鞋帽、针织品和纺织品的集合。

（1）**服装类**：指以棉布、棉化纤混纺布、化纤布、麻布、呢绒、绸缎、裘皮、化纤针织面料等为原料缝制的各种男、女、成人、儿童的单、夹、棉、皮等各种服装（包括内衣裤、外衣裤、衬衣、衬裤、胸罩、裙子等），包括以毛线、丝线、麻线和各种混纺线编织的各种服装，如毛衣、毛衫、毛裤。

（2）**鞋帽类**：鞋，指皮鞋、胶鞋、布鞋和全塑料鞋等，包括各种材料制作的靴子、凉鞋、便鞋、拖鞋、运动鞋、旅游鞋、春秋鞋等；帽，指各种面料、各种款式的男、女、童、婴儿帽子。

（3）**针、纺织品类**：针织品，指纯棉、纯化纤、化纤与棉（包括短涤纶）混纺的针棉织品、毛毯、线毯、地毯、毛巾、毛线、毛织物等纯纺、纯化纤、混纺针织品及化纤针织面料；纺织品，指布（包括棉布、棉花化纤混纺布、化纤布等外棉棉布、玻璃纤维布、再生纤维布、野杂纤维布、土纺布、无纺布、漆布等），呢绒（包括涤纶混纺物），绸缎，麻布，纱类（包括棉纱、等外棉棉纱、玻璃纤维纱、再生纤维纱、野条纤维纱、废纱、土纱、麻绒等纺织品）。针、纺织品包括除服装外的制成品，如床上用品、袜子、针纺织手套、窗帘等。

5. **化妆品类**：指洁肤护肤美容用品、洁发护发美发用品、药物美容美体用品等。

洁肤护肤美容用品，包括洁面乳、霜、油等洁肤用品，霜、香脂、乳液、润肤油、爽身粉等护肤品，香粉（粉饼）、胭脂、唇膏、眼影、眉笔、指甲油、各种化妆盒、假发等美容品；

洁发护发美发用品，包括洗发香波、洗发膏、洗发精、浴液、剃须膏、发油、发露、发腊、发宝、营养发水、护发素、发胶、摩丝、各种染发剂等；

药物美容美体用品，包括花露水、腋下香、香水、防秃生发水、浓眉露、止痒水（粉）、祛斑霜、粉刺露、防晒剂、痒子粉（水）、减肥霜等；其他化妆用品。

6. **金银珠宝类**：指以金、银、铂等金属及钻石、宝（玉）石、翡翠、珍珠、水晶、象牙、骨角等为原料，经加工和连接组合、镶嵌等方法，制成各种图案造型的装饰品、饰品、工艺品等。包括首饰，如项链、戒指、耳环、手镯、脚链、挂件、别针、发卡等，珠宝饰品，如宝（玉）石、宝（玉）石饰品、钻石镶嵌、珍珠镶嵌以及其他金银珠宝饰品等。

7. **日用品类**：指日用金属制品、日用搪瓷制品、日用塑料制品、天然皮革和人造皮革制品、玻璃器皿、日用百货、燃气灶具、儿童玩具、日用化工产品、照明器具、日用杂品、钟表眼镜及配件、各种工艺品、烟花炮竹、人力或助动车类及配件等。

其中，日用金属制品，包括精铝、铸铝、铝合金家用器皿，不锈钢制餐具，家用厨房用具及其他不锈钢制器皿等，不包括工业建筑的通用金属器皿（统计在“金属材料类”）；

日用搪瓷制品，包括单瓷、双瓷的面盆、口杯及其他搪瓷制品等，不包括工业建筑的通用搪瓷制品（统计在“建筑及装潢材料类”）；

日用百货，包括如缝纫机、保温瓶、雨衣、理发用具、剃须刀具、火柴、打火机、电池、腰带、刀、剪、锁、钳、卫生纸、卫生巾等；

日用化工产品，包括洗涤用品、杀虫剂、花肥等；

燃气灶具，包括燃气热水器、各种灶具等；

照明器具，包括各种灯具、灯泡、灯管、手电筒等；

日用杂品，包括铁锅、笼屉、瓷碗、碟等餐具和炊事用具，竹、木、藤、柳编制品，炉子、烟筒和取暖设备等；

钟包括各种机械、石英电子的闹钟、挂钟、座钟等，表包括各种机械、石英电子手表、怀表、秒表、其他表、钟表零配件等，眼镜包括成品眼镜、眼镜架、眼镜片、眼镜毛坯、眼镜零配件等；

各种工艺品，包括雕塑工艺品、人造花卉工艺品、天然植物工艺品、纤维编织工艺品、刺绣工艺品、抽纱工艺品等。其中，雕塑工艺品包括玉雕、牙雕、金属工艺品、漆器工艺品、画类工艺品等，天然植物工艺品、纤维编织工艺品包括竹编工艺品、藤编工艺品、草编工艺品等；

人力或助动车类及配件，包括自行车、助动自行车、三轮车、残疾人座车（无论是否装有发动机）、婴儿推车和手推车等及配件。

儿童玩具类：包括各种材质制作的玩具。

8. **五金、电料类**：指五金工具、电工工具、工具配件、水暖器材、各种专用工具、五金杂品等，以及木瓦工具、电工电讯器材及配件等各类商品，如各种榔头、钳子、扳手、锉刀、泥刀、自来水管、各种水龙头、暖气片、阀门、螺丝、螺母、水表、电表、插座、插头、开关、电线、铁丝、镇流器、灯架、灯罩等。

9. **体育、娱乐用品类**：指体育用品、健身器材、游艺器材、棋牌、戏装道具、乐器、照相器材及用品等。

其中，体育用品，包括球类、球类器材、体操运动器材、举重运动器材、田径运动器材、水上运动器材、冰雪运动器材、射击、射箭、击剑器材、场地器材、航空、航海模型材料、运动保护用具、钓鱼用具等；

健身器材，指各种用于达到锻炼身体、提高身体素质目的的器材，包括侧重于肌肉训练的，如扩胸机、举重床、自重式健力器、哑铃组合架、坐式后拉器、卧式后屈腿训练器等；包括侧重于身体素质训练的，如跑步机、健步器、骑马机、滑雪器、健骑机等以及集消除疲劳、减肥健身为一体的各种按摩机（非电动）、健腹器等；

游艺器材，包括游戏机、插卡式电脑学习机、儿童运动游艺器材等；

棋牌，包括象棋、国际象棋、围棋、克郎棋、军棋、跳棋、扑克牌、麻将牌等；

乐器，包括中西乐器、电子乐器、乐器辅助用品及配件，如钢琴、提琴、手风琴、吉他等；

—**照相器材类**：包括摄影用品、暗房用品、修相用品和其他照相器材，如摄影用品，包括照相机、座机、外拍机、胶卷胶片、相纸、放大机、照相镜头、摄像灯具照相零配件及其他摄影用品，上光机、反拍机、翻版机、冲片机等，修相油、上光用品、修底版用具等，洗相药品，如显影液、定影液等，不包括X光胶片和工业胶片（统计在“化工材料及制品类”）。

10. **书报杂志类**：指各种以纸介质形态出版发行的中外文的书籍、工具书、课本、教材、图片、报纸和杂志等。

11. **电子出版物及音像制品类**：指电子出版物和音像制品。

其中，电子出版物，指以数字方式将图文音像等信息编辑加工后存储在磁、光、电介质上，通过计算机或者具有类似功能的设备读取使用，用以表达思想、普及知识和积累文化，并可复制发行的大众传播媒介，其媒体形态包括软磁盘（FD）、只读光盘（CD-ROM）、交互式光盘（CD-Ⅰ）、照片光盘（PHOTO-ROM）、高密度只读光盘（DVD-ROM）、集成电路卡（IC CARD）等，及其他媒体形态；

音像制品，指各种磁、光、电介质的录音、录像的磁带、光盘（CD、LD、VCD、DVD）等，包括各种空白的录音带、录像带、光盘。

12. **家用电器和音像器材类**：指洗涤电器、制冷电器、清洁电器、小家电、家用厨房电器具、家用保健电器和各类音像器材等。

其中，洗涤电器，包括洗衣机、甩干机等；

制冷电器，包括电冰箱、电冰柜、房间空调器等；

清洁电器，包括吸尘器、加湿器、空气净化器等；

小家电，包括电熨斗、电风扇、电淋浴器（包括浴霸）、节能热水器等；

家用厨房电器具，包括食品加工机、抽排油烟机、微波炉、电饭煲、电烤箱、洗碗机、消毒柜等；

家用保健电器，包括电取暖器、电动按摩器等；

音像器材，包括电视机、录音机、录像机、摄像机、收音机、幻灯机、组合音响、影碟机（LD、CD、VCD、DVD等）、专业音响器材、专业声像器材以及配件等，不包括照相器材及用具（统计在“体育、娱乐用品类”）。

13. **中西药品类**：指人用各种中西药品、中药材以及各种小型医疗用品、敷料，不包括医疗用的各种大型设备，如CT机，核磁共振器等和兽用的各种药品、医疗器材（统计在“其他类”）。

—**西药类**：指以化学物质为原料根据药典或处方生产的用于预防、治疗、诊断人体的疾病，有目的地调节人体的生理机能并规定有适应症、用法和用量的物质，包括化学药品制剂、放射性药品、血清疫苗、血液制品和诊断药品等，但不包括化学试剂（统计在“化工材料及制品类”）。

—**中草药及中成药类**：指以天然的活性物质群为原料，根据中医药典或处方生产或配置，用于预防、治疗人体的疾病，有目的地调节人体的生理机能并规定有适应症、用法和用量的物质。包括中药材、中药饮片、中成药。

其中，中药材，指在自然界中天然生长或人工种植、养殖、采掘的可用于加工中药饮片和中成药的物质，包括各种植物、动物、矿物等；

中药饮片，指以中药材（包括各种药用植物、动物、矿物）为原料用于预防、治疗人体的疾病，有目的地调节人体的生理机能并规定有适应症、用法和用量的物质；

中成药，指以中药材（包括各种药用植物、动物、矿物）为原料根据药典或处方生产的用于预防、治疗人体的疾病，有目的地调节人体的生理机能并规定有适应症、用法和用量的制剂，包括各种剂型（丸、散、膏、丹、胶、药酒、露、冲剂及改良剂型）的中成药。

12. **文化办公用品类**：指学习用品、办公用品和计算机及其配套产品。

其中，学习和办公用品，包括学习和办公用的纸张、本册、打字机、油印机、速印机、复印机、计算器、快译通、电子笔记本、算盘、文具、普通测绘仪器、印刷材料以及教学用的设备、器材、标本、模型等；

计算机及其配套产品，包括CPU在80186以上的大、中、小、微型、便携式电子计算机（包括多媒体计算机）和计算机的辅助设备，如服务器、打印机、扫描仪、不间断电源、多媒体配件、专用设备和零配件，计算机用键盘、鼠标、网卡、U 盘、内存条、软盘、磁带、打印机用纸、色带、墨盒、硒鼓等，不包括单板机、插卡式电脑学习机（统计在“体育、娱乐用品类”），也不包括各种电子计算机软件（统计在“电子出版物及音像制品类”，随机附赠品除外）。

15. **家具类**：指用木材、金属、塑料、藤、竹等为主要原料制成的供人们生活、学习、工作、休息用的各种普通家具和具有特定用途的专用家具，包括家用就寝、就餐、起居、书房使用的床、柜、箱、架、沙发、桌、椅、凳、茶几、屏风，以及成套或组合家具，也包括医院、学校、图书馆、旅游、办公等专用的办公桌椅、文件柜、书柜等家具。

16. **通讯器材类**：指有线、无线通讯使用的各种器材和设备，包括电话机（普通电话机、无绳电话机、移动电话、小灵通等）、对讲机、寻呼机、传真机等以及配套产品。

17. **煤炭及制品类**：包括原煤、煤炭和煤制品，如洗煤、筛选块煤、筛选混煤及混末煤、焦炭、石油焦、半焦、煤饼（块）、煤球等。

18. **木材及制品类**：指木、竹采伐产品和木材、竹非生活制品等。此类商品销售一律按批发计算。

其中，木、竹采伐产品，包括原木、小规模木材、薪炭木材、毛竹、篙竹等；

木材、竹非生活制品，包括锯材、板材、人造板、木材防腐制品，木、竹工业、建筑业用品，藤、棕、柳条工业制品等。

19. **石油及制品类**：包括原油、炼厂气体、汽油、煤油、柴油、燃料油、工业燃料、溶剂油、润滑油、石蜡、地腊、专用腊、凡士林、洗涤剂原料、石油腊类、石油沥青、标准油、白色油、软麻油、原料油、润滑脂、石油酸、石油皂、液化石油气等。

20. **化工材料及制品类**：指化学矿采选品、化工产品、橡胶制品、塑料制品等。此类商品销售一律按批发计算。

其中，化学矿采选品，包括硫铁矿、磷矿、硼矿、钾矿、天然硫磺、钙芒硝矿、芒硝矿、蛇纹矿、天然矿、重晶石、督重石、天青石、雄黄石、明矾石等；

化工产品，不包括日用化工产品（统计在“日用品类”或“化妆品类”），包括无机化学品、化学肥料、化学农药、有机化学品、颜料、染料、催化剂、助剂、添加剂、粘合剂、高分子聚合物、信息用化学品、化学试剂、X光胶片、工业用胶片等；

橡胶制品，不包括日用橡胶制品（统计在“日用品类”），包括如橡胶运输带、橡胶类传输带、橡胶三角带、橡胶风扇带、橡胶胶管、再生胶、橡胶导风管、橡胶浮筒、橡胶杂品、乳胶制品、橡胶密封制品、特种橡胶制品、软胶壳、微孔橡胶隔板、胶绳、胶筋、胶液、密封腻子等；

塑料制品，不包括日用塑料制品（统计在“日用品类”），包括塑料薄膜、塑料板材、塑料管、塑料棒、塑料异型材、塑料丝、塑料人造革、塑料合成革、泡沫塑料、塑料工业配件、塑料包装箱及容器等塑料原料。

— **化肥类**：指氮肥、磷肥、钾肥、复合肥，不包括家庭使用的花肥（统计在“日用品类”）。此类商品销售一律按批发计算。

其中，氮肥，包括液氮、尿素、硝酸铵、氯化铵、硫酸铵、氨水等；

磷肥，包括重过磷酸钙、普通过磷酸钙等；

钾肥，包括氯化钾、硫酸钾、窑灰钾、钾镁肥等；

复合肥，包括氮磷肥、氮钾肥、磷钾肥、氮磷钾肥、硝酸磷、氮钾混合肥、铵磷钾、磷酸铵等。不包括磷矿粉肥和“土法”生产的各种化学肥料，如硫磺脚渣提炼的硫磺铵、硝酸钾、土制过磷酸钙和磷酸钾，也不包括微量元素的化学肥料（如钾酸铵）。

21. **金属材料类**：指黑色金属矿采选品和黑色金属冶炼及其压延产品、有色金属矿采选产品和有色金属冶炼及其压延产品。此类商品销售一律按批发计算。

其中，黑色金属矿采选品，包括铁矿石原矿、铁矿石成品矿、人造富铁矿、锰矿石原矿、锰矿石成品矿、人造富锰矿、铬矿石原矿、铬矿石成品矿等；

黑色金属冶炼及其压延产品，包括钢、生铁、铁合金、钢材、钢坯、钎子钢、轧制钢球、重熔钢、炼铁副产品、球墨铸铁、金属化球团、海棉铁、钒渣和粗末冶金原料、钢板网等；

有色金属矿采选产品，包括重有色金属矿采选产品、轻有色金属矿采选产品、贵金属矿采选产品、稀有金属矿采选产品等；

有色金属矿冶炼及其压延产品，包括有色金属矿冶炼产品、轻有色金属矿冶炼产品、稀土金属冶炼产品。稀散金属及半金属冶炼产品、高纯及超纯有色金属、重有色金属合金、硬质合金、稀有稀土金属合金、稀有放射性金属冶炼产品、重有色金属加工材、双金属材、轻有色金属加工材、贵金属加工材、稀有金属加工材、有色金属加工材、半导体材料等。

22. **建筑及装潢材料类**：指非金属矿采选成品、建筑材料及其他非金属矿物制品和各种办公或家庭用的室内装饰材料等。

其中，非金属矿采选成品，包括土砂石矿品、耐火土石开采及其初加工品、工艺美术品用非金属矿、石棉、工业原料用云母、石墨、石膏、工业原料滑石、滑石粉、金刚石、水晶、冰洲石、次土、膨润土及其初加工品、长石、叶腊石、蛭石、硅线石、凹凸奉石、海泡石、浮石、沸石、珍珠岩、霞石正方岩、刚玉、硅藻石、硅石灰石等；

建筑材料及其他非金属矿物制品，包括水泥、无熟料水泥、水泥熟料、水泥混凝土制品、水泥预制构件、纤维增强水泥制品、砖、瓦、建筑砌砖、石灰、轻质建筑材料、建筑用石材加工品、建筑防水材料、建筑保温材料、建筑用玻璃制品、平板玻璃、压延玻璃、磨砂玻璃、喷花玻璃、中空玻璃、热反射玻璃、吸热玻璃、玻璃砖、泡沫玻璃、工业技术玻璃、特种玻璃、玻璃纤维及其制品，石英玻璃及其制品、光学玻璃、玻璃仪器、绝缘玻璃、玻璃保温容器(不包括日用玻璃保温容器，统计在“日用百货类”)、普通陶瓷制品（不包括陶瓷餐具，统计在“日用品类”）、工业陶瓷、高压绝缘子、低压绝缘子耐火材料制品、玻璃窑专用耐火材料、石墨及碳素制品、碳化纤维、石墨热交换器。石棉制品、云母制品、磨料和磨具、铸石、化学石膏、人造水晶、合成云母、人造金刚石、晶体材料、晶体镀膜材料等；

办公和家庭用的室内装饰材料，包括地板、地板革、墙纸、墙布、涂料、乳胶漆及各种装饰用具等，但不包括家具（统计在“家具类”）、清洁电器和家用厨房电器具（统计在“家用电器和音响器材类”）。

23. **机电产品及设备类**：指普通机械、交通运输机械、电器机械及器材、电子产品及通讯设备、各种农林牧渔业机械等。

其中，普通机械，包括锅炉及原动机、金属加工机械、通用机械、铸锻件及通用零部件、工业专用设备、建筑工程机械、钻探机械等；

交通运输机械，包括铁路运输设备、飞行器、工矿设备、船舶及其辅机、摩托车，不包括汽车、汽车底盘及汽车配件（统计在“汽车类”）；

电器机械及器材，包括电机、输变电设备、电工器材等；

电子产品及通讯设备，包括雷达和无线电导航设备、通讯设备、广播电视设备、电子原件、电子器件、仪器仪表、计量标准仪具及量具、衡器，不包括家用电脑机及其各种配套产品（统计在“文化办公用品类”）、电话机、移动电话、BP 机等（统计在“通讯器材类”），也不包括家用电视机、录音机、录像机、摄像机等（统计在“家用电器和音像器材类”）。

— **农机类**：指各种农林牧渔业机械。包括农机具、农药具、农用车、农用动力机械等，如拖拉机、收割机、机引犁、机引耙、机引播种机、机动三轮车、拖车、机动植保机械、机动畜牧机械、机动脱粒机、内燃发动机组、水泵、喷灌机；以及各种零配件，如电动机、柴油机、手推车车轮等。此类商品销售一律按批发计算。

24. **汽车类**：指由动力装置驱动，具有四个或以上车轮的非轨道无架线的车辆及其零配件，包括汽车、汽车底盘和汽车配件等。

其中，汽车包括载货汽车、越野汽车、自卸汽车、牵引汽车、专用汽车、客车、轿车等。

25. **种子饲料类**：指各种农业或公共园艺使用的种子、种苗和饲养牲畜的草料、杂粮、杂豆等，不包括家庭使用的花种、种苗等，以及人们以娱乐、休闲为目的而饲养各种动物的从专门商店购买的宠物食品（统计在“其他类”）。此类商品销售一律按批发计算。

26. **棉麻类**：指棉麻产品、蚕茧等。

其中，棉，包括籽棉、细绒棉、长绒棉、絮棉、棉短绒；

麻，包括黄麻、红麻、苎麻、大麻、亚麻、剑麻；

蚕茧，包括桑蚕茧、柞蚕茧、蓖蚕茧和其他蚕茧等。

27. **其他类**：指以上未包括的商品类别，如大型医疗器材，文物、古董、邮票、硬币、现代绘画作品，土特产品和畜产品、禽畜或宠物用的药品、宠物食品、花鸟鱼虫，消防器材及设施，废旧物资等。

其中，畜产品包括各种牛皮、羊皮、猪皮及其他动物皮革，以及种畜、幼畜、幼禽绒毛、羽毛、鬃毛、肠衣等。